浙江省高职高专院校“十三五”新形态教材

新编21世纪高等职业教育精品教材·电子商务类

商务数据分析理论与实践

主　编 / 路永华　余晓花
副主编 / 李　婷

立德树人　案例生动　内容丰富　资源立体

中国人民大学出版社
·北京·

图书在版编目（CIP）数据

商务数据分析理论与实践 / 路永华，余晓花主编 .
北京：中国人民大学出版社，2025.8. --（新编 21 世
纪高等职业教育精品教材）. -- ISBN 978-7-300-33160
-7

Ⅰ. F712.3
中国国家版本馆 CIP 数据核字第 2024CC1544 号

浙江省高职高专院校“十三五”新形态教材
新编 21 世纪高等职业教育精品教材 · 电子商务类
商务数据分析理论与实践
主　编　路永华　余晓花
副主编　李　婷
Shangwu Shuju Fenxi Lilun yu Shijian

出版发行	中国人民大学出版社		
社　　址	北京中关村大街 31 号	邮政编码	100080
电　　话	010－62511242（总编室）		010－62511770（质管部）
	010－82501766（邮购部）		010－62514148（门市部）
	010－62511173（发行公司）		010－62515275（盗版举报）
网　　址	http://www.crup.com.cn		
经　　销	新华书店		
印　　刷	北京七色印务有限公司		
开　　本	787 mm × 1092 mm　1/16	版　　次	2025 年 8 月第 1 版
印　　张	13	印　　次	2025 年 8 月第 1 次印刷
字　　数	298 000	定　　价	45.00 元

前言

在这个信息爆炸的时代，数据已经成为商务决策的关键因素之一。随着科技的飞速发展和全球化的加速推进，企业和组织面临着前所未有的复杂局面和挑战。在这个背景下，运用有效的数据分析方法，以更明智的方式制定发展和管理战略，成为推动企业成功的不可或缺的力量。

《商务数据分析理论与实践》旨在为广大读者提供全面而实用的数据分析知识，使其能够在不断变化的商业环境中取得竞争优势。本书内容涵盖数据分析的基本原理、方法和工具，重点关注在实际业务场景中如何应用这些知识来解决问题并做出明智的决策。

本书在编写过程中，以习近平新时代中国特色社会主义思想和党的二十大精神为指导，深入贯彻党的教育方针，致力于培养德智体美劳全面发展的社会主义建设者和接班人。在内容设计方面，体现了新时代中国特色社会主义思想对商务数据分析的指导意义，旨在培养读者的社会责任感、创新精神和实践能力。通过案例分析、实践操作等方式，引导读者在解决实际问题中培养创新思维，不断挑战传统观念，为新时代创新驱动发展贡献力量。

本书首先介绍了数据分析的基本概念和流程，包括数据采集、清洗、探索性分析和建模等环节。读者将了解到如何有效地从海量数据中提取有用的信息，并通过可视化手段更直观地呈现数据的特征和规律。其次，深入介绍了多种数据分析方法。通过实例和案例的解析，读者能够掌握这些方法的应用场景和技术要点。本书注重理论与实践的结合，通过实例、案例、拓展等多种方式，让读者在学习的过程中能够更好地掌握实际应用技能，为未来的职业发展奠定基础。

在这个快速发展的时代，我们深感学无止境，希望本书能够成为读者在商务数据分析领域的得力助手，帮助他们更好地适应未来的商业挑战，创造更为辉煌的未来。

感谢在本书编写过程中给予支持的同行、学生和业界专业人士。本书编者主要来自浙江广厦建设职业技术大学、浙江脉链品冠科技有限公司、深圳职业大学。具体编写分工如下：学习情境一由路永华、魏鸿捷编写；学习情境二由路永华、余晓花、李婷编写；学习情境三由李婷、方加乐编写；拓展教学视频由路永华、王倩、辛如镜、赵妍、王巧敏拍摄；胡依娜、王亦亨负责企业案例收集；深圳职业大学邓灵昭负责校稿。

由于编者水平有限，书中难免有错漏之处，恳请读者批评指正。

编　者

目录

学习情境一　数据采集与处理

学习情境二　数据分析

学习情境三　数据监控与报告撰写

学习情境一

数据采集与处理

项目一 数据采集

知识体系

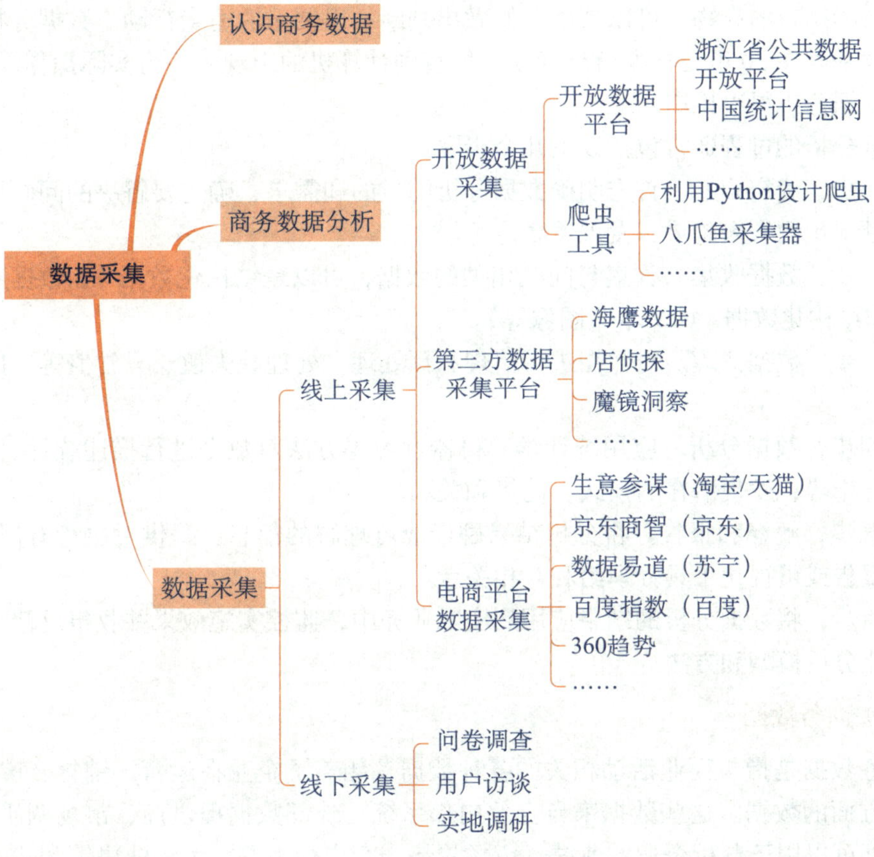

理论学习

在信息时代，数据的生成速度惊人。每一次的网络搜索、社交媒体的互动、移动设备的使用等，都在不断地产生数据。通过对这些数据进行分析，人们能够洞察社会的变迁，预测趋势，做出更明智的决策。海量的数据使得其管理和分析变得复杂。随之而来的问题包括隐私保护、数据安全、信息泄露等。在这个信息爆炸的时代，需要不断探索更加智能、安全、可持续的数据管理方式。数据的力量已经影响到各行各业。在医疗领域，数据分析可以加速疾病诊断，使治疗方案更为有效；在教育领域，数据驱动的个性化学习深受学生喜爱；在商业领域，数据分析可以精准定位市场需求。

一、认识商务数据

（一）数据及数据分析

数据是人们通过观察、实验或计算得出的结果。数据有很多种，最简单的就是数字，也可以是文字、图像、声音、视频等。

数据分析是指用适当的分析方法对收集来的大量数据进行分析，为提取有用信息和形成结论而对数据加以详细研究和概括总结的过程。这一过程通常涉及数据收集、数据处理、模型建立、数据挖掘等方法的应用。数据分析是数学、统计学、计算机科学等相关学科相结合的产物，可以帮助人们做出判断，以便采取适当行动。数据分析的数学与统计学基础在 20 世纪早期就已确立，但直到计算机的出现才使得实际操作成为可能，并使得数据分析得以推广。

数据分析的过程通常包括以下几个步骤：

第一步，确定问题。首先明确数据分析的目的和需求，确定要解决的问题。如分析业务问题、预测未来趋势、发现关联性等。

第二步，数据收集。收集与问题相关的数据，可以是结构化数据（如数据库中的表格）或非结构化数据（如文本、图像等）。

第三步，数据清理。对数据进行清理和预处理，处理缺失值、异常值等，以确保数据质量。

第四步，数据分析。应用统计学、机器学习等方法对数据进行描述统计、可视化、相关性分析等，发现潜在的模式、趋势和关联。

第五步，解释和报告。将分析结果翻译成可理解的信息，提供对决策有用的见解，并通过报告或可视化工具分享给利益相关者。

第六步，将数据分析的结果应用到实际业务中，监控实施效果并收集反馈，及时调整和优化分析模型和方法。

（二）商务数据

商务数据是指与商业活动相关的各种数据，涵盖了企业在运营、销售、市场营销、财务等方面的数据。这些数据来自企业内部系统、外部数据提供商、市场调研机构等。商务数据可以用于分析企业的业绩、市场趋势、客户行为等，为企业决策和战略的制定提供重要参考。

在电子商务领域，商务数据可以分为两大类：前端行为数据和后端商业数据。前端行为数据是指访问量、浏览量、点击量及站内搜索等反映用户行为的数据；后端商业数据更侧重商业数据，如交易量、投资回报率及全生命周期管理等。以下是商务数据的一些常见类型：

（1）销售数据：包括产品或服务的销售额、销售量、销售渠道、销售时间等信息。

销售数据有助于企业了解产品的受欢迎程度，指导库存管理和市场推广。

（2）财务数据：涵盖了企业的财务状况，包括收入、成本、利润、现金流等。这些数据对于评估企业的盈利能力和财务稳健性至关重要。

（3）客户数据：包括客户的基本信息、购买历史、客户行为等。通过分析客户数据，企业可以制定更有针对性的营销策略，提高客户忠诚度。

（4）市场数据：包括市场规模、市场份额、行业增长率、竞争情况、市场趋势等信息。了解市场数据有助于企业调整产品定位，应对竞争压力。

（5）供应链数据：涉及原材料采购、生产过程、物流等方面的数据。优化供应链数据可以提高效率，降低成本。

（6）市场营销数据：包括广告投放数据、营销活动效果数据、社交媒体互动数据等。市场营销数据对于企业的市场营销活动具有重要的指导和支持作用。

（7）人力资源数据：包括员工的人力资源信息、培训记录、绩效评估等。这些数据有助于企业管理人力资源，提高员工满意度和绩效。

商务数据的收集、分析和利用已经成为企业成功的关键因素之一。通过有效地管理和利用商务数据，企业可以更好地理解市场、提高效率、创新产品和服务，并做出更明智的商业决策。在电子商务领域，商务数据的主要应用体现在以下四个方面：

（1）勾勒消费者画像：通过分析消费者购买历史、行为轨迹、偏好等，可以勾勒出消费者画像，深入了解消费者的需求、兴趣和行为特征，帮助企业更准确地把握目标客户群体，有针对性地开展营销活动和产品推广，提高市场竞争力。

（2）提高营销转化率：通过分析拉新流量和付费转化情况，企业可以了解不同广告渠道和营销活动的效果，甄别出转化率效果更好的广告渠道和活动，用于优化广告投放策略，调整资源配置，提高营销转化率，提升销售业绩。

（3）精细化运营：通过数据分析，对消费者进行分层分类，识别出具有相似特征和行为模式的特定消费者群体。针对不同的消费者群体制定精准的运营策略，有效提高运营效率，降低营销成本，提升客户满意度和忠诚度。

（4）优化商品：通过分析商品的销售情况、用户评价和反馈等信息，指导企业优化核心流程，改进商品设计、包装、定价等，提高商品的吸引力和竞争力，增加销售额和利润。

二、商务数据分析

（一）商务数据分析的含义

商务数据分析是基于商业需要，有目的地进行数据收集、整理、加工和分析工作，提炼有价值信息的一个过程。

商务数据分析可以应用于多个领域，例如，市场分析、销售优化、客户关系管理、供应链优化。商务数据分析在数字化时代变得越来越重要，能够帮助企业更好地理解和应对复杂的商业环境。

（二）商务数据分析流程

商务数据分析流程主要包括明确数据分析的目的与框架、数据采集、数据处理、数

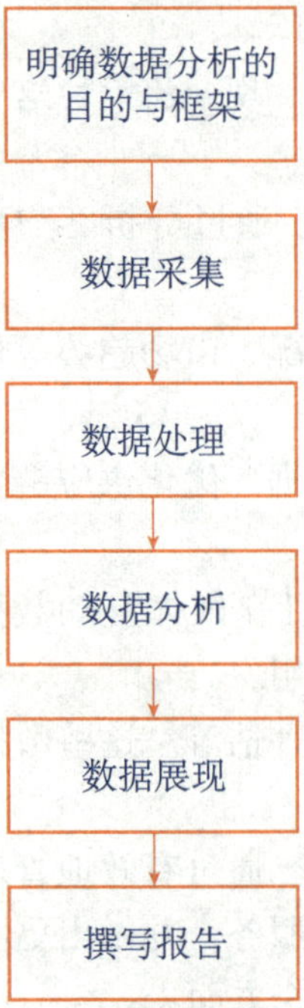

图 1－1　商务数据分析流程

据分析、数据展现和撰写报告等环节，如图 1－1 所示。

1. 明确数据分析的目的与框架

拿到一个数据分析项目，首先需要明确项目的背景和业务需求，确定数据分析的对象是谁，可能是产品、市场、客户等，以及要解决的具体业务问题是什么，比如提高销售额、降低成本、改善用户体验等。根据业务问题，确定数据分析的目的和预期目标，例如，提出新的营销策略、优化产品设计、改进供应链管理等。明确目标有助于指导后续的分析工作和决策制定。对所在行业和商业环境进行深入研究，了解竞争格局、市场趋势、用户需求等因素，以便更好地指导数据分析的方向和重点。

2. 数据采集

数据采集是按照确定的数据分析和框架内容，有目的地收集、整合相关数据的一个过程，它是数据分析的基础。数据采集渠道包括内部渠道和外部渠道两类。内部渠道包括企业内部数据库、内部人员、客户调查以及专家与客户访谈；外部渠道包括网络、图书报刊、统计部门、行业协会、展会、专业调研机构等。

3. 数据处理

数据处理是指对收集到的数据进行加工、整理，它是数据分析前必不可少的阶段。数据处理是数据分析中最花费时间的环节，在一定程度上取决于数据仓库的搭建和数据质量的保证。

数据处理主要包括数据清洗、数据转换等处理过程。数据清洗和转换的主要对象包括残缺数据、错误数据和重复数据。

4. 数据分析

数据分析是指通过分析手段、方法和技巧对准备好的数据进行探索、分析，从中发现因果关系、内部联系和业务规律，为企业决策提供参考。到了这个阶段，想要驾驭数据、开展数据分析，就会涉及工具和方法的使用。

5. 数据展现

一般情况下，数据分析的结果都是通过图、表的方式来呈现的。借助数据展现可视化工具，数据分析师可以更直观地表述想要呈现的信息、观点和建议。常用的数据分析图包括饼图、折线图、柱形图、条形图、散点图、雷达图、金字塔图、矩阵图、漏斗图、帕累托图等。

6. 撰写报告

商务数据分析的最后阶段，就是撰写数据分析报告，这是对整个数据分析成果的呈现。通过分析报告，把数据分析的目的、过程、结果及方案完整地呈现出来，以供企业参考。一份好的数据分析报告，首先需要有一个好的分析框架，并且图文并茂、层次明晰，能够让阅读者一目了然。结构清晰、主次分明可以使阅读者正确理解报告内容；图文并茂，可以令数据更加生动，提高视觉冲击力，有助于阅读者更形象、直观地看清楚问题和结论，从而产生思考。

三、数据采集

数据采集是按照明确的数据分析目标和框架，有计划地收集和整合相关数据的过程。这一过程是数据分析的基础，没有数据采集，数据分析就如同“巧妇难为无米之炊”，无法进行。

如前所述，数据采集的渠道主要分为内部渠道和外部渠道两类。内部渠道主要包括企业内部数据库、内部人员、客户调查以及专家与客户访谈。通过这些渠道能够快速获取企业内部积累的数据。例如，通过内部数据库获取销售数据、客户信息等，通过内部人员进行市场调研，通过客户调查了解客户需求和满意度，通过专家访谈获取行业见解。外部渠道则涵盖了网络、图书报刊、统计部门、行业协会、展会以及专业调研机构等。这些渠道能够提供更广泛的市场数据、行业趋势和竞争信息。例如，企业可以通过网络获取行业新闻、竞争对手信息等，通过图书报刊了解行业动态和市场趋势，通过统计部门获取官方数据，通过行业协会和展会了解行业标准和市场机会，通过专业调研机构获取定制化的市场研究报告。

按照采集方式的不同，商务数据采集可以分为线上采集和线下采集两大类。线上采集充分利用互联网等现代信息技术进行数据的采集，如利用爬虫技术获取开放数据，使用第三方平台数据等。这种方式适合处理大规模、结构化的数据，具有较高的效率和准确性。例如，企业可以使用爬虫技术从电商网站获取商品价格和销量数据，使用第三方数据平台获取社交媒体上的用户评论和互动数据。线下数据采集则适用于主观数据的收集，如问卷调查、用户访谈和实地调研等。采用这类方法能够更深入地了解用户需求和市场反馈，但通常需要投入更多的人力和时间。例如，企业可以通过问卷调查了解消费者对产品的满意度，通过用户访谈了解消费者的购买决策过程，通过实地调研了解竞争对手的营销策略和市场表现。

综上所述，商务数据采集是一个复杂而关键的过程，需要综合考虑内部渠道和外部渠道、线上采集和线下采集等多种方式。通过有效的数据采集，企业能够全面、高效地收集所需数据，为后续的商务决策提供有力支持。

（一）线上采集

1. 开放数据采集

开放数据指互联网中面向所有人公开的数据，包括：（1）电子商务平台中的产品数据，如淘宝、京东等平台中的数据；（2）各类行业网站的公开数据，行业网站经常会公开一些与其业务相关的数据，例如新闻网站、医疗健康网站、金融网站等；（3）门户网站的公开数据；（4）面向特定行业公开的数据，某些行业或领域的专业组织或机构会公开一些专业数据，例如科研机构发布的科研数据、教育机构公开的教育数据等；（5）政府公开的数据，各级政府都在不同程度上公开了大量的政府数据，包括人口统计数据、经济指标、环境数据、交通数据等；（6）网页中相关的内容数据，网页上的许多内容都是公开的，包括新闻文章、博客、社交媒体内容等，这些开放数据可以通过网络爬虫等工具获取。

爬虫技术是一种可以使开发人员自动化、系统化收集互联网上相关数据的技术，爬虫不是内容的生产者，而是内容的搬运者。使用爬虫技术获取开放数据要遵循以下原则：

（1）遵守法律法规。在数据爬取过程中，必须遵守相关的法律法规，包括但不限于网络安全法、个人信息保护法等。尊重网站的服务条款和使用协议，不要进行未经授权的数据获取行为。

（2）尊重网站的 robots.txt 文件。robots.txt 文件是网站所有者用来限制搜索引擎爬虫访问的文件。在爬取数据之前，应该查看目标网站的 robots.txt 文件，遵守其中的爬取规则，不要访问被禁止的页面或频繁访问同一页面。

（3）避免对服务器造成负担。在进行数据爬取时，应该控制爬取的速度，避免对目标服务器造成过大的负担。合理设置爬取间隔时间、请求头信息等，以减轻服务器压力。

（4）尊重网站的访问规则。尊重目标网站的访问规则和限制，不要进行恶意爬取、大量并发访问等行为，以免影响网站的正常运行。

（5）保护用户隐私。在爬取数据时，应当尊重用户的隐私权，不要获取或存储敏感的个人信息。合理处理用户信息，确保数据的安全和隐私。

（6）注重数据质量和准确性。爬取的数据应当具有一定的质量和准确性，避免获取到错误或不真实的数据。在数据处理和清洗阶段，应当对数据进行验证和筛选，保证数据的可信度。

（7）透明和合作。在进行数据爬取时，应该尽量透明，保持合作的态度，与网站所有者进行沟通和协商，尊重其权益和意愿。

用户可自行设计爬虫获取开放数据，也可以采用第三方提供的网络爬虫工具获取数据。如深圳视界信息技术有限公司推出了八爪鱼采集器（见图 1－2），该采集器整合了网页数据采集、移动互联网数据及 API 接口（包括数据爬虫、数据优化、数据挖掘、数据存储、数据备份）等服务。

图 1－2　八爪鱼采集器官方网站首页

2. 第三方数据采集平台

随着电商行业的飞速发展和电商数据分析的需求不断增加，网络上出现了多种专业数据采集、分析平台，如海鹰数据、店查查、魔镜洞察等。

（1）海鹰数据。海鹰数据（见图 1－3）主要为 Amazon、eBay、Shopee 和 Lazada 四大跨境电商平台上的卖家提供商品分析、搜索词流量分析、店铺分析、类目分析、数据监控等服务。

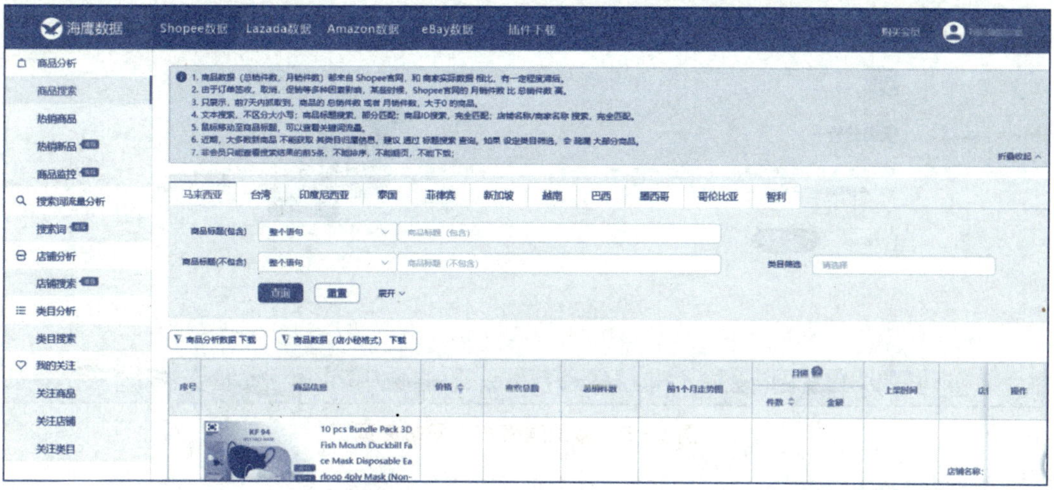

图 1－3　海鹰数据官方网站首页

（2）店查查。店查查（见图 1－4）是为淘宝、天猫商家提供淘宝、天猫数据统计、店铺关注、宝贝价格关注、直通车选词、销量等专业数据的数据分析平台。

图 1－4　店查查官方网站首页

（3）魔镜洞察。魔镜洞察（见图 1－5）是一家 AI 赋能的智能化零售洞察服务商，聚焦线上电商平台大数据洞察，支持淘宝、天猫、京东、抖音、Amazon、Shopee、Lazada 等海内外主流电商平台，以及微博、抖音、小红书等主流社媒平台的市场数据与消费者洞察数据，利用机器学习和 AI 算法，帮助品牌从海量的市场信息中提取高增长的、有投资价值的新机会。魔镜洞察覆盖整个线上零售市场的各个细分行业和海量品牌。

图 1－5　魔镜洞察官方网站首页

3. 电商平台数据采集

一般情况下，电子商务平台会为卖家提供数据分析服务。如淘宝、天猫的生意参谋，京东平台的京东商智，苏宁易购的数据易道等，百度提供的百度指数，360 提供的 360 趋势等。

（1）生意参谋。生意参谋（见图 1－6）诞生于 2011 年，最早是应用在阿里巴巴 B2B 市场的数据工具。2013 年 10 月，生意参谋正式走进“淘系”。生意参谋集数据作战室、市场行情、装修分析、来源分析、竞争情报等数据产品于一体，是商家统一的数据产品平台，也是大数据时代下赋能商家的重要平台。

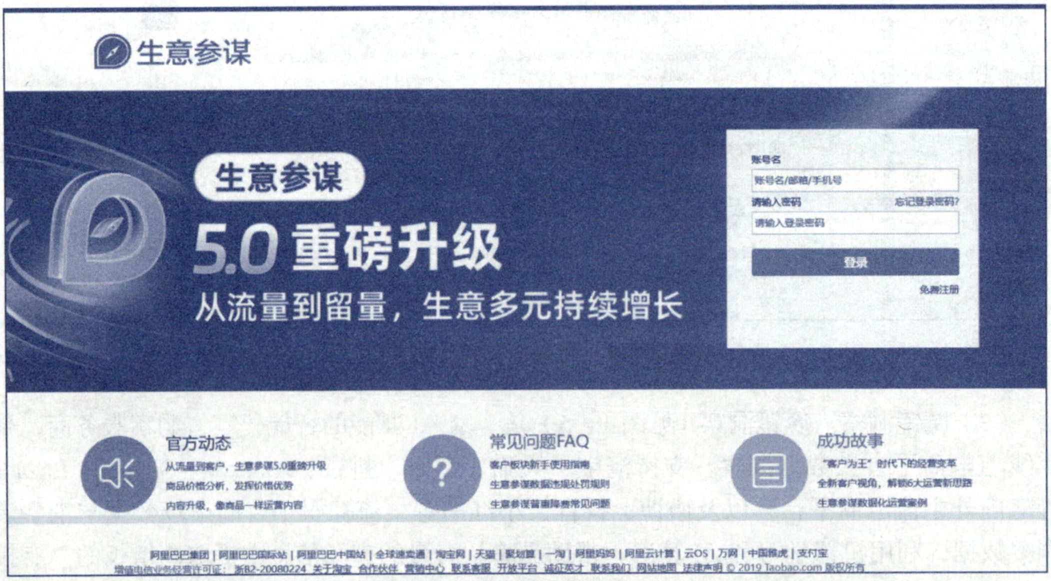

图 1－6　生意参谋官方网站首页

通过生意参谋，可以获取两类数据：店铺经营数据和市场行情。其中，店铺经营数据包括浏览量、访客数、支付子订单数、支付金额、支付转化率、客单价、退款金额、较上周同期变化率、无线占比、无线转化、服务态度评分、较前一日变化率等数据，帮助卖家及时发现问题并进行优化。市场行情包括行业排名、同行同层的平均值和优秀值等，供用户参考对比，帮助卖家找到与优秀卖家、竞争者的差距。

（2）京东商智。京东商智（见图1-7）是京东面向商家的一站式运营数据开放平台，从PC、App、微信、手机QQ、M端（M端是指用户在网页搜索后直接进入京东商城）五大渠道，展示实时与历史两个视角下，店铺与行业两个范畴内的流量、销量、客户、商品等全维度的电商数据，并提供购物车营销、精准客户营销等工具。京东商智基于数据，帮助商家提升店铺销量、提升店铺运营效率、降低运营成本，是商家“精准营销、数据掘金”的强大工具。

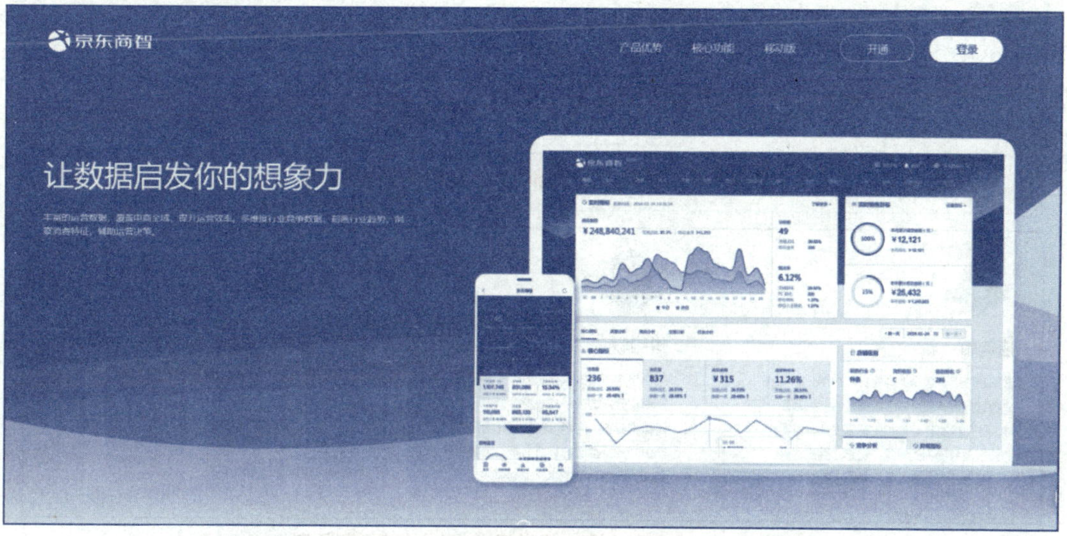

图1-7　京东商智官方网站首页

京东商智中包含商品销售明细、店铺关键词、行业关键词、行业品牌分析、行业属性分析、店铺诊断、店铺评分、售后概况、仓储配送分析、单品分析等数据罗盘中的重要模块，流量概况中有按小时流量分析功能，交易概况中有下载数据等功能。

（3）数据易道。数据易道（见图1-8）是苏宁易购官方的数据产品，旨在为入驻苏宁云台的商家提供专业、精准的店铺运营分析工具。通过对商家在苏宁云台所产生的访问、交易等用户行为数据进行统计和深度分析，提供全角度的数据服务，包括售前、售后及运营推广数据。数据易道涉及的分析角度包括销售、流量、客户、来源及仓储配送环节；统计的维度包括PC端与无线端；统计的时间粒度从实时、小时、天、周到月，全面覆盖。

数据易道为苏宁易购自营商户提供品牌商版、供应商版、苏宁智道App（品牌商及供应商视角的尊享版）三大版本（见图1-9）；为苏宁易购平台商户提供了店铺版、拼购版、云台助手App三大版本（见图1-10）。

图 1-8　数据易道官方网站首页

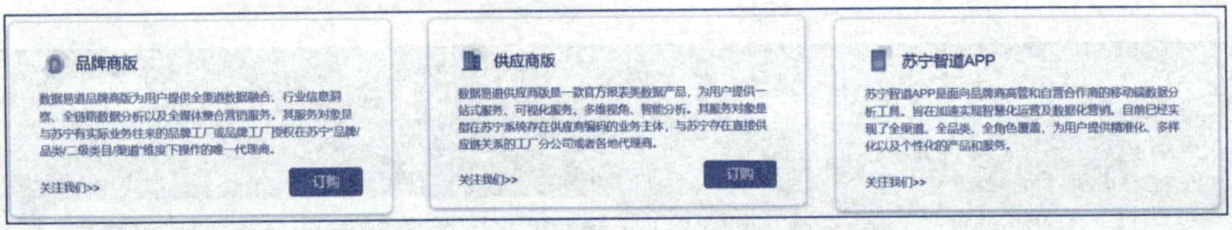

图 1-9　面向苏宁易购自营商户的数据服务

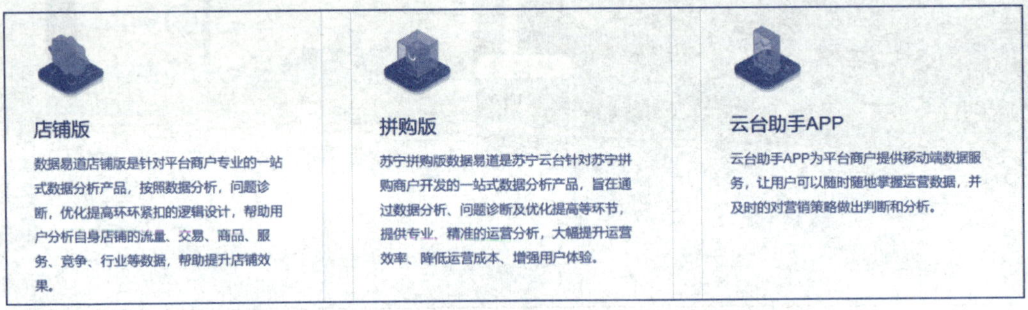

图 1-10　面向苏宁易购平台商户的数据服务

（4）百度指数。百度指数是以百度海量网民行为数据为基础的数据分析平台，提供自 2006 年 6 月至今任意时间段的 PC 端搜索指数和 2011 年 1 月至今的移动端无线搜索指数，且每天更新。百度指数是当前互联网统计分析平台之一。它在百度新闻搜索与百度网页搜索关键词的数据基础上提供分析服务，有着数据庞大及免费开放等特点。基于百度海量数据，一方面进行关键词搜索热度分析；另一方面深度挖掘舆情信息、市场需求、用户特征等多方面的数据特征。

根据百度指数可以分析线上用户兴趣和需求、研究关键词搜索涨幅趋势、监测舆情动向、精准定位受众特征；共享和挖掘互联网上最有价值的信息和资讯，更客观、更直接地反映社会热点、线上用户的需求和兴趣。它能形象地反映关键词的变化趋势。百度指数分为大众版（见图 1-11）和专业版。大众版提供趋势研究、需求图谱、人群画像、行业排行等数据。

下面以"连衣裙"为例进行百度指数大众版搜索，其需求图谱结果如图 1-12 所示，人群画像结果如图 1-13 所示。

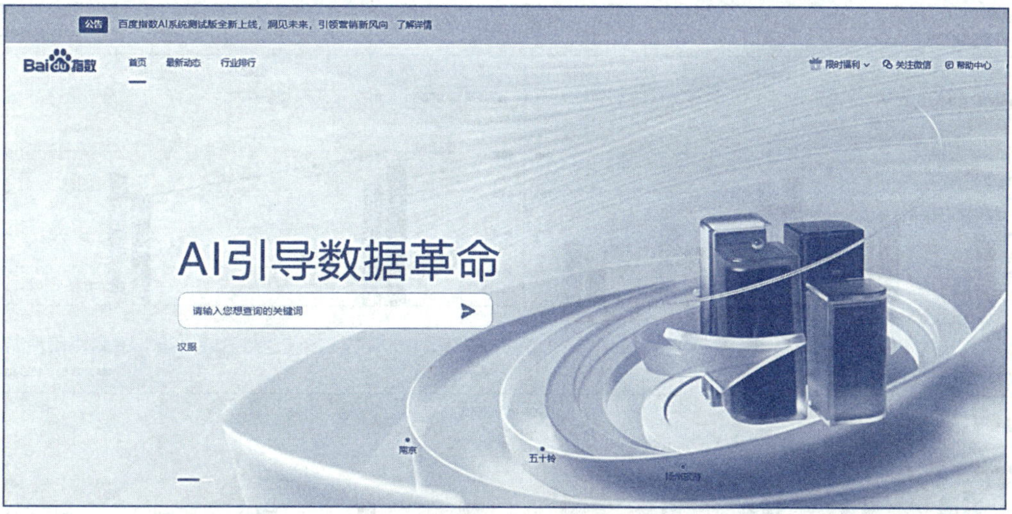

图 1－11　百度指数大众版

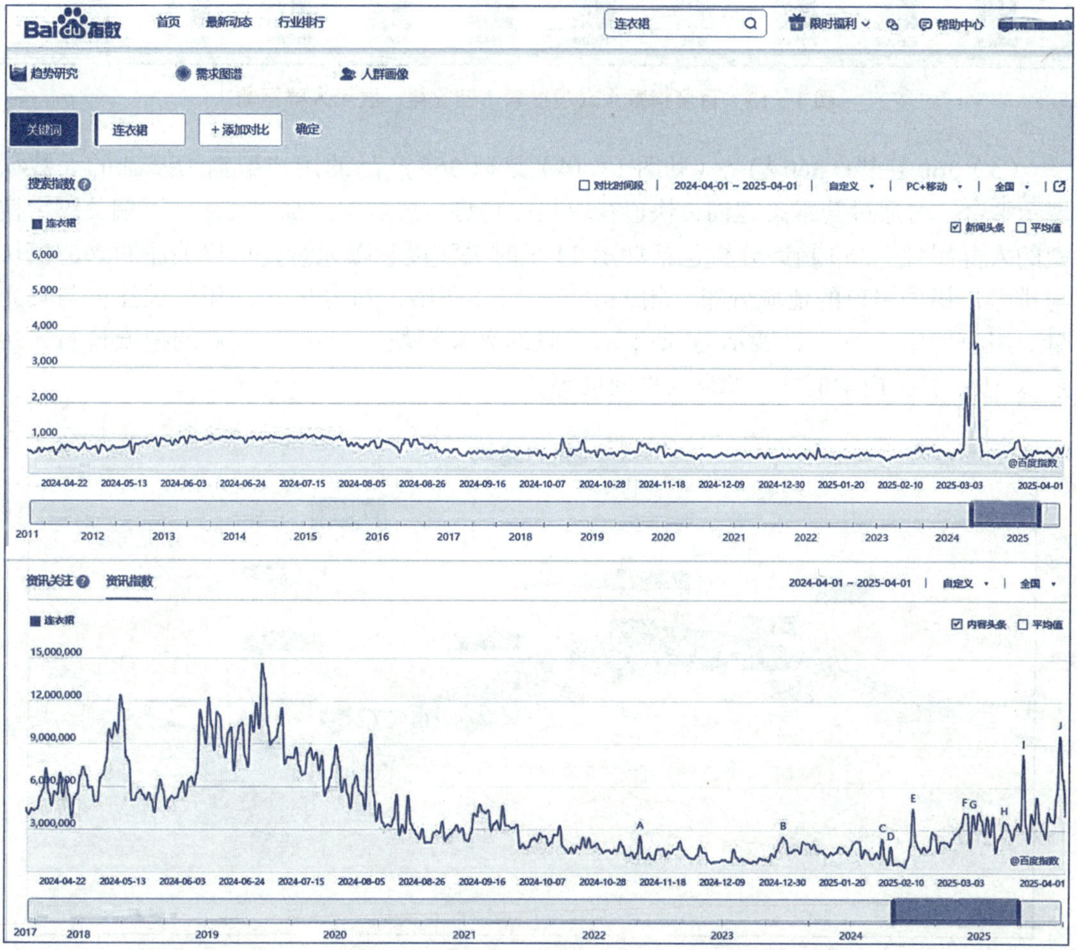

图 1－12　百度指数大众版搜索“连衣裙”展示需求图谱

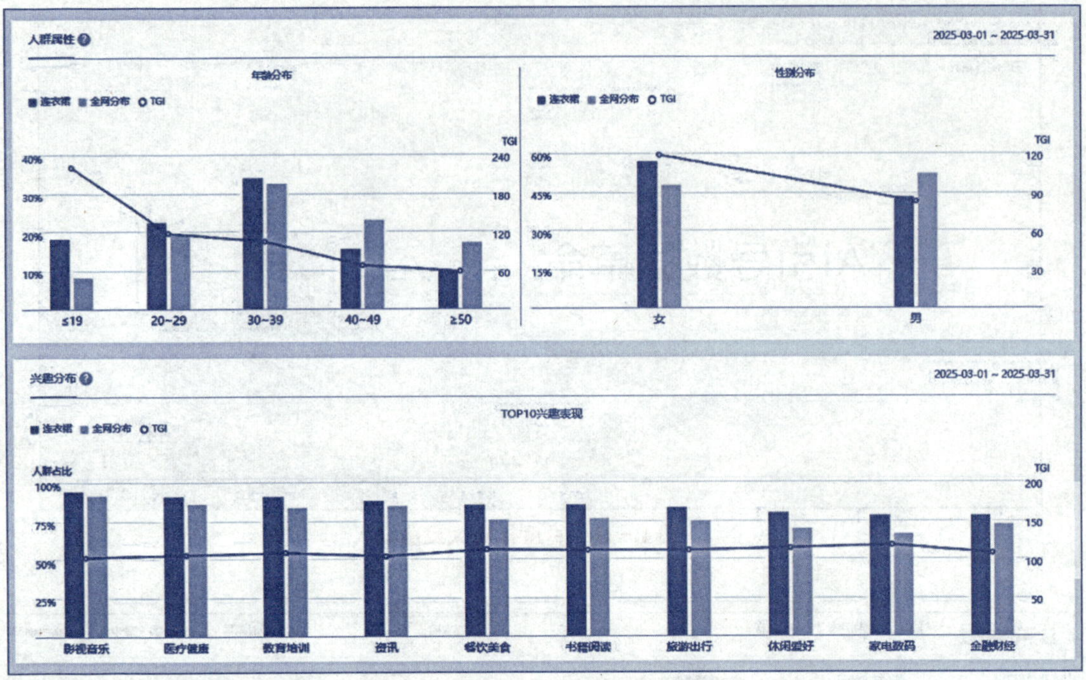

图 1－13　百度指数大众版搜索"连衣裙"展示人群画像

（5）360 趋势。360 趋势（见图 1－14）是以 360 产品的用户数据为基础的大数据展示平台，可通过搜索关键词，快速获取热度趋势、理解用户真实需求、了解关键字搜索的人群属性。360 趋势分析包括展示 24 小时关注度、曝光量，用户关注的兴趣模块与排名，相关用户的地域分布，相关用户的群体年龄，24 小时至一年的关注度与曝光量。用户搜索 ×××，展示与 ××× 关联的兴趣模块，展示 ××× 的搜索排行，展示 ××× 相关搜索词的来源词与去向词等。

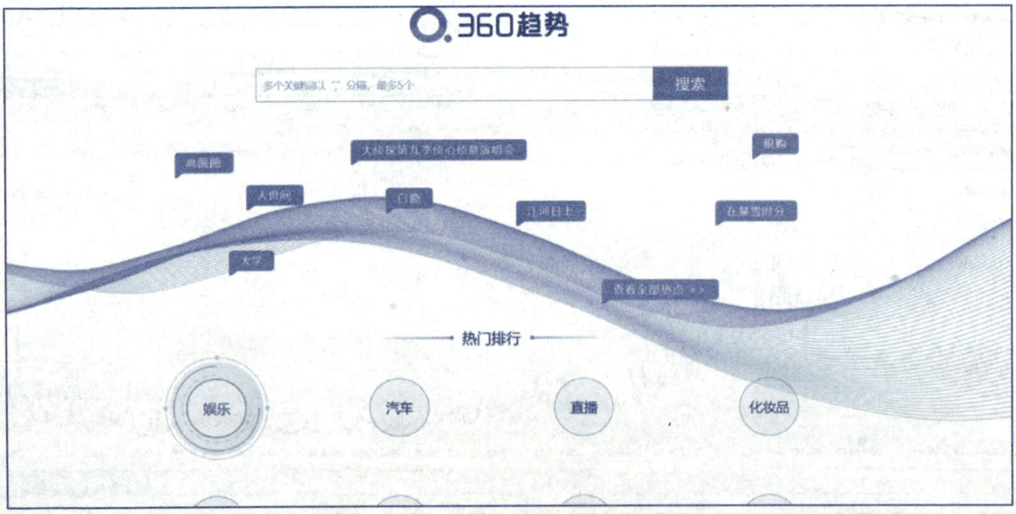

图 1－14　360 趋势官方网站首页

下面以“耳机”为例进行 360 趋势搜索，结果如图 1－15、图 1－16 所示。

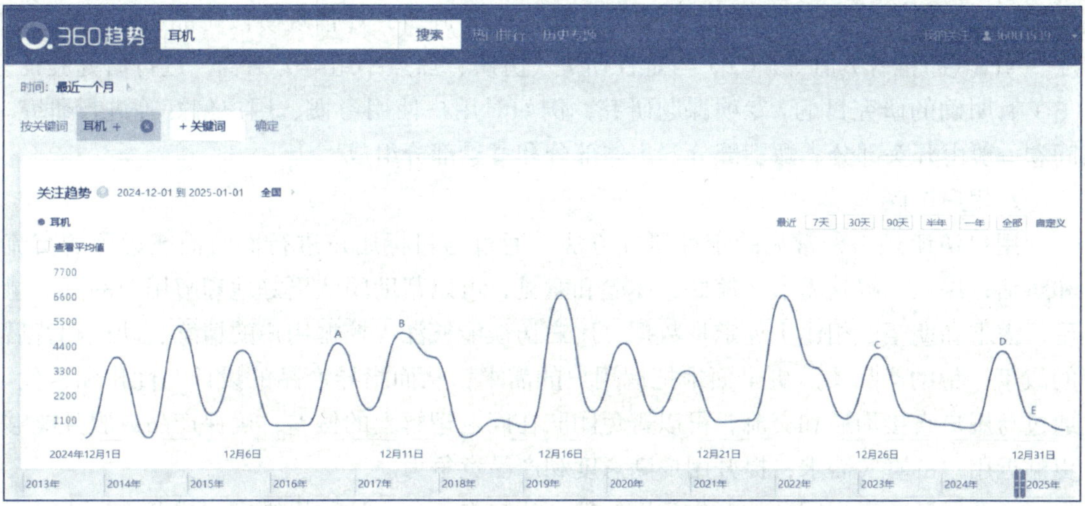

图 1－15　360 趋势搜索“耳机”展示结果（局部 1）

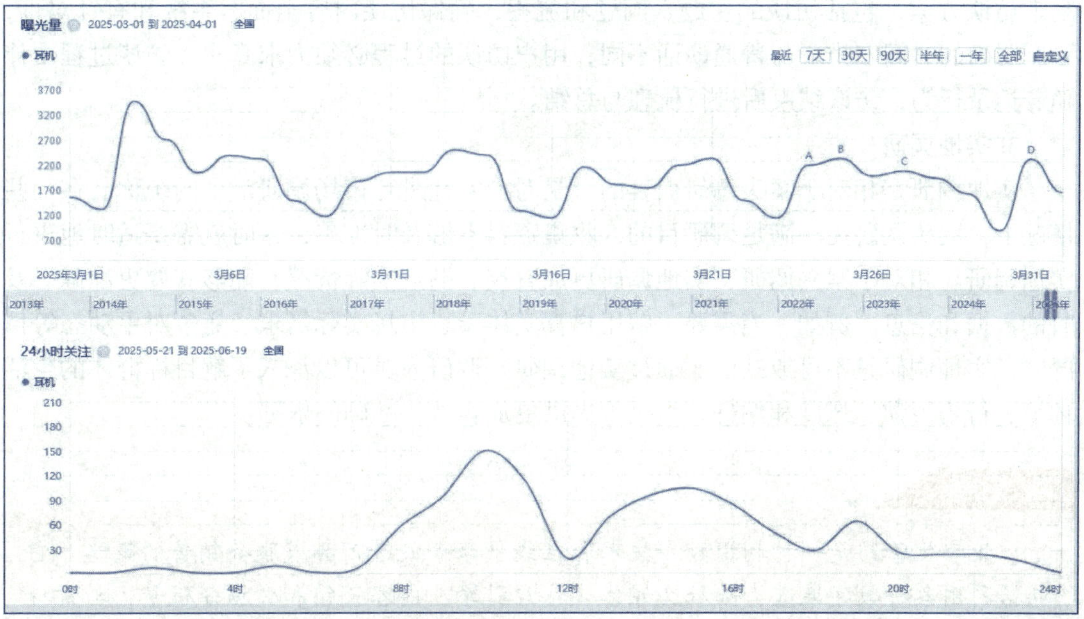

图 1－16　360 趋势搜索“耳机”展示结果（局部 2）

（二）线下采集

1. 问卷调查

问卷调查是市场调查中最常用的数据采集手段，是社会调查中用来测量被调查者的行为、态度、社会特征或收集其他信息的一种工具。问卷调查通过已经确定所要问的问题，交由调查对象填写，然后收回整理分析，从而得出结论。其应用场景一般有以下几种：（1）现有产品 / 服务的优化提升，使用问卷调研，评估现阶段产品 / 服务的满意度、NPS（净推荐）值等；（2）与定性研究（访谈、焦点小组等）结合，进行研究验证；（3）有明确的研究目的 / 专项课题研究，例如对用户使用习惯、用户偏好等进行研究。问卷一般由开头部分、甄别部分、主体部分和背景部分组成。

2. 用户访谈

用户访谈是一种常见的定性研究方法，通过与目标用户进行面对面或远程的交流和对话，深入了解其需求、偏好、体验和意见，可以帮助团队更好地理解用户的真实感受、需求和期望。相比于纯定量数据，用户访谈能够深入挖掘用户的情感、动机和背后的故事，帮助产品团队更全面地把握用户的需求，从而指导产品的设计、优化和迭代。通过与用户直接沟通和交流，可以避免团队在问题理解上的偏差，确保产品或服务能够更贴近用户的真实需求，提升用户满意度和产品竞争力。

专业团队在考虑问题的时候角度一般会比较专业化，这种思维定式或多或少会对问题的理解产生影响，导致它们无法准确理解用户的感受。所以无论是对于需求的挖掘，还是对于产品的设计迭代，用户访谈这个环节都是必不可少的。开展用户访谈一般都要制定访谈方案，包括访谈的主题、问题和流程，确保访谈内容全面、系统和有针对性，要有明确的时间安排。与普通谈话不同，用户访谈的过程必须力求真实，访谈过程中伴随着记录行为，访谈结束后进行梳理与总结。

3. 实地调研

实地调研是相对于案头调研而言的，是对在实地进行市场调研活动的统称。在一些情况下，案头调研无法满足调研目的，收集资料不够及时准确，这时就需要适时地进行实地调研。相对于案头调研，实地调研更加直接、贴近实际情况，能够获取更准确、及时的数据和信息。例如，当需要了解用户真实体验、市场实际需求、竞争对手动态等情况时，实地调研是不可或缺的。通过实地调研，调研人员可以深入了解目标群体的生活环境、行为习惯、态度和偏好，为决策提供更加客观、准确的依据。

拓展

数字化营销是一种利用数字技术和在线平台来促进产品或服务销售的策略。它包括利用各种数字渠道，如社交媒体、搜索引擎、内容营销和数据分析等，与目标受众建立联系并推动销售。数字化营销为企业提供了丰富的数据和分析工具，使企业能够更好地了解市场趋势，实时调整策略并优化营销效果。在当今竞争激烈的商业环境中，掌握数字化营销是企业成功的关键。数字化营销的核心就在于深入地进行数据管理、分析和挖掘，以更好地服务用户。扫描以下二维码，进一步了解数字化营销。

什么是数字化营销

数字化营销的两大基石——数据与技术

企业数字化变革

实践训练

任务一　利用爬虫数据采集工具采集开放数据

知识回顾

- 列举常见的开放数据平台。
- 说明利用爬虫工具采集数据的注意事项。

训练目标

- 掌握利用第三方爬虫工具采集开放数据的流程。
- 能够使用第三方爬虫工具采集开放数据。
- 熟知数据采集相关法律法规、Robots 协议、职业道德要求等。

任务背景

小李所在的公司计划通过电子商务平台 Shopee 在东南亚市场销售窗帘。为了更好地了解竞争者的情况，小李计划利用爬虫工具采集 Shopee 平台同类商品的销售数据。了解第三方爬虫工具情况后，小李最终选择使用八爪鱼采集器进行数据采集。

任务分解

八爪鱼采集器提供模板数据采集方式和自定义数据采集方式。因为数据采集任务并不复杂，只需要采集同类商品名称、价格及销量信息，所以小李选择自定义数据采集方式。

自定义数据采集分为智能识别和自己动手配置采集流程。智能识别模式下只需输入网址，系统会自动智能识别网页数据。目前，智能识别仅支持识别列表型网页、滚动和翻页，如果不是列表型网页，或者有更高级的采集需求，用户可自行配置采集任务。Shopee 产品搜索结果页属于列表型网页，可以使用智能识别。

任务实施

步骤 1：在官网下载并安装八爪鱼采集器，学习使用教程。

步骤 2：打开八爪鱼采集器，如图 1－17 所示。

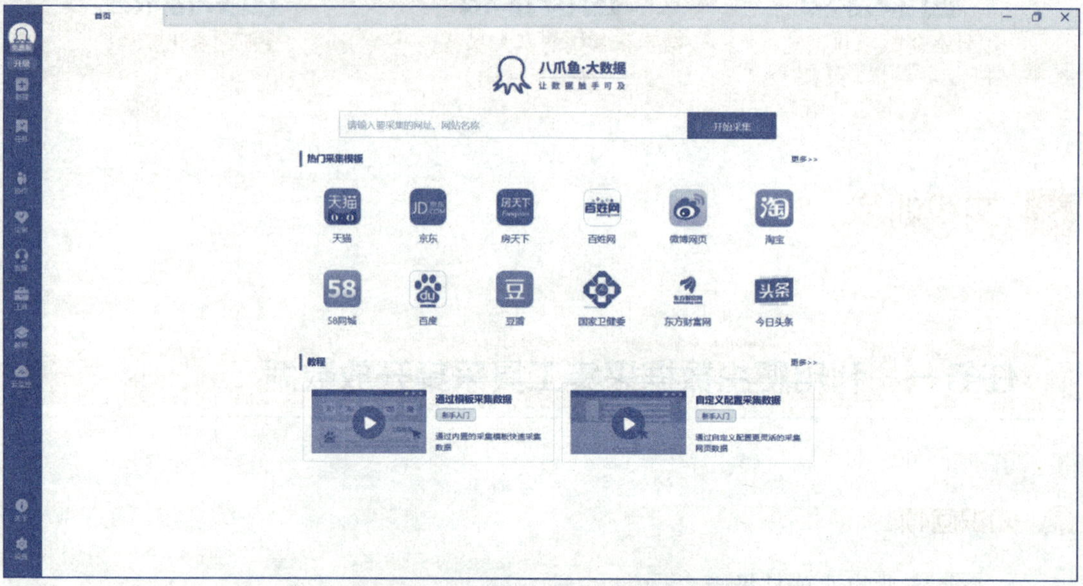

图 1－17 “八爪鱼采集器”首页

步骤 3：打开马来西亚 Shopee 买家网站，搜索“curtain”，如图 1－18 所示。

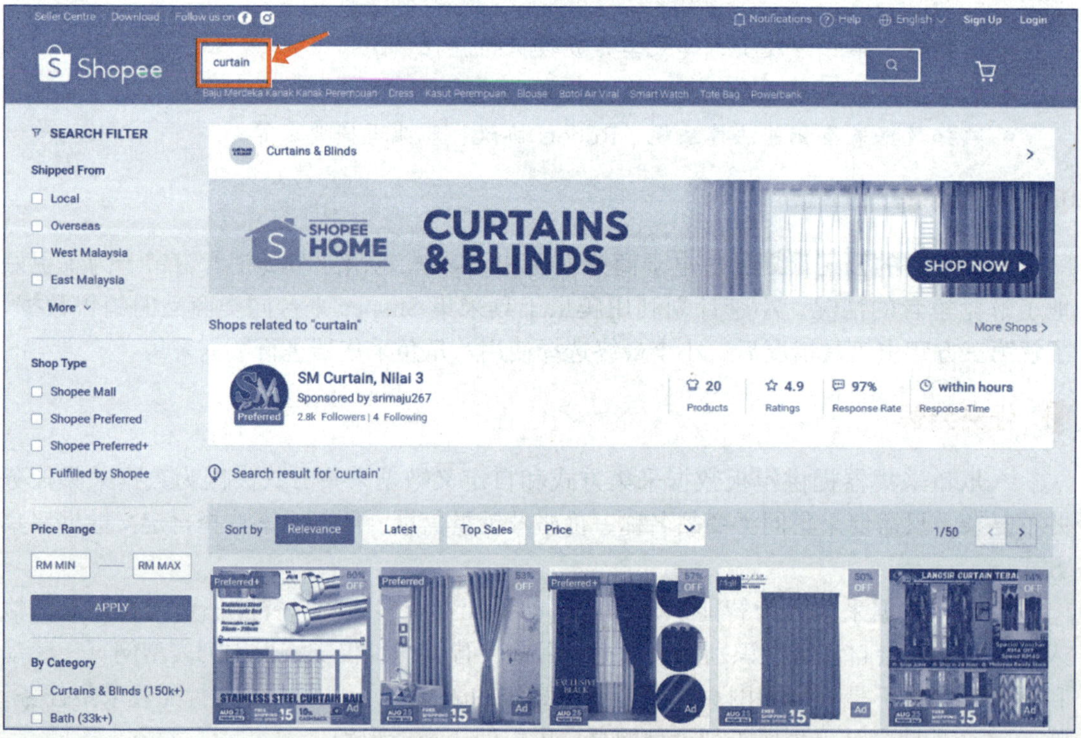

图 1－18 在 shpoee 买家网站搜索“curtain”

步骤 4：拷贝搜索结果页的网址，粘贴到八爪鱼采集器的“开始采集”框中，点击“开始采集”，如图 1-19 所示。

图 1-19　开始采集

步骤 5：在弹出的页面中，点击“English”，再点击右侧的“点击该按钮”，如图 1-20 和图 1-21 所示。

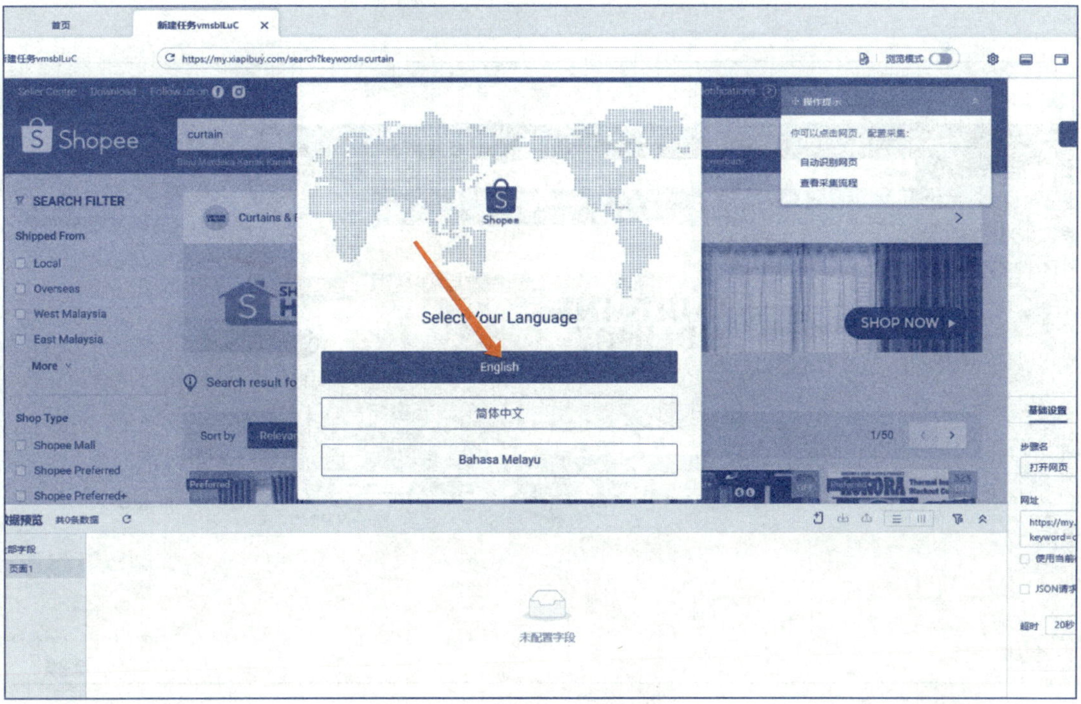

图 1-20　选择“English”

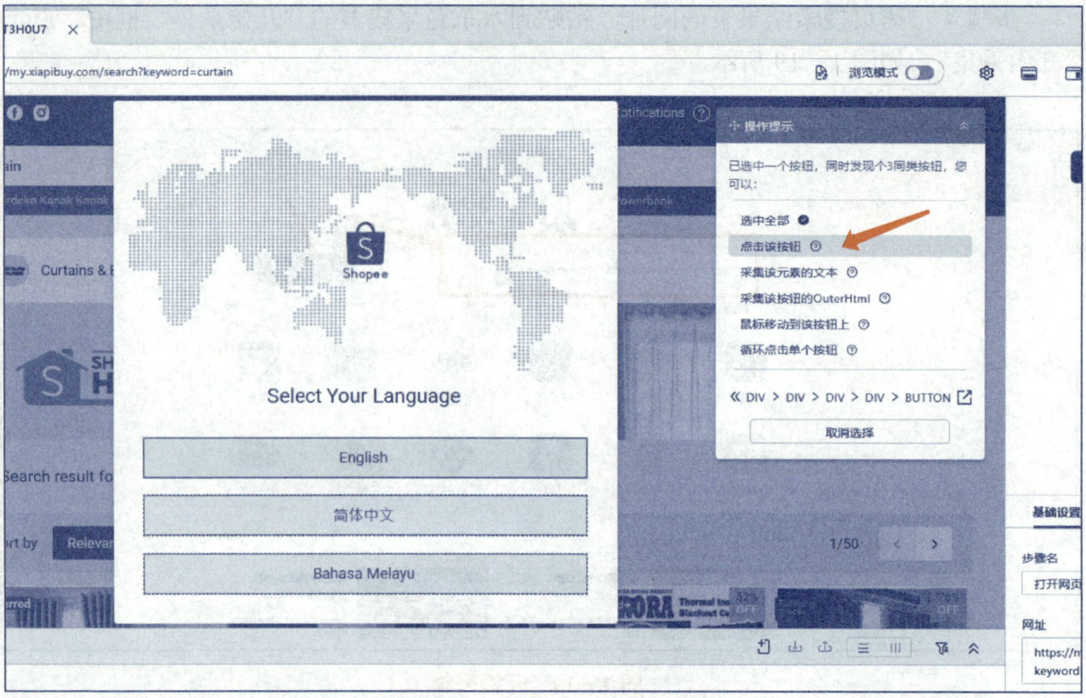

图 1-21　选择“点击该按钮”

步骤 6：点击“自动识别网页”，如图 1-22 所示，等待网页自动识别。识别过程如图 1-23 所示。

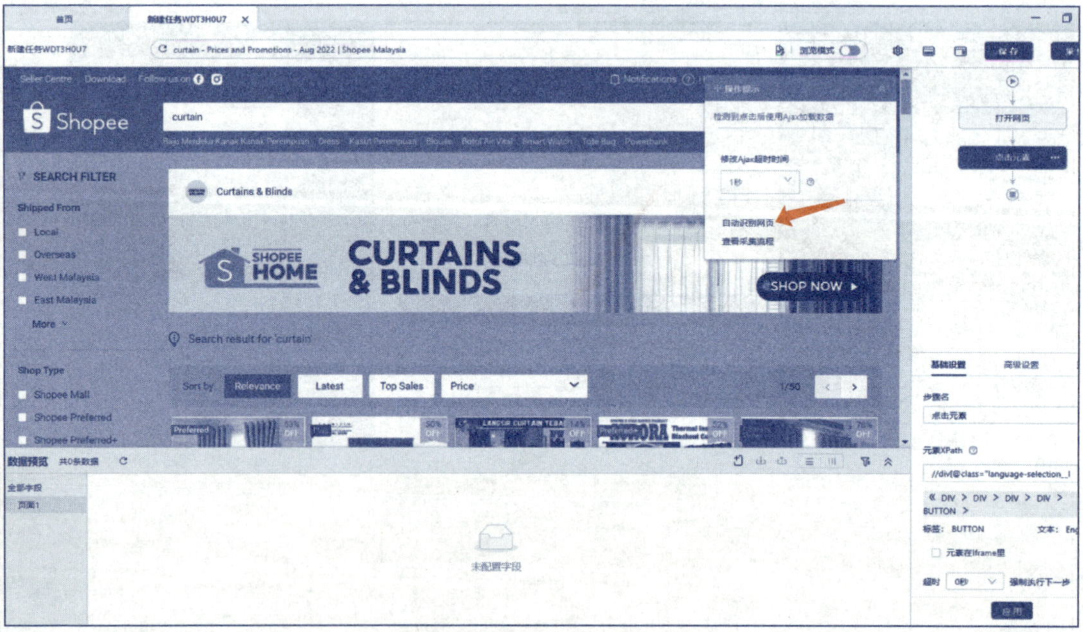

图 1-22　选择“自动识别网页”

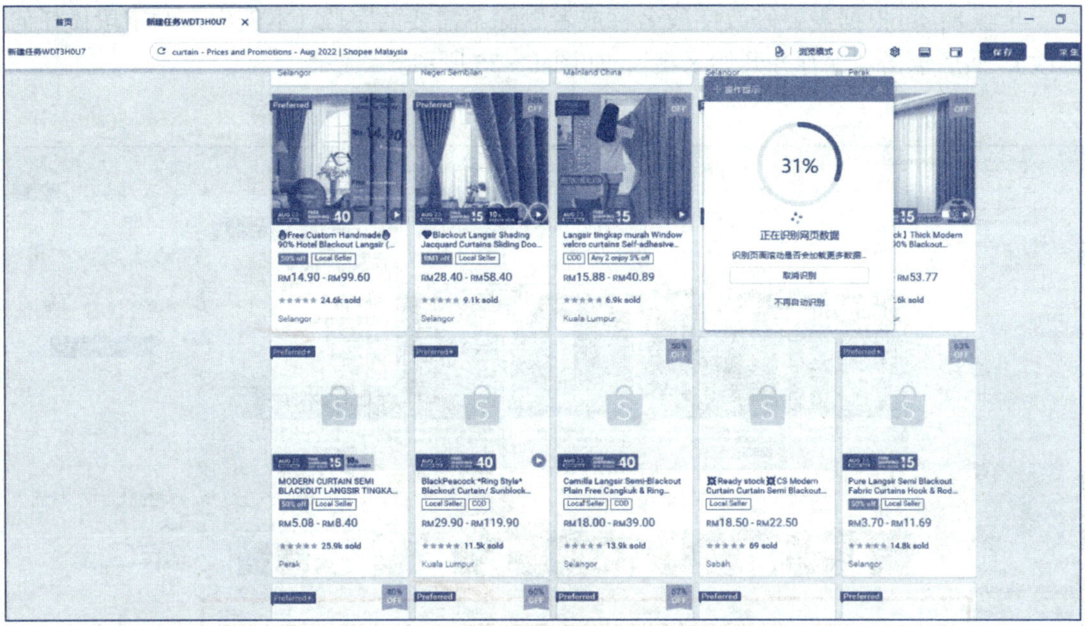

图 1－23　识别过程

步骤 7：自动识别完成后，点击“生成采集设置”，如图 1－24 所示。

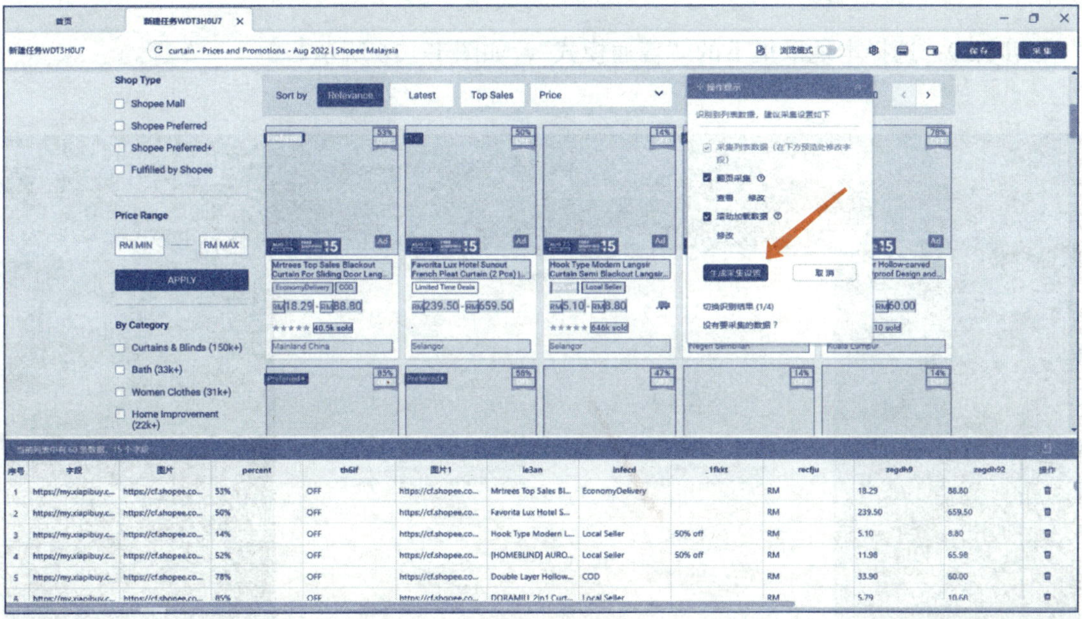

图 1－24　选择“生成采集设置”

步骤 8：可根据需要修改字段名称或者删除不需要的字段（本例中未对字段做任何修改），然后点击“保存并开始采集”，如图 1－25 所示。

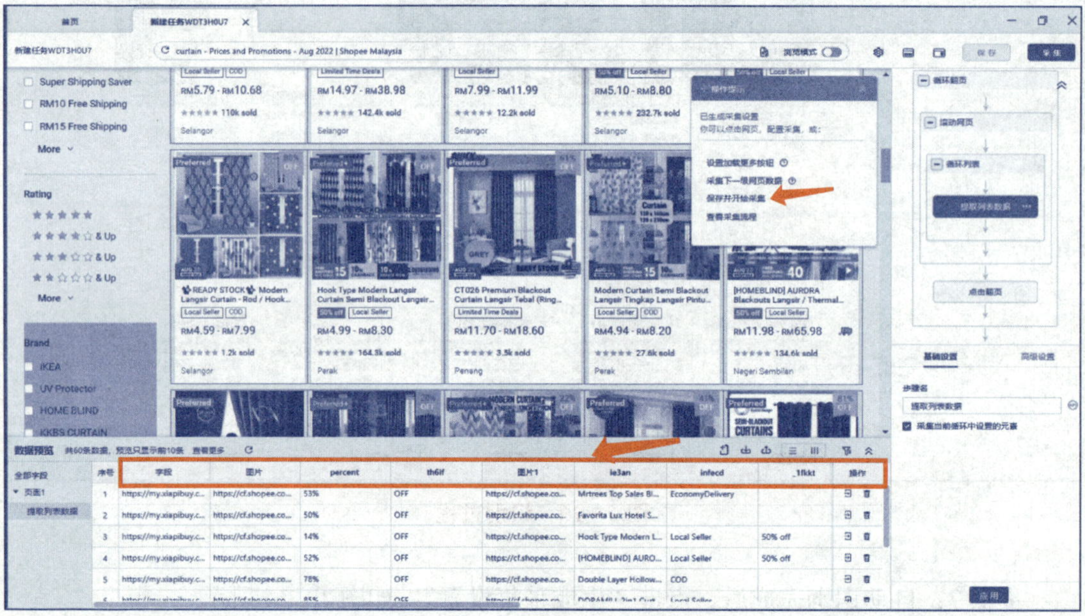

图 1－25　选择“保存并开始采集”

步骤 9：选择本地采集下的“普通模式”，如图 1－26 所示。

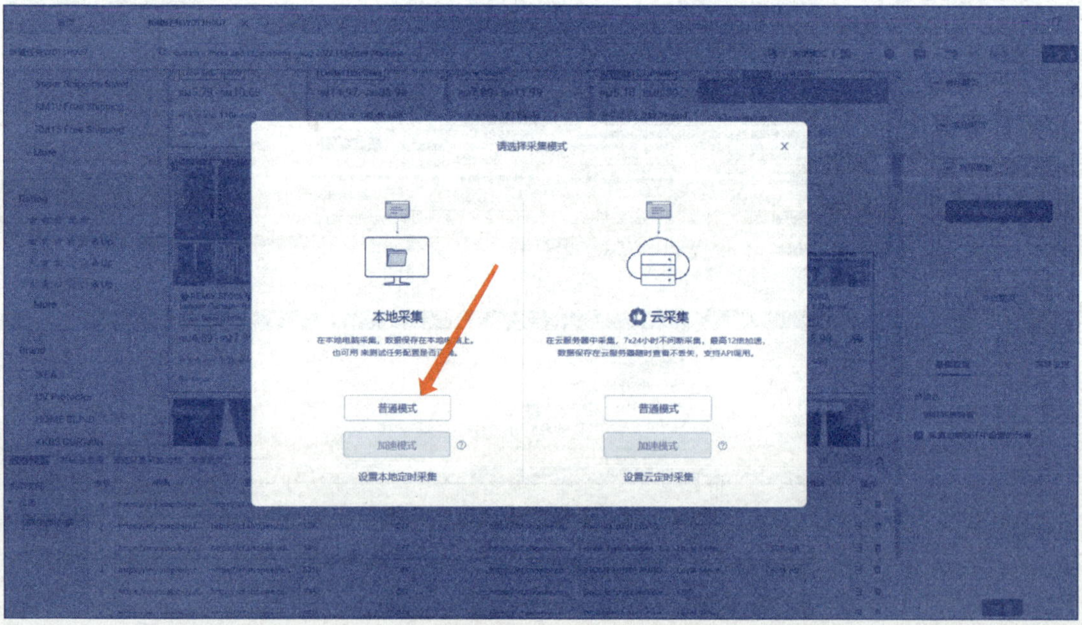

图 1－26　选择本地采集下的“普通模式”

步骤 10：开始数据采集，可看到实时采集数量，如图 1－27 所示。

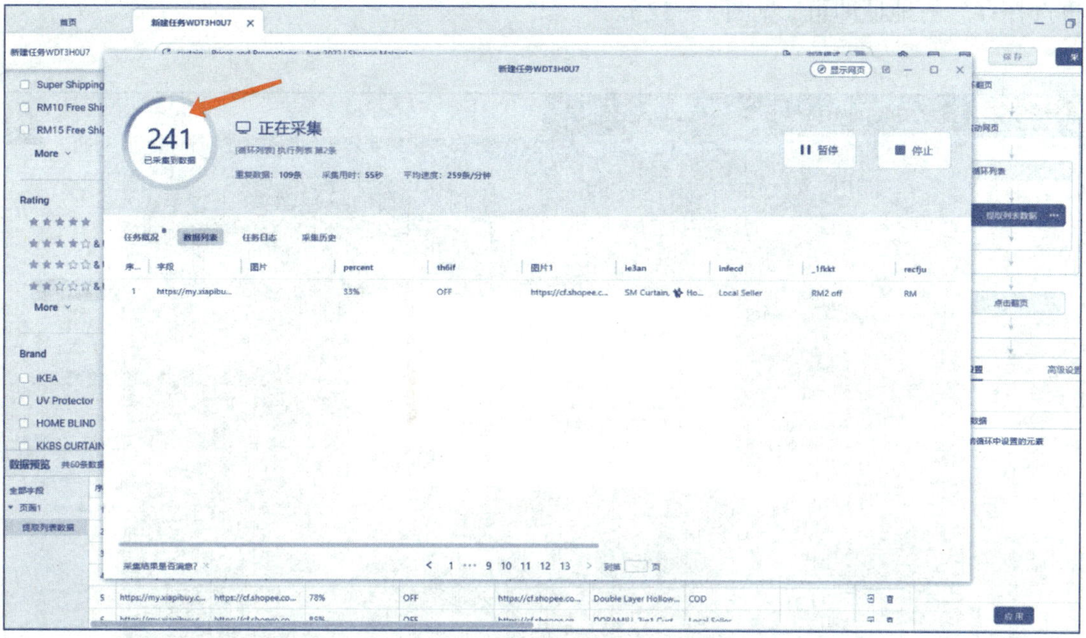

图 1－27　“正在采集”界面

步骤 11：采集数量达到要求后，点击“停止”，再点击“确定”，如图 1－28 所示。

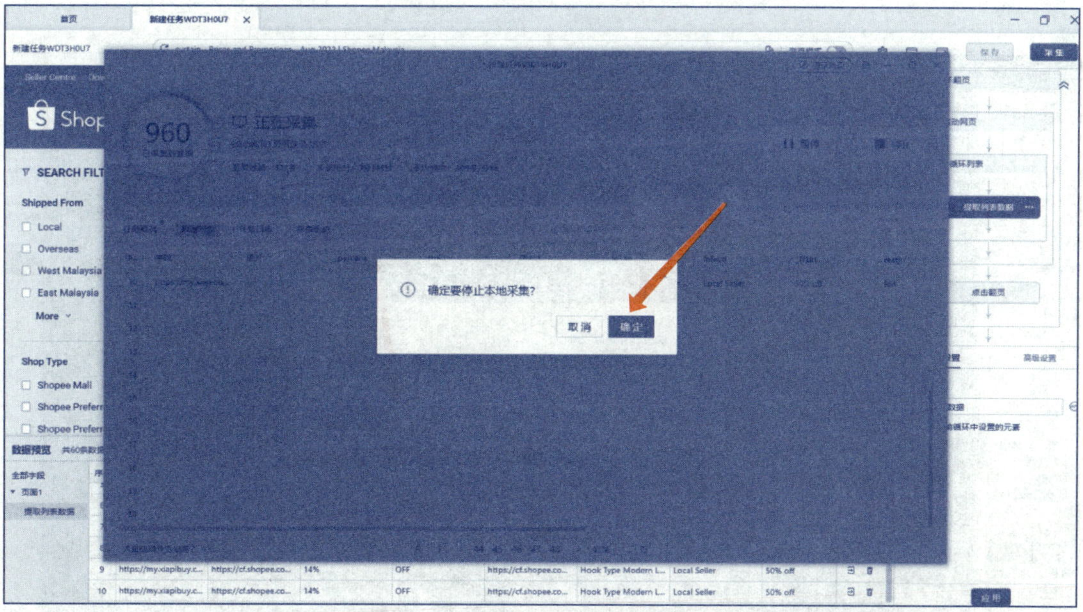

图 1－28　采集数量达成后的操作

步骤 12：点击“导出数据”（见图 1－29），根据需要选择“所有数据”或者“去重数据”（见图 1－30），根据需要选择导出的数据格式（见图 1－31），一般为 Excel 格式，再选择存放的地址即可（见图 1－32）。

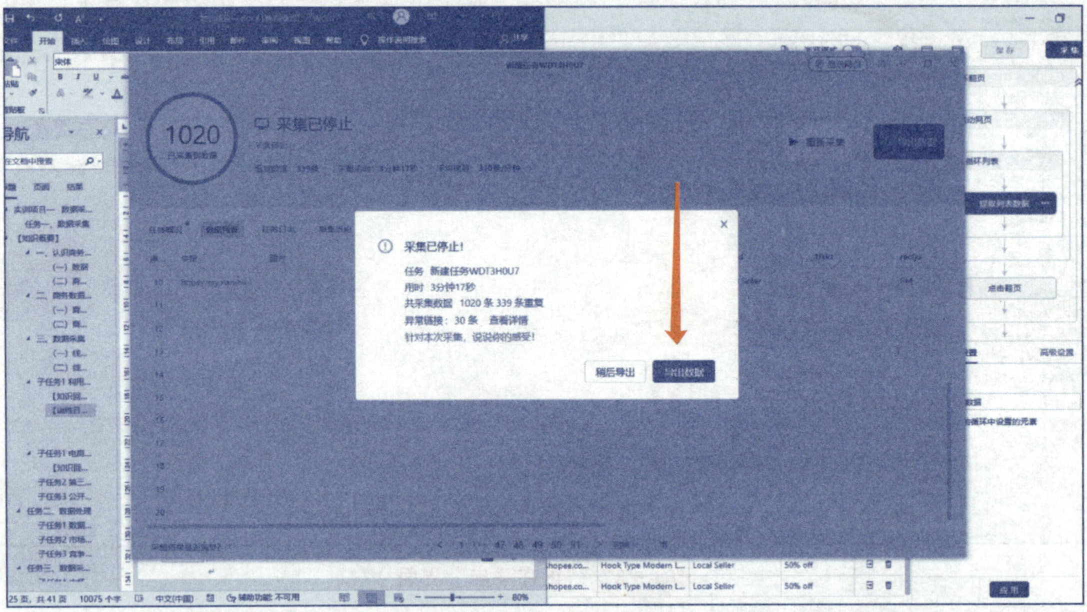

图 1－29　导出数据

图 1－30　“是否去除重复数据”界面

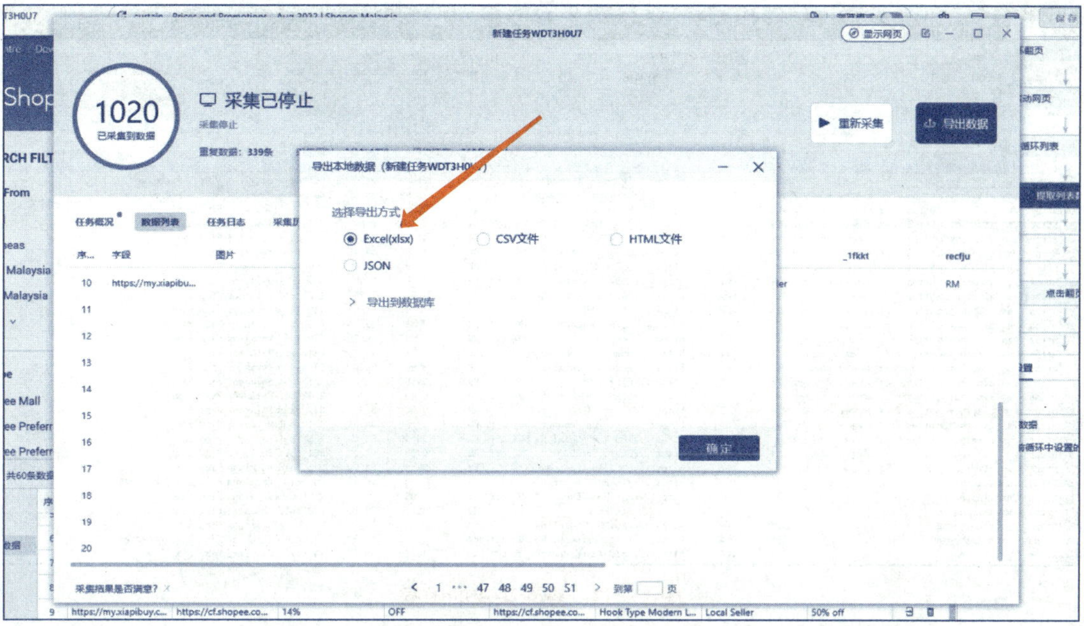

图 1－31 选择导出数据的格式

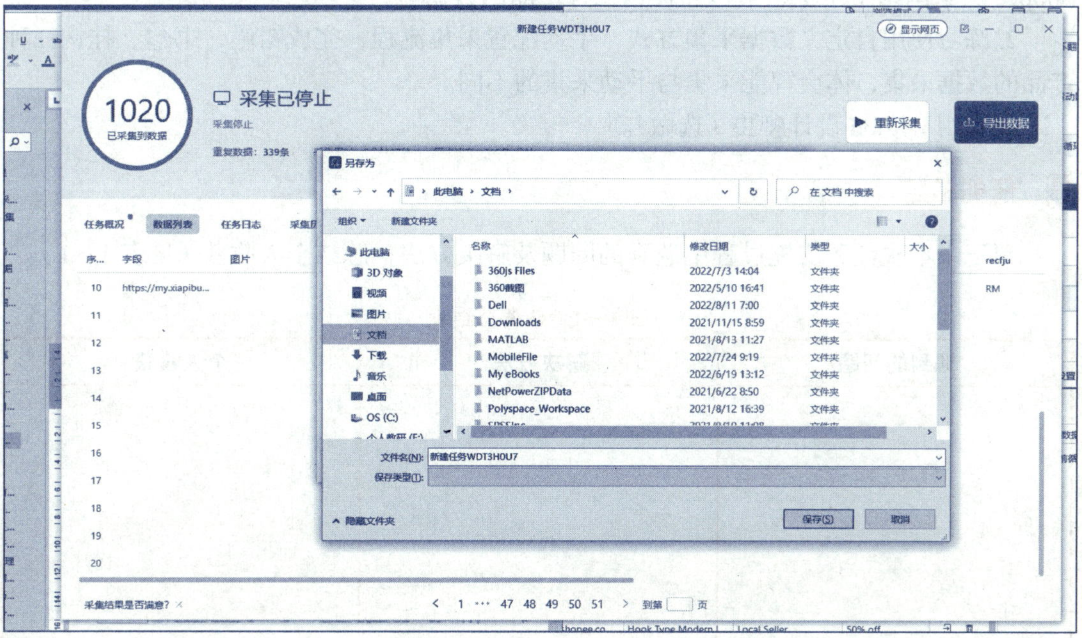

图 1－32 选择存放地址

步骤 13：查看采集的数据，如图 1－33 所示。

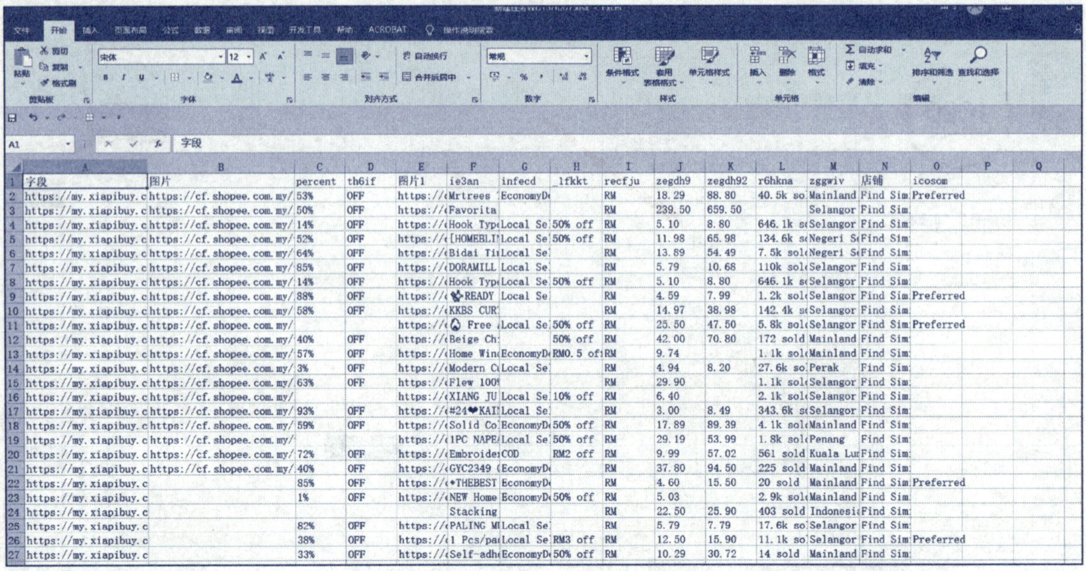

	A	B	C	D	E	F	G	H	I	J	K	L	M	N	O
1	字段	图片	percent	th6if	图片1	ie3an	infecd	_1fkkt	recfju	zegdh9	zegdh92	r6hkna	zggwiv	店铺	icosom
2	https://my.xiapibuy.c	https://cf.shopee.com.my/	53%	OFF	https://	Mrtrees	EconomyD		RM	18.29	88.80	40.5k so	Mainland	Find Sim	Preferred
3	https://my.xiapibuy.c	https://cf.shopee.com.my/	50%	OFF	https://	Favorita			RM	239.50	659.50		Selangor	Find Sim	
4	https://my.xiapibuy.c	https://cf.shopee.com.my/	14%	OFF	https://	Hook Typ	Local Se	50% off	RM	5.10	8.80	646.1k s	Selangor	Find Sim	
5	https://my.xiapibuy.c	https://cf.shopee.com.my/	52%	OFF	https://	[HOMEBLI	Local Se	50% off	RM	11.98	65.98	134.6k s	Negeri S	Find Sim	
6	https://my.xiapibuy.c	https://cf.shopee.com.my/	64%	OFF	https://	Bidai Ti	Local Se		RM	13.89	54.49	7.5k sol	Negeri S	Find Sim	
7	https://my.xiapibuy.c	https://cf.shopee.com.my/	85%	OFF	https://	DORAMILL	Local Se		RM	5.79	10.68	110k sol	Selangor	Find Sim	
8	https://my.xiapibuy.c	https://cf.shopee.com.my/	14%	OFF	https://	Hook Typ	Local Se	50% off	RM	5.10	8.80	646.1k s	Selangor	Find Sim	
9	https://my.xiapibuy.c	https://cf.shopee.com.my/	88%	OFF	https://	❀READY	Local Se		RM	4.59	7.99	1.2k sol	Selangor	Find Sim	Preferred
10	https://my.xiapibuy.c	https://cf.shopee.com.my/	58%	OFF	https://	KKBS CUR			RM	14.97	38.98	142.4k s	Selangor	Find Sim	
11	https://my.xiapibuy.c	https://cf.shopee.com.my/			https://	Free	Local Se	50% off	RM	25.50	47.50	5.8k sol	Selangor	Find Sim	Preferred
12	https://my.xiapibuy.c	https://cf.shopee.com.my/	40%	OFF	https://	Beige Ch		50% off	RM	42.00	70.80	172 sold	Mainland	Find Sim	
13	https://my.xiapibuy.c	https://cf.shopee.com.my/	57%	OFF	https://	Home Win	EconomyD	RM0.5 of	RM	9.74		1.1k sol	Mainland	Find Sim	
14	https://my.xiapibuy.c	https://cf.shopee.com.my/	3%	OFF	https://	Modern C	Local Se		RM	4.94	8.20	27.6k so	Perak	Find Sim	
15	https://my.xiapibuy.c	https://cf.shopee.com.my/	63%	OFF	https://	Flew 100			RM	29.90		1.1k sol	Selangor	Find Sim	
16	https://my.xiapibuy.c	https://cf.shopee.com.my/			https://	XIANG JU	Local Se	10% off	RM	6.40		2.1k sol	Selangor	Find Sim	
17	https://my.xiapibuy.c	https://cf.shopee.com.my/	93%	OFF	https://	#24❤KAI	Local Se		RM	3.00	8.49	343.6k s	Selangor	Find Sim	
18	https://my.xiapibuy.c	https://cf.shopee.com.my/	59%	OFF	https://	Solid Co	EconomyD	50% off	RM	17.89	89.39	4.1k sol	Mainland	Find Sim	
19	https://my.xiapibuy.c	https://cf.shopee.com.my/			https://	1PC NAPE	Local Se	50% off	RM	29.19	53.99	1.8k sol	Penang	Find Sim	
20	https://my.xiapibuy.c	https://cf.shopee.com.my/	72%	OFF	https://	Embroide	COD	RM2 off	RM	9.99	57.02	561 sold	Kuala Lu	Find Sim	
21	https://my.xiapibuy.c	https://cf.shopee.com.my/	40%	OFF	https://	GYC2349 (	EconomyD		RM	37.80	94.50	225 sold	Mainland	Find Sim	
22	https://my.xiapibuy.c		85%	OFF	https://	•THEBEST	EconomyD		RM	4.60	15.50	20 sold	Mainland	Find Sim	Preferred
23	https://my.xiapibuy.c		1%	OFF	https://	NEW Home	EconomyD	50% off	RM	5.03		2.9k sol	Mainland	Find Sim	
24	https://my.xiapibuy.c					Stacking			RM	22.50	25.90	403 sold	Indonesi	Find Sim	
25	https://my.xiapibuy.c		82%	OFF	https://	PALING M	Local Se		RM	5.79	7.79	17.6k so	Selangor	Find Sim	
26	https://my.xiapibuy.c		38%	OFF	https://	1 Pcs/pa	Local Se	RM3 off	RM	12.50	15.90	11.1k so	Selangor	Find Sim	Preferred
27	https://my.xiapibuy.c		33%	OFF	https://	Self-adh	EconomyD	50% off	RM	10.29	30.72	14 sold	Mainland	Find Sim	

图 1－33　查看采集的数据

自主训练

1. 参照上述步骤，利用八爪鱼采集器的自定义数据采集智能识别模式采集马来西亚 Shopee 买家网站中铅笔、书包、挂钩三种产品的数据。

2. 练习使用自定义数据采集方式，手动配置采集流程，完成铅笔、书包、挂钩三种产品的数据采集，体会智能采集与手动采集的不同。

3. 利用 Python 设计爬虫（选做）。

任务总结

请记录本次任务实施过程中遇到的问题及解决方法，总结个人收获（见表 1－1）。

表 1－1　任务总结表

遇到的问题	解决方法	个人收获

任务二　电商平台数据采集训练

知识回顾

- 国内外电商平台分别提供的数据分析服务。

训练目标

- 能够根据运营业务需求，选择合适的数据获取渠道并获取数据。

任务背景

某电子商务公司计划进入汉服市场，要求小李对国内汉服市场进行调研，分析近三年的市场概况，以此确定是否有必要在国内市场进行汉服类产品的销售。

任务分解

市场交易额（量）的变化反映了一定时期内某类产品的市场销售趋势，但对于一些小类目的产品而言，往往很难采集到这部分数据。因此可以通过产品相应关键词的搜索指数变化来反映用户对于该类产品的关注度及产品的年度交易额数据。

百度搜索和360搜索是目前国内用户量比较大的两个搜索引擎。以百度搜索为例，作为全球最大的中文搜索引擎，其提供的指数工具是依据百度搜索数据所得，因此该数据参考度较高。在本任务中可以将关键词“汉服”百度指数数据作为数据采集源。

任务实施

步骤1：确定采集指标。

本任务中，数据指标为相关关键词的搜索指数、地域分布、人群属性。

步骤2：获取关键词“汉服”搜索指数。

指数数据是按日期进行展现的，因此，按照全面和精选原则，此处须对关键词搜索指数及对应日期两项指标进行采集。为了获取全面的搜索指数，此处时间选择近四年，设备来源选择“PC+移动”，地域范围选择“全国”，如图1-34所示。

步骤3：关键词“汉服”的人群画像。

百度指数提供的人群画像包括地域分布、人群属性及属性分布。

点击页面上方的“人群画像”，在“地域分布”栏，根据需要选择时间范围，选择“省份”或“区域”或“城市”进行展示（见图1-35）。“地域分布”这一数据的含义是：关注该关键词的用户来自哪些地域。它根据百度用户搜索数据，采用数据挖掘方法，对关键词的人群属性进行聚类分析，给出用户所属的省份、城市，以及城市级别的分布和排名。

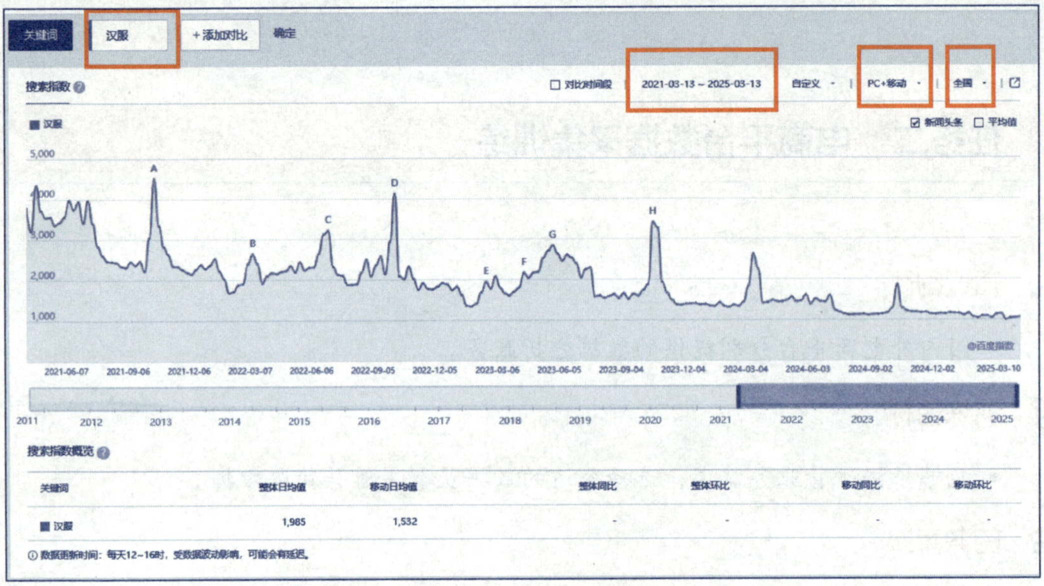

图 1-34　关键词“汉服”搜索指数

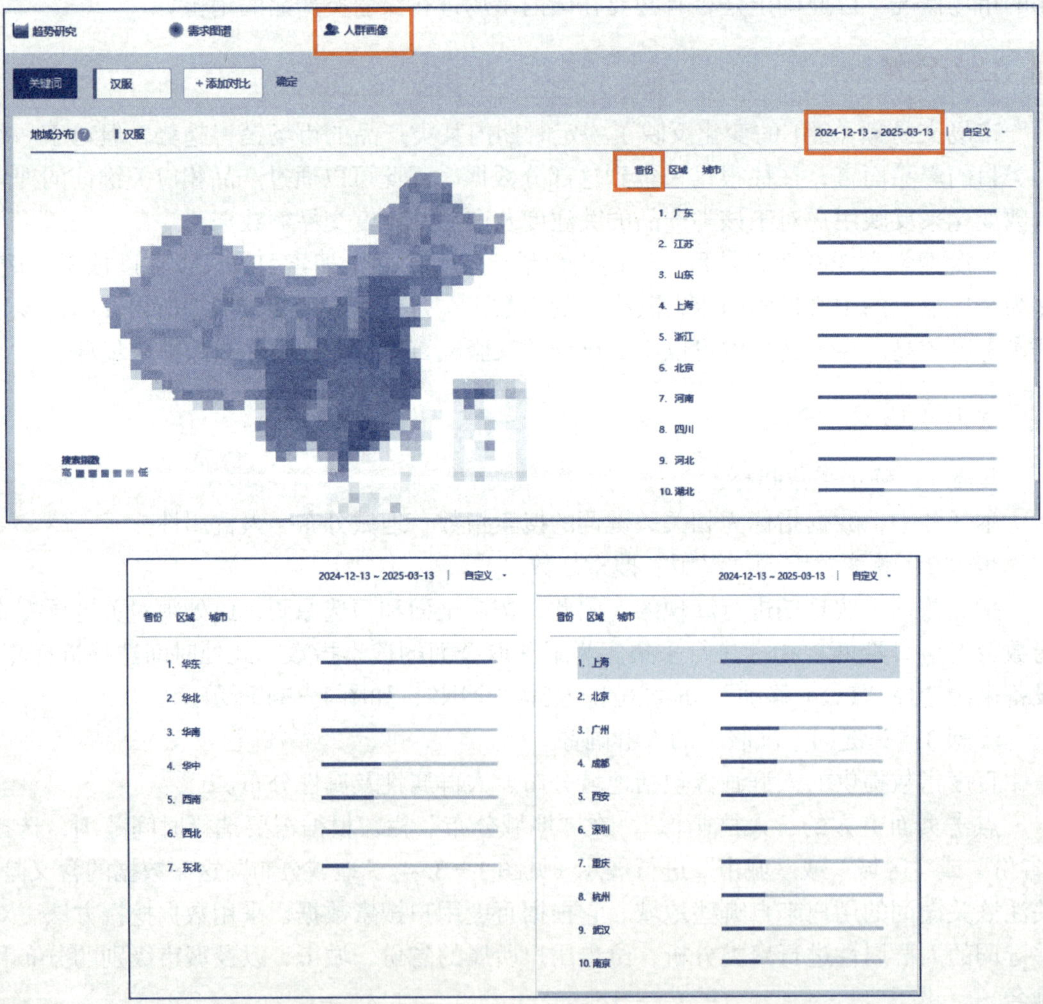

图 1-35　关键词“汉服”人群画像之地域分布

“人群属性”这一数据仅展示近一周的数据，它的含义是：关注该关键词的用户的性别、年龄分布。它根据百度用户搜索数据，采用数据挖掘方法，对关键词的人群属性进行聚类分析，给出用户所属的年龄及性别的分布和排名，如图 1－36 所示。

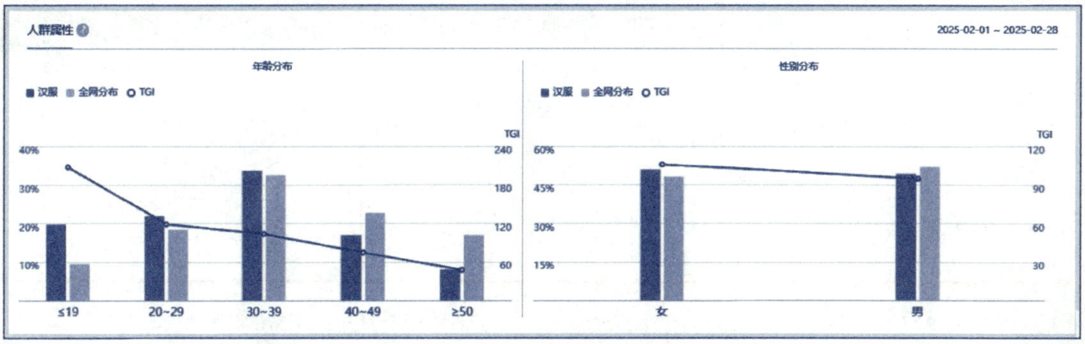

图 1－36　关键词“汉服”人群画像之人群属性

“兴趣分布”这一数据仅展示近一周的数据，它基于百度搜索用户行为数据以及画像库，刻画所选范围内关注该主题词的人群分布情况以及相对全网平均表现的强弱程度，如图 1－37 所示。

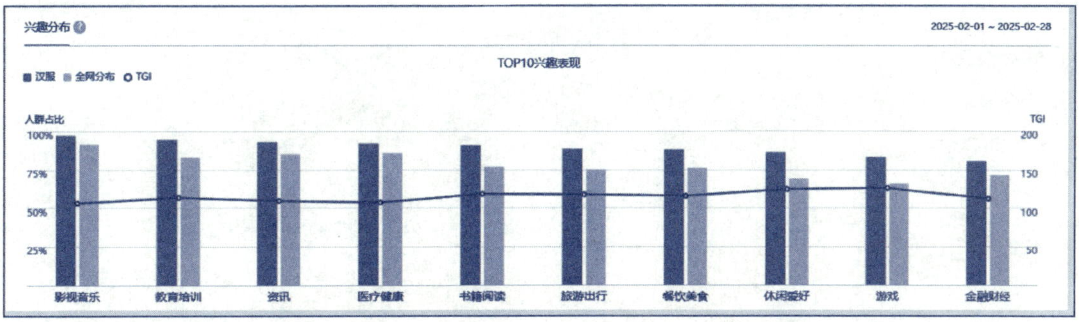

图 1－37　关键词“汉服”人群画像之兴趣分布

步骤 4：采集数据。

获取相应数据，填入 Excel 表格中。

自主训练

1. 参照上述步骤，利用百度指数了解自己熟悉的或感兴趣的产品在不同时间段的市场情况。

2. 有条件的学生可以使用百度指数专业版探索“汉服”近三年的市场概况。

任务总结

请记录本次任务实施过程中遇到的问题及解决方法，总结个人收获（见表 1－2）。

表1-2　任务总结表

遇到的问题	解决方法	个人收获

项目二 数据预处理

知识体系

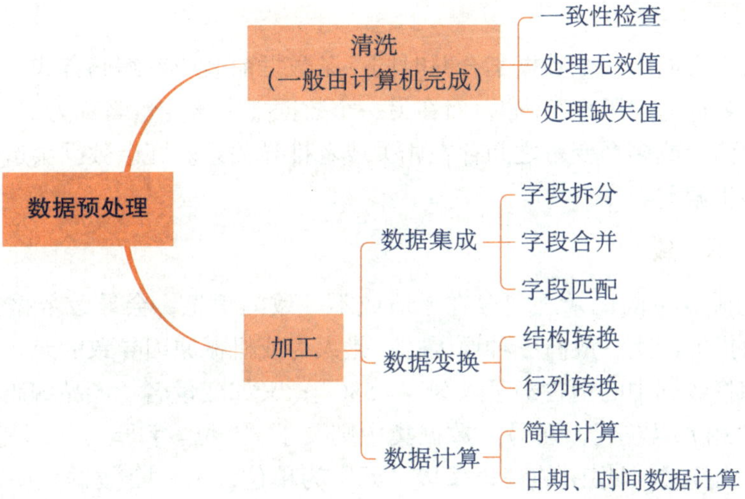

理论学习

通过各种渠道收集来的数据，常出现缺失、异常、冗余、不一致等现象，不能直接为数据分析所用。一些成熟的数据分析软件或模型对处理的数据有特定的要求，比如一定的数据类型、统一的数据量纲、数据的冗余性要求、属性的相关性要求等。这就需要在数据分析前对数据进行预处理。

数据预处理是数据科学领域的关键步骤，它涉及对原始数据进行一系列的审核、筛选、排序等操作，以便于后续的分类或分组分析。其主要目标是将大量杂乱无章且难以理解的数据，转化为结构清晰、易于理解并适合分析的形式。这一过程在整个数据分析流程中往往耗时最长，并且对数据仓库的搭建以及数据质量的保证有较高要求。

一、原始数据存在的问题

原始数据存在的问题包括重复、缺失、异常、冗余、不一致。

（一）数据重复

数据重复是指在数据表中唯一标识记录的字段出现多次，导致数据冗余和分析结果不准确。

（二）数据缺失

数据缺失是指在实践过程中因种种原因没有获取观测对象的相关信息而造成数据不完全，影响数据完整性和可用性。

（三）数据异常

数据异常是指所获得的数据中与平均值的偏差超过两倍标准差。异常数据会严重影响数据分析的结果，例如使平均值偏高或者偏低，使方差增大，影响数据模型的拟合优度等。

（四）数据冗余

数据冗余一方面指多个数据集合并时同一条数据命名或者编码方式不同，例如某数据集中的变量名称为“用户编码”，而在另一个数据集中该变量名称为“id”；另一方面指数据集中的两个或多个变量之间存在相关或者推导关系。冗余数据会造成数据重复或使分析结果产生偏差。

（五）数据不一致

不同数据源或不同记录之间存在矛盾或不一致的信息，会导致数据分析结果不可靠。不一致数据的产生一般有三种原因：一是人为或机械原因导致的录入错误或数据规范不同，例如将数据中的销售额录入为“-580”；又如变量名“产品编码”下，某数据集的规范是“3 位 / 数字”，在另一数据集中则要求“5 位 / 字母”。二是变量单位或者量纲不匹配，如某数据集中的销售额以“元”为单位，另一个数据集中的销售额却以“万元”为单位。三是数据特征不符合特定数据分析模型或软件的要求，或者变量过多，分析难度较大。

二、数据预处理

数据预处理有四个步骤，分别是数据清洗、数据集成、数据变换和数据归约。

（一）数据清洗

数据清洗是指检测和纠正数据中的错误、不完整、重复或不一致的部分。数据清洗包括处理缺失值、处理异常值、解决重复数据、统一数据格式等操作，以确保数据的质量和准确性。

1. 一致性检查

数据一致性检查（Consistency Check）是数据管理中的重要步骤，它确保数据在不同来源、不同存储位置或不同时间点上的一致性和准确性。数据一致性检查通常包括以下几个方面：

（1）数据格式一致性检查：确保数据在不同来源或存储位置上的格式一致，例如日期格式、数字格式、文本格式等。

（2）数据命名一致性检查：确保数据的命名规范一致，避免出现相同数据以不同命名方式存在的情况，防止混淆和误解。

（3）数据值一致性检查：确保数据在不同来源或时间点上的数值一致，例如，同一种产品的价格、数量、描述等应该一致。例如，用 1 ～ 7 级量表测量的变量出现了 0 值、体重出现了负数等情况都应视为超出正常值域范围。

（4）数据逻辑一致性检查：确保数据之间的逻辑关系一致，例如订单与产品的对应关系、用户与账户的关联关系等。例如，许多调查对象说自己开车上班，又报告没有汽车；调查对象报告自己是某品牌的重度购买者和使用者，但同时又在熟悉程度量表上给了很低的分值，这类情况都应视为不一致。

（5）数据完整性一致性检查：确保数据的完整性一致，包括缺失值的处理、重复值的去除、异常值的处理等。

（6）数据更新一致性检查：确保数据在更新时的一致性，避免因更新不及时或不一致而导致数据错误。

SPSS、SAS 和 Excel 等计算机软件都能够根据定义的取值范围，自动识别每个超出范围的变量值。发现不一致时，要列出问卷序号、记录序号、变量名称、错误类别等，便于进一步核对和纠正。

2. 无效值和缺失值的处理

由于调查、编码和录入误差，数据中可能存在一些无效值和缺失值，需要给予适当的处理。常用的处理方法有：估算（Estimation）、整例删除（Casewise Deletion）、变量删除（Variable Deletion）和成对删除（Pairwise Deletion）。

（1）估算。最简单的估算办法就是用某个变量的样本均值、中位数或众数代替无效值和缺失值。这种办法简单，但没有充分考虑数据中已有的信息，误差可能较大。另一种办法就是根据调查对象对其他问题的答案，通过变量之间的相关分析或逻辑推论进行估计。例如，某一产品的拥有情况可能与家庭收入有关，可以根据调查对象的家庭收入推算其拥有这一产品的可能性。

（2）整例删除。这种处理方法是剔除含有缺失值的样本。由于很多问卷都可能存在缺失值，这种做法的结果可能导致有效样本量大大减少，无法充分利用已经收集到的数据。因此，该办法只适合关键变量缺失，或者含有无效值或缺失值的样本比重很小的情况。

（3）变量删除。如果某一变量的无效值和缺失值很多，而且该变量对于所研究的问题不是特别重要，则可以考虑将该变量删除。这种做法减少了供分析用的变量数目，但没有改变样本量。

（4）成对删除。这种处理方法是用一个特殊码（通常是 9、99、999 等）代表无效值和缺失值，同时保留数据集中的全部变量和样本。但是，在具体计算时只采用有完整答案的样本，不同的分析因涉及的变量不同，其有效样本量也会有所不同。这是一种保守的处理方法，最大限度地保留了数据集中的可用信息。

采用不同的处理方法可能对分析结果产生不同的影响，尤其是当缺失值的出现并非随机且变量之间明显相关时。因此，在调查中应当尽量避免出现无效值和缺失值，保证数据的完整性。

（二）数据集成

数据集成是指将来自不同数据源的数据进行合并和整合，以创建一个一致的数据集。如果所分析的数据原本就在一个数据存储里，就不需要数据的集成了。

在进行数据集成时可能会出现以下问题：同名异义，即数据源A中某属性名字和数据源B中某属性名字相同，但所表示的实体不一样，不能作为关键字；异名同义，即两个数据源中某个属性名称不同但所代表的实体一样，可作为关键字。数据集成往往造成数据冗余，可能是同一属性多次出现，也可能是属性名称不一致导致的重复。对于重复属性要做相关分析检测，如果存在重复，就要将其删除。

（三）数据变换

数据变换是数据预处理过程中的一个重要步骤，其主要目的是将原始数据转换为统一的、适用于数据分析方法应用的数据形式，以满足后续分析的需要。数据变换的过程包括数据平滑、数据聚合、数据标准化、数据离散化、数据规范化等操作，具体取决于分析方法的要求和数据的特点。

数据变换可以将不同单位的数据转换为统一单位，使得数据具有可比性；可以将连续型数据转换为离散型数据，方便进行分类或聚类分析；可以将原始数据进行标准化处理，使得数据均值为0、标准差为1，以便应用于一些基于距离的算法等。

通过数据变换，可以有效地提高数据的质量和可解释性，为后续的数据分析和建模提供更可靠的基础。

（四）数据归约

数据归约是数据预处理的一个重要步骤，其主要目的是减少数据集的复杂性和存储空间，提高数据处理和分析的效率，同时尽可能地保持数据的完整性和准确性。数据归约可以通过降维、聚类、抽样等技术来实现，其核心思想是在保持数据关键信息的前提下，尽量减少数据量和复杂度。

常见的数据归约技术包括：

（1）维度约简（Dimensionality Reduction）：通过保留数据集中最重要的特征或维度，来减少数据的维度。常用的方法包括主成分分析（PCA）和线性判别分析（LDA）等。

（2）特征选择（Feature Selection）：选择对数据分析和建模最具有代表性和重要性的特征，舍弃不必要的特征，以减少数据集的维度和复杂度。

（3）抽样（Sampling）：通过从原始数据集中抽取一个子集来代表整个数据集，以减少数据量和计算成本。常见的抽样方法包括随机抽样、分层抽样等。

（4）聚类（Clustering）：将数据集中相似的数据点归并成一个聚类或簇，从而减少数据量和复杂度。聚类技术可以将大量的数据点分成几个紧密相关的集群，从而简化数据分析和理解。

对于小型或中型数据集，一般的数据预处理步骤已经足够。但对于大型数据集，在进行数据分析、挖掘以前，需要进行数据归约，通过减少维度或者数据量，来达到降低数据规模的目的。反之，当数据量不多，或者现有存储和计算资源能满足分析要求时，不一定需要降维，因为任何的归约都会造成数据损失。

三、数据预处理工具

对于非程序员来说，Excel 是预处理和处理结构化数据的常用工具，其具有的功能可以轻松地清理结构化数据。Excel 中数据预处理的常用功能有以下几种。

（一）IF

IF 函数检查条件并相应返回指定值。在下面的示例中，该函数检查条件“2 大于 3”。如果条件为真（事实并非如此），则函数返回“2 > 3”，否则返回“2 < 3”。

示例：=IF（2 > 3，"2 > 3"，"2 < 3"）

因为 2 不大于 3，所以条件是 FALSE，返回的值将是“2 < 3”。

（二）IFERROR

IFERROR 函数用于处理错误。在 Excel 中，最常见的错误是 #N/A，#VALUE!，#DIV/0!，#REF!，#NAME?，#NUM!。例如，用 1 除以 0。

示例：=IFERROR（1/0，-1000）

用 1 除以 0，此计算结果为错误，所以返回指定的值（-1000）。

（三）LEFT

LEFT 函数返回字符串的第一个“n”字符。如下面的示例，该函数的输出将是“Exc”。

示例：=LEFT（"Excel"，3）

（四）RIGHT

RIGHT 函数返回字符串的最后“n”字符。在下面的示例中，该函数的输出将是“cel”。

示例：=RIGHT（"Excel"，3）。

（五）MID

利用此函数输入要返回的起始数和字符数，此函数将返回字符串的子字符串。在下面的示例中，起始数为 2，返回的字符数为 3，将返回字符串“xce”。

示例：=MID（"Excel"，2，3）。

（六）FIND

FIND 函数返回字符串中子字符串或字符首次出现的位置。下面的示例试图找到子字符串“ce”在字符串“Excel”中的位置。该函数返回 3，因为它是“ce”的第一个也是唯一出现的位置。

示例：=FIND（"ce"，"Excel"）。

FIND 函数还能找到用户搜索的起点。例如，找出“abca”中第二次出现“a”的位置，函数示例如下：

=FIND（"a"，"abca"，2）

FIND 函数中的搜索区分大小写，SEARCH 函数与 FIND 函数功能相同，但它的搜索不区分大小写。如果在字符串中找不到指定的子字符串或字符，则出错。

（七）ISNUMBER

如果给定的输入是其他数字，则 ISNUMBER 函数返回 TRUE，否则返回 FALSE。

示例：=ISNUMBER（"abc"），返回 FALSE。

示例：=ISNUMBER（123），返回 TRUE。

（八）ISTEXT

如果给定的输入是字符串或文本，则 ISTEXT 函数返回 TRUE，否则返回 FALSE。

示例：=ISTEXT（“abc”），返回 TRUE。

示例：=ISTEXT（123），返回 FALSE。

（九）SUBSTITUTE

SUBSTITUTE 函数将字符串中子字符串的“第 n 次”出现替换为替换字符串。此函数区分大小写，默认情况下“n”为 1。

示例 1：在字符串“Excel is cool”中将“Excel”替换为“MS Excel”。

函数为：=SUBSTITUTE（"Excel is cool"，"Excel"，"MS Excel"），返回“MS Excel is cool”。

示例 2：将字符串“Excel is cool. Excel is developed by Microsoft”中的第二次出现的“Excel”替换为“It”。

函数为：=SUBSTITUTE（"Excel is cool. Excel is developed by Microsoft"，"Excel"，"It"，2），返回“Excel is cool. It is developed by Microsoft”。

（十）COUNTA

COUNTA 函数返回一系列单元格中非空单元格的计数。

示例：=COUNTA（A1：A10）。

（十一）COUNTBLANK

COUNTBLANK 函数返回一系列单元格中空单元格的计数。此函数有助于查找列中缺失值的计数。

示例：=COUNTBLANK（A1：A10）。

（十二）COUNTIF

COUNTIF 函数返回一系列单元格中指定值的计数。这有助于找到被“999”“-1000”“-”“?”等值掩盖的缺失值计数。

示例 1：计算一系列单元格中“-”出现的次数。

函数为：=COUNTIF（A1：A10，"-"）。

示例 2：指定一个包含搜索条件的单元格地址，如 =COUNTIF（A1：A10，B1）。

拓展

数据分析的魅力

假设某国为了应对粮食危机，决定将全国面粉统一由政府管理，每天发放固定的面粉，再由指定工厂制作面包发给市民。政府规定一个面包的重量为400克。一位统计学家通过统计数据（见表2-1）发现了面包不足称的问题。

表2-1 面包重量统计表

天数	1	2	3	4	5	6	7	8	9	10
面包重量（克）	393	407	393	395	389	409	389	390	394	415
天数	11	12	13	14	15	16	17	18	19	20
面包重量（克）	410	409	384	388	414	414	392	393	408	387
天数	21	22	23	24	25	26	27	28	29	30
面包重量（克）	399	393	414	404	398	400	399	407	408	411

虽然模具大小不一，但是在数据足够多的情况下，面包重量数据会符合正态分布。也就是68.2%的数据应该在400克左右，高于或者低于410克的数据应该不高于31.8%。通过计算发现数据发生了偏移，这说明工厂在模具上动了一些手脚，发给市民的面包偏小了。

实践训练

任务一　利用 Excel 进行数据预处理

知识回顾

- 数据预处理的方法。

训练目标

- 掌握数据预处理的流程。
- 掌握数据清洗的原则和方法。
- 能够根据需要对采集到的原始数据进行清洗。

任务背景

小李为进一步了解窗帘的销量、价格及发货地情况，利用爬虫在Shopee平台巴西站点采集了 681 条数据（下载“学习情境一项目二任务一利用 Excel 进行数据预处理数据源”①），如图 2－1 所示。

	A	B	C	D	E	F	G	H
1	折扣	产品标题	最低价格（Gr. $）	最高价格（Gr. $）	销量	发货地	是否属于shopee优选店铺	
2	53%	Mrtrees Top Sales Blackout C	18. 29	88. 80	40. 5k sold	Mainland China	Preferred	
3	50%	Favorita Lux Hotel Sunout Fr	239. 50	659. 50		Selangor		
4	14%	Hook Type Modern Langsir Cur	5. 10	8. 80	646. 1k sold	Selangor		
5	52%	[HOMEBLIND] AURORA Blackouts	11. 98	65. 98	134. 6k sold	Negeri Sembilan		
6	64%	Bidai Tingkap 🔥 Ready Stock	13. 89	54. 49	7. 5k sold	Negeri Sembilan		
7	85%	DORAMILL 2in1 Curtain Cangkul	5. 79	10. 68	110k sold	Selangor		
8	14%	Hook Type Modern Langsir Cur	5. 10	8. 80	646. 1k sold	Selangor		
9	88%	❖READY STOCK❖ Modern Lang	4. 59	7. 99	1. 2k sold	Selangor	Preferred	
10	58%	KKBS CURTAIN Camilla Langsir	14. 97	38. 98	142. 4k sold	Selangor		
11		🔥 Free Alter 🔥 90% Hotel B	25. 50	47. 50	5. 8k sold	Selangor	Preferred	
12	40%	Beige Chic Crochet Knitting (	42. 00	70. 80	172 sold	Mainland China		
13	57%	Home Window Door Room Decora	9. 74		1. 1k sold	Mainland China		
14	3%	Modern Curtain Semi Blackout	4. 94	8. 20	27. 6k sold	Perak		
15	63%	Flew 100% Full Blackout Plai	29. 90		1. 1k sold	Selangor		
16		XIANG JU Shower Curtain (180	6. 40		2. 1k sold	Selangor		
17	93%	#24❤KAIN TEBAL❤ Langsir Cu	3. 00	8. 49	343. 6k sold	Selangor		
18	59%	Solid Color Hotel 90% Blacko	17. 89	89. 39	4. 1k sold	Mainland China		
19		1PC NAPEARL Bedroom Modern w	29. 19	53. 99	1. 8k sold	Penang		
20	72%	Embroidered White Sheer Curt	9. 99	57. 02	561 sold	Kuala Lumpur		
21	40%	GYC2349 Gyrohome 1pc Rod/Gro	37. 80	94. 50	225 sold	Mainland China		
22	85%	•THEBEST Solid White Yarn Cu	4. 60	15. 50	20 sold	Mainland China	Preferred	
23	1%	NEW Home Floral Tulle Voile	15. 03		2. 9k sold	Mainland China		
24		Stacking Curtains Bangs Door	22. 50	25. 90	403 sold	Indonesia		
25	82%	PALING MURAH ⚡ Langsir Curt	5. 79	7. 79	17. 6k sold	Selangor		
26	38%	1 Pcs/pack Ring Type Langsir	12. 50	15. 90	11. 1k sold	Selangor	Preferred	
27	33%	Self-adhesive Magic Paste Cu	10. 29	30. 72	14 sold	Mainland China		

图 2－1 Shopee 平台巴西站点“窗帘”数据情况

小李准备对这一数据集进行预处理。数据预处理的规范要求如图 2－2 所示。

	A	B	C	D	E	F
1	**产品标题**	**最低价格（Gr. $）**	**最高价格（Gr. $）**	**销量（件）**	**发货地**	
2	文本	数字/两位小数	数字/两位小数	数字/大于等于0的整数	文本/标准地名	
3						
4						
5						
6						
7						
8						
9						
10						
11						
12						
13						
14						
15						
16						
17						
18						
19						
20						
21						
22						
23						
24						
25						
26						
27						

图 2－2 数据预处理的规范要求

① 请登录中国人民大学出版社官网，搜索“商务数据分析理论与实践”下载本书实践数据。

任务分解

利用爬虫工具进行数据采集，并进行数据清洗。

任务实施

步骤 1：确定缺失值范围。对每个字段都计算其缺失值比例，然后按照缺失比例和字段重要性，分别制定策略。

步骤 2：去除不需要的字段。建议清洗时每做一步都备份一下，或者在小规模数据上试验成功后再处理全量数据。

步骤 3：填充缺失内容。某些缺失值可以进行填充，方法有以下三种：以业务知识或经验推测填充缺失值；以同一指标的计算结果（均值、中位数、众数等）填充缺失值；以不同指标的计算结果填充缺失值。

步骤 4：重新取数。如果某些指标非常重要但缺失率高，那就需要向取数人员或业务人员了解，是否有其他渠道可以取到相关数据。

步骤 5：格式内容清洗。判断数据中是否存在以下情况：时间、日期、数值、全半角等显示格式不一致；内容中有不该存在的字符；内容与该字段应有内容不符。

步骤 6：逻辑错误清洗。去重；去除不合理值；修正矛盾内容。

自主训练

下载“学习情境一项目二任务一【自主训练】数据预处理数据源”，参照以上步骤，以“水彩笔”作为关键词进行搜索，并按照销量进行排序。处理后的数据表包括产品名称、所属店铺、价格、销量等字段。

任务总结

请记录本次任务实施过程中遇到的问题及解决方法，总结个人收获（见表 2-2）。

表 2-2　任务总结表

遇到的问题	解决方法	个人收获

任务二　数据采集及处理综合训练

知识回顾

- 数据采集及处理。

训练目标

- 能够根据市场分析需求搭建数据分析框架。
- 能够根据市场分析需求制定数据采集目标。
- 能够选择合适的数据采集平台（或者工具）进行数据采集。

任务背景

电子商务降低了创业的门槛，扩展了创业的渠道，成为创新创业的前沿阵地。小婷大学毕业后计划在电子商务领域进行创业，在国内电商平台销售女装，客户群体为初入职场的女性。请你帮助小婷进行数据调研、分析，了解女装市场的需求，确定创业的方向。

任务分解

根据任务背景确定数据分析目标、数据指标、数据来源、数据采集工具，制定数据采集方案后进行数据采集，对采集到的数据进行数据预处理。

任务实施

步骤1：确定数据分析目标。根据数据分析需求，分析、梳理出可执行的数据需求，并进一步确定数据分析目标。

步骤2：确定数据指标。将数据分析需求转化为数据指标，并将数据指标转化为可直接采集的数据指标。

步骤3：确定数据来源。根据数据分析需求及指标，确定数据来源。

步骤4：数据采集工具。根据数据采集需求、指标及来源，确定数据采集工具。

步骤5：制定数据采集方案。根据以上步骤，撰写数据采集方案（见表2－3）。

表2－3　数据采集方案

序号	数据分析目标	数据指标（可采集）	数据来源	数据采集工具	数据要求	完成时间	负责人
1							
2							
3							

步骤 6：实施数据采集。按照数据采集方案，实施数据采集。采集到的原始数据要妥善保管。

步骤 7：实施数据预处理。根据数据分析需求，对采集到的数据进行预处理。

自主训练

近年来，跨境电商发展得如火如荼，掘金海外市场成为不少国内创业者的梦想。小王家长期从事鱼线、鱼饵的生产，并出口到海外。他听说做跨境电商能够直面海外消费者，可以提升工厂的利润率。请你帮助小王设计数据分析方案，并进行数据采集和数据处理工作，以便进一步了解鱼线、鱼饵在全球市场的需求情况。

任务总结

请记录本次任务实施过程中遇到的问题及解决方法，总结个人收获（见表 2-4）。

表 2-4　任务总结表

遇到的问题	解决方法	个人收获

学习情境二

数据分析

项目三 商务数据分析方法

知识体系

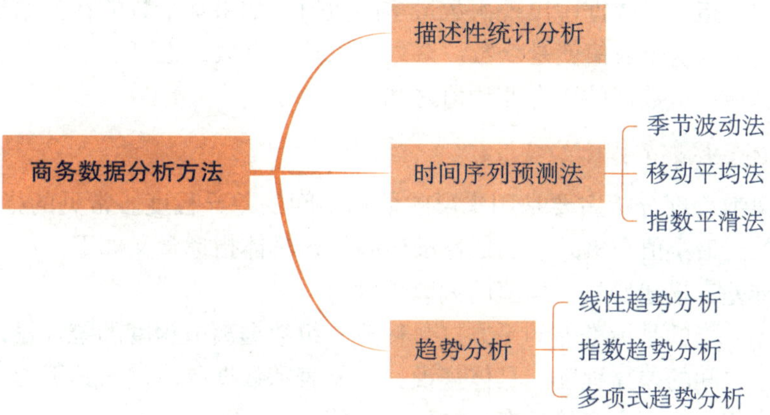

理论学习

随着信息技术的发展与大数据时代的到来，更多企业拥有了丰富且便捷的分析手段。电子商务企业高度重视商务数据分析在目标市场中的应用，以便客观、准确地了解企业产品或服务在市场中的地位。这一趋势正逐渐引起企业决策层的重视。如果能获取同行及本企业近几年的市场数据，并应用各种商务数据分析方法，就能更准确地预测市场趋势，从而使企业对未来目标市场的规划更加有理有据。

商务数据分析涉及多种方法，常见的商务数据分析方法包括描述性统计分析、时间序列预测法、趋势分析等。

一、描述性统计分析

（一）描述性统计分析的含义

描述性统计分析是一种初级数据分析方法，使用该方法可以初步了解数据的基本特征。在数据的描述性分析中，一般需要先对数据进行描述性统计分析，分析对象数据的集中程度、离散程度、分布形态等信息，从而发现其内在规律，为下一步的数据分析提供有效的推理依据。

描述性统计分析方便分析者对数据整体特征进行快速了解，有助于分析者形成初步的观察和结论。这些统计指标通常通过表格、图表等形式呈现，使非专业人员也能轻松理解数据的关键特征。

（二）描述变量集中趋势的统计量

常见的表示变量集中趋势的指标有平均值、中位数、众数、和等，具体指标含义如下：

（1）平均值，表示变量值的平均水平，包括算术平均值、加权算术平均值、调和平均值和几何平均值。

（2）中位数，指各变量值按大小排序后，属于序列中间位置的那个变量值。当变量个数为偶数时，中位数是位于中间位置的两个变量的算术平均值。

（3）众数，指一组数据中出现次数最多的数值。如果某个数值在数据集中重复出现的频率最高，那么这个数值就是众数。众数可以是一个数，也可以是多个数。

（4）和，指一组数据的所有变量值之和。

（三）描述变量离散程度的统计量

数据的离散程度分析主要是用来反映数据之间的差异程度。常见的指标有标准差、方差、最大值、最小值、极差、均值标准误差等，具体指标含义如下：

（1）标准差，描述变量与均值的偏离程度。

（2）方差，指的是标准差的平方，是衡量一组数据离散程度的统计量，它描述了数据与其平均值之间的差异程度。具体来说，方差表示数据取值偏离其平均值的程度。

（3）最大值，指一个变量所有值中的最大值。

（4）最小值，指一个变量所有值中的最小值。

（5）极差，指一个变量的最大值和最小值之差。

（6）均值标准误差，是反映抽样误差大小的统计指标。

（四）描述变量分布情况的统计量

统计分析中，通常假设样本的分布属于正态分布，因此需要用偏度和峰度两个指标来检查样本是否符合正态分布。

（1）偏度（Skewness）是描述数据分布形态对称性和偏斜程度的指标。当偏度为 0 时，表示数据呈对称分布；当偏度大于 0 时，表示数据右偏，即正偏态分布；当偏度小于 0 时，表示数据左偏，即负偏态分布。

（2）峰度（Kurtosis）是描述数据分布峰态的指标，即数据分布的尖峰程度。当峰度为 0 时，表示数据分布的峰态与正态分布相同；当峰度大于 0 时，表示数据分布的峰态较陡峭，尖峰程度较高；当峰度小于 0 时，表示数据分布的峰态较平缓，尖峰程度较低。

通过偏度和峰度的分析，我们可以判断数据的分布形态是否接近正态分布。然而，实际中的数据往往不太可能完全符合正态分布，因此偏度和峰度只是一种参考，不能作为唯一的判断依据。

二、时间序列预测法

（一）时间序列预测法的含义

时间序列预测法是一种回归预测方法，是将统计数据按照时间发生的先后顺序进行排序，并对数据序列进行外推，从而预测未来发展趋势。

（二）时间序列预测法的主要方法

1. 季节波动法

季节波动法又称季节周期法、季节指数法、季节变动趋势预测法，是对季节波动的时间序列进行预测的方法。季节波动法适用于随着季节的变换而有规律的变动的产品。例如，在不同的季节，生鲜、服装、空调等产品的销量会有明显的波动。利用季节波动法预测的具体步骤如下：

第一步，收集历年（通常至少三年）各月或各季度的统计资料，作为观察值。

第二步，求出各年、各月或同季度观察值的平均值（用 A 表示）。

第三步，求出历年所有月份或季度的平均值（用 B 表示）。

第四步，计算各月或各季度的季节指数（A/B），又称季节比率。

第五步，根据未来年度的全年趋势预测值，求出各月或各季度的平均趋势预测值，之后乘以相应的季节指数，得出未来年度内各月或各季度的季节变动预测值。

2. 移动平均法

移动平均法是用一组最近的实际数据来预测未来一期或几期内数值的常用方法。该方法的基本思想是利用一定长度的时间窗口对数据序列进行平均，以消除随机波动，从而更清晰地显示出数据的趋势。移动平均法只适合做近期预测，而且是在预测目标的发展趋势变化不大的情况下。如果目标的发展趋势存在其他变化，采用移动平均法就会产生较大的预测偏差和滞后。

对于一个时间序列数据 x_1，x_2，x_3，…，x_n，其移动平均值可以通过以下公式计算：

$$MA_i = \frac{1}{k}\sum_{j=1}^{k} x_{i-j+1}$$

式中，MA_i 是时间点 i 处的移动平均值；k 是时间窗口的大小，即计算平均值所涵盖的数据点的数量。

这个公式表示在时间点 i 处，移动平均值 MA_i 是时间窗口内最近 k 个数据点的平均值。

3. 指数平滑法

指数平滑法是以某种指标的本期实际数和本期预测数为基础，引入一个简化的加权因子，即平滑系数，以求得平均数的预测方法。计算公式为：

$$下期预测数 = 本期实际数 \times 平滑系数 + 本期预测数 \times (1 - 平滑系数)$$

指数平滑法的公式表示通过加权平均的方式不断更新预测值，利用过去的观测值和预测值来预测未来的值。

指数平滑法的特点是对历史数据的反应逐渐减小，新数据的权重逐渐增大，因此可以较好地捕捉到数据的变化趋势。

三、趋势分析

（一）认识趋势分析

趋势分析是一种数据分析方法，旨在识别和描述数据中存在的趋势性变化。在时间序列分析中，趋势通常指的是数据在长期内呈现的持续性变化的方向或倾向。通过趋势分析，我们可以识别数据中的上升趋势、下降趋势或平稳趋势，了解数据的发展方向和变化趋势，从而做出更加准确的预测和决策。

常见的趋势分析方法包括线性趋势分析、非线性趋势分析、季节性趋势分析和周期性趋势分析等。应根据数据的特点和分析目的选择合适的趋势分析方法。

趋势分析在经济学、金融、市场营销、环境科学、医学等多个领域有着广泛的应用。通过趋势分析，我们可以更好地理解数据的变化规律，及时发现潜在的问题和机会，为决策提供科学依据。

（二）线性趋势分析

线性趋势分析是指通过拟合线性模型来描述数据的变化趋势。在线性趋势分析中，一般使用最小二乘法来拟合数据，并通过斜率来衡量趋势的方向和速度。线性趋势分析适用于增长或下降速度相对稳定、数据点构成近乎直线的趋势变化。

（三）非线性趋势分析

非线性趋势分析是指通过拟合非线性模型来描述数据的变化趋势。在非线性趋势分析中，我们可以使用多项式拟合、指数拟合、对数拟合等方法来拟合数据，并通过拟合曲线来描述趋势的变化。

（1）多项式拟合（Polynomial Fitting）是一种基于多项式函数的拟合方法，通过拟合多项式曲线来描述数据的非线性趋势。常用的多项式拟合方法包括最小二乘法和最小二乘支持向量机（Least Squares Support Vector Machine，LS-SVM）等。

（2）指数拟合（Exponential Fitting）是一种基于指数函数的拟合方法，通过拟合指数曲线来描述数据的非线性增长或衰减趋势。指数拟合常用于描述生长速率、衰变速率等指数级别的变化。

（3）对数拟合（Logarithmic Fitting）是一种基于对数函数的拟合方法，通过拟合对数曲线来描述数据的非线性变化趋势。对数拟合常用于描述快速增长的数据，如经济增长、技术发展等。

（4）幂律拟合（Power Law Fitting）是一种基于幂律函数的拟合方法，通过拟合幂律曲线来描述数据的非线性规律。幂律拟合常用于描述复杂系统的规模分布、网络结构等。

（5）样条插值（Spline Interpolation）是一种基于样条函数的插值方法，通过拟合平滑的样条曲线来近似描述数据的非线性趋势。样条插值可以在数据点之间实现平滑的过渡，并且适用于具有较大数据量的情况。

（四）季节性趋势分析

在许多情况下，数据会呈现出在特定时间段内周期性重复出现的模式，这种现象性变化被称为季节性变化。季节性趋势分析是一种时间序列分析方法，用于识别和描述数据中存在的季节性变化模式，以便了解数据在不同季节或时间段内的周期性波动和规律性变化。

季节性趋势分析在许多领域都有广泛的应用，如销售预测、气象预测、交通规划等。通过识别和理解季节性变化模式，人们可以更好地规划和管理资源，提高决策的准确性和效率。

（五）周期性趋势分析

在某些情况下，数据会呈现出在特定时间段内周期性重复出现的模式，这种现象被称为周期性变化。周期性趋势分析是一种时间序列分析方法，用于识别和描述数据中存在的周期性变化模式，目的是了解数据在不同周期或时间段内的周期性波动和规律性变化。

（六）季节性趋势分析和周期性趋势分析的异同

（1）相同点：都是时间序列分析方法，旨在识别和描述数据中的周期性变化模式；都可以用来预测未来数据的趋势和变化。

（2）不同点：

1）时间跨度不同。季节性趋势分析主要关注在特定时间段内周期性重复出现的模式，通常以一年为周期进行分析；而周期性趋势分析更侧重于长期的周期性变化，可能涉及更长的时间跨度，如几年或几十年。

2）周期的特点不同。季节性趋势分析关注固定时间段内的周期性变化，例如每年、每季度、每月等；而周期性趋势分析可以涵盖各种不同类型的周期，如经济周期、商业周期等，这些周期可能没有固定的时间间隔。

3）应用场景不同。季节性趋势分析通常用于研究和预测具有明显季节性变化的数据，如销售数据、气象数据等；而周期性趋势分析更适用于研究和预测长期趋势和周期性变化的数据，如经济数据、股票市场数据等。

拓展

近年来，互联网、大数据、云计算、人工智能、区块链等技术加速创新，日益融入经济社会各领域。数字经济时代的生产方式、交换方式正在发生深刻变化，商品价值被技术革命赋予了新的意义，它在使用价值与交换价值的基础上形成了更加以人为本的内涵形式。扫描二维码，了解数字时代的品牌管理，数字时代的价格与价值。

数字时代的品牌管理　　数字时代的价格与价值

实践训练

任务一　描述性统计分析方法训练

知识回顾

- 描述性统计量的类型及变量含义。

训练目标

- 掌握利用 Excel 进行数据描述性统计分析。

任务背景

某淘宝店铺访客数出现明显下滑，部门经理安排小张对 2024 年 9 月店铺访客数的总体特征及数据内部规律进行分析，寻找访客数偏低的原因。

任务分解

要想了解店铺访客数的总体特征，分析其数据的内部规律，需要对数据进行描述性统计分析。描述性统计分析包括数据的集中趋势分析、数据的离散程度分析、数据的频数分布分析等，它是对数据进一步分析的基础。

任务实施

步骤 1：数据获取。

小张通过生意参谋工具，获取了店铺 2024 年 9 月 1 日—30 日的访客数据（下载“学习情境二项目三任务一描述性统计分析方法训练数据源”），并进行了初步整理，如图 3 - 1 所示。

步骤 2：数据处理。

由原始数据表可知店铺的 PC 访客数、无线端访客数、新访客数，需要通过求和，计算店铺“访客数”字段，结果如图 3 - 2 所示。

步骤 3：数据描述性统计分析。

选中“访客数”数据列，在“数据分析”对话框中选中“描述统计”分析工具，并在弹出的“描述统计”对话框中完成各项参数的设置，参数设置如图 3 - 3 所示。

步骤 4：结果分析。

完成“描述统计”参数设置后，点击“确定”按钮，结果如图 3 - 4 所示。

统计日期	PC访客数	无线端访客数	新访客数
2024/9/1	4	890	893
2024/9/2	12	967	884
2024/9/3	25	821	763
2024/9/4	27	923	829
2024/9/5	19	919	839
2024/9/6	27	978	873
2024/9/7	13	867	777
2024/9/8	11	850	746
2024/9/9	10	862	768
2024/9/10	10	809	727
2024/9/11	11	731	664
2024/9/12	8	801	739
2024/9/13	11	813	749
2024/9/14	9	597	541
2024/9/15	4	677	623
2024/9/16	9	645	601
2024/9/17	14	559	510
2024/9/18	8	532	478
2024/9/19	13	583	528
2024/9/20	5	616	558
2024/9/21	9	599	560
2024/9/22	6	536	484
2024/9/23	10	529	490
2024/9/24	9	596	548
2024/9/25	6	567	508
2024/9/26	17	573	513
2024/9/27	9	565	512
2024/9/28	10	627	574
2024/9/29	7	589	544
2024/9/30	11	651	602

图 3-1　原始数据表

	A	B	C	D	E
1	统计日期	PC访客数	无线端访客数	新访客数	访客数
2	2024/9/1	4	890	893	894
3	2024/9/2	12	967	884	979
4	2024/9/3	25	821	763	846
5	2024/9/4	27	923	829	950
6	2024/9/5	19	919	839	938
7	2024/9/6	27	978	873	1005
8	2024/9/7	13	867	777	880
9	2024/9/8	11	850	746	861
10	2024/9/9	10	862	768	872
11	2024/9/10	10	809	727	819
12	2024/9/11	11	731	664	742
13	2024/9/12	8	801	739	809
14	2024/9/13	11	813	749	824
15	2024/9/14	9	597	541	606
16	2024/9/15	4	677	623	681
17	2024/9/16	9	645	601	654
18	2024/9/17	14	559	510	573
19	2024/9/18	8	532	478	540
20	2024/9/19	13	583	528	596
21	2024/9/20	5	616	558	621
22	2024/9/21	9	599	560	608
23	2024/9/22	6	536	484	542
24	2024/9/23	10	529	490	539
25	2024/9/24	9	596	548	605
26	2024/9/25	6	567	508	573
27	2024/9/26	17	573	513	590
28	2024/9/27	9	565	512	574
29	2024/9/28	10	627	574	637
30	2024/9/29	7	589	544	596
31	2024/9/30	11	651	602	662

图 3-2　计算“访客数”

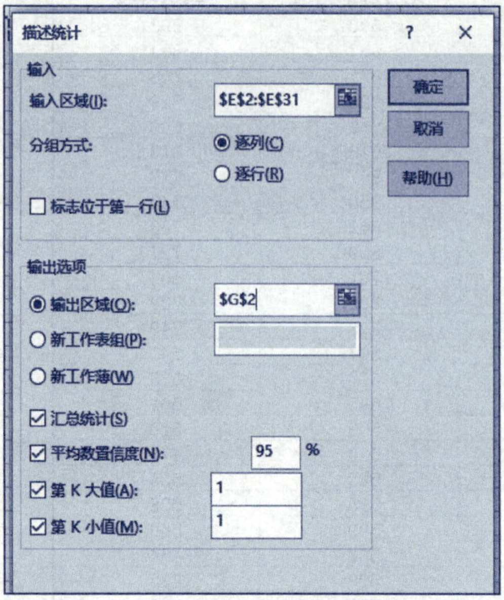

图 3-3 “描述统计”参数设置

访客数	
平均	720.533333
标准误差	27.6722914
中位数	658
众数	573
标准差	151.567382
方差	22972.6713
峰度	-1.32452374
偏度	0.45739244
区域	466
最小值	539
最大值	1005
求和	21616
观测数	30
最大(1)	1005
最小(1)	539
置信度(95.0%	56.5961905

图 3-4 描述统计结果

小张可以根据获得的访客数描述性分析结果，对访客数偏低的原因做分析。

自主训练

下载“学习情境二项目三任务一【自主训练】描述性统计分析方法训练数据源”，参照以上步骤，分析店铺访客数偏低的原因。

任务总结

请记录本次任务实施过程中遇到的问题及解决方法，总结个人收获（见表 3-1）。

表 3-1 任务总结表

遇到的问题	解决方法	个人收获

任务二 季节波动法训练

知识回顾

- 季节波动法的含义及适用场景。
- 季节波动法预测的操作步骤。

训练目标

- 能够使用季节波动法分析产品销量趋势。

任务背景

某淘宝女装店主营连衣裙、女裤、羽绒服等产品，计划在 2025 年提高 30% 的羽绒服销量。店铺经理需预测 2025 年羽绒服在各个季度的销量，以便帮助运营人员优化销售策略，调整商品库存及采购数量。

任务分解

季节波动是指某些社会经济现象由于受自然因素、消费习惯、风俗习惯等社会因素的影响，在一年内随着季节的更换而发生的有规律性的变动。季节波动法又称季节周期法、季节指数法、季节变动趋势预测法，是对包含季节波动的时间序列进行预测的方法。因为羽绒服的销量受季节因素影响会有明显的变化，所以在对其进行销量预测时，适合采用季节波动法。

任务实施

步骤 1：数据获取。

获取店铺 2021—2024 年的销售数据（下载“学习情境二项目三任务二季节波动法数据源”），初步整理，如图 3－5 所示。

某店铺羽绒服连续四年季度销量统计

年份	第一季度	第二季度	第三季度	第四季度	合计
2021	2463	562	375	4420	
2022	3468	480	1220	8351	
2023	5112	582	1321	11070	
2024	5578	763	1518	13100	
同季度平均值					
季度平均值					
季度比率					
2025年预测值					

图 3－5 2021—2024 年的销售数据

步骤 2：数据处理。

（1）计算同季度平均值、同年销量合计。

利用平均值公式求出连续四年每个季度的平均值；利用求和公式求出同年合计，结果如图 3－6 所示。

某店铺羽绒服连续四年季度销量统计					
年份	第一季度	第二季度	第三季度	第四季度	合计
2021	2463	562	375	4420	7820
2022	3468	480	1220	8351	13519
2023	5112	582	1321	11070	18085
2024	5578	763	1518	13100	20959
同季度平均值	4155.25	596.75	1108.50	9235.25	

图 3－6　2021—2024 年每个季度销量平均值和年度销量合计

（2）计算季度平均值、季度比率。

利用平均值公式，计算季度平均值，之后计算各季度比率，结果如图 3－7 所示。

某店铺羽绒服连续四年季度销量统计					
年份	第一季度	第二季度	第三季度	第四季度	合计
2021	2463	562	375	4420	7820
2022	3468	480	1220	8351	13519
2023	5112	582	1321	11070	18085
2024	5578	763	1518	13100	20959
同季度平均值	4155.25	596.75	1108.50	9235.25	
季度平均值	3773.94				
季度比率	1.10	0.16	0.29	2.45	

图 3－7　2021—2024 年的季度平均值、季节比率

（3）预测 2025 年销量和各季度销量。

2025 年的销量目标是提升 30%，已知 2024 年的销量，预测 2025 年的销量，并依据各季度比率，预测 2025 年各季度的销量，结果如图 3－8 所示。

某店铺羽绒服连续四年季度销量统计					
年份	第一季度	第二季度	第三季度	第四季度	合计
2021	2463	562	375	4420	7820
2022	3468	480	1220	8351	13519
2023	5112	582	1321	11070	18085
2024	5578	763	1518	13100	20959
同季度平均值	4155.25	596.75	1108.50	9235.25	
季度平均值	3773.94				
季度比率	1.10	0.16	0.29	2.45	
2025年预测值	7499.92	1077.09	2000.76	16668.94	27246.70

图 3－8　2025 年各季度及全年的预测值

步骤 3：绘制季度比率折线图。

绘制季度比率折线图，调整折线图的位置和大小，添加图表标题，结果如图 3－9 所示。

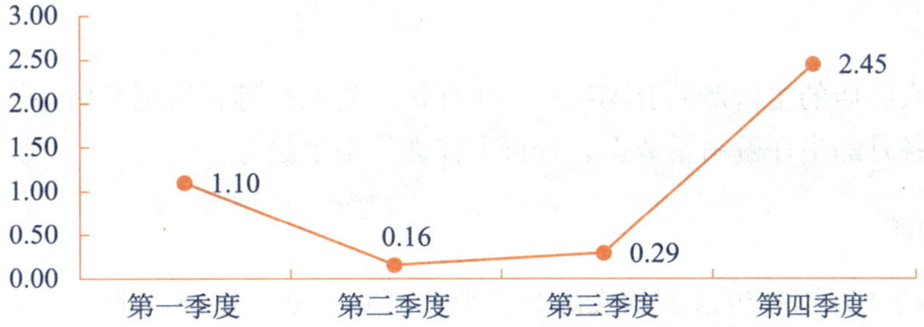

图 3－9　季节比率折线图

步骤 4：季度销量数据分析。

通过季度比率折线图，你能发现该店铺各季度羽绒服销量数据的变化趋势吗？试分析这些趋势变化的内在原因。

自主训练

下载“学习情境二项目三任务二【自主训练】季节波动法数据源”，参照以上步骤，分析 2025 年店铺连衣裙销量数据。

任务总结

请记录本次任务实施过程中遇到的问题及解决方法，总结个人收获（见表 3－2）。

表 3－2　任务总结表

遇到的问题	解决方法	个人收获

任务三　移动平均法训练

知识回顾

- 移动平均法的含义及适用场景。

训练目标

- 能够使用移动平均法分析产品销量趋势。

任务背景

某淘宝女装店的主营产品有羽绒服、牛仔裤、连衣裙等，店铺经理安排小李结合该店铺近两年各月的牛仔裤销量数据，分析牛仔裤的销量趋势。

任务分解

移动平均法是用一组最近的实际数据值来预测未来一期或几期数值的一种常用方法，如预测公司产品的需求量、公司产能等。当产品需求量既不快速增长也不快速下降，且不存在季节性因素时，移动平均法能有效地消除预测中的随机波动影响。与羽绒服销量容易受季节因素影响不同，牛仔裤的各月销量较为平稳，在预测销量时采用移动平均法能有效地消除预测中的随机波动影响。

任务实施

步骤 1：获取数据。

小李获取了店铺近两年牛仔裤的月销售量（下载“学习情境二项目三任务三移动平均法训练数据源”），初步整理数据，如图 3－10 所示。

某店铺牛仔裤近两年月销量统计		
年份	月份	销量（单位：件）
2023年	1月	1560
	2月	1680
	3月	1965
	4月	2012
	5月	2120
	6月	2220
	7月	2086
	8月	1862
	9月	1950
	10月	2200
	11月	3350
	12月	2012
2024年	1月	2005
	2月	2056
	3月	2350
	4月	2386
	5月	2580
	6月	2599
	7月	2528
	8月	2489
	9月	2560
	10月	2600
	11月	3880
	12月	2785

图 3－10　数据统计表

步骤 2：预测销量。

打开“数据分析”对话框，选择“移动平均”分析工具（见图 3－11），在弹出的“移动平均”对话框中，完成相应的参数设置（见图 3－12），输出的移动平均数值及趋势线分别如图 3－13 和图 3－14 所示。

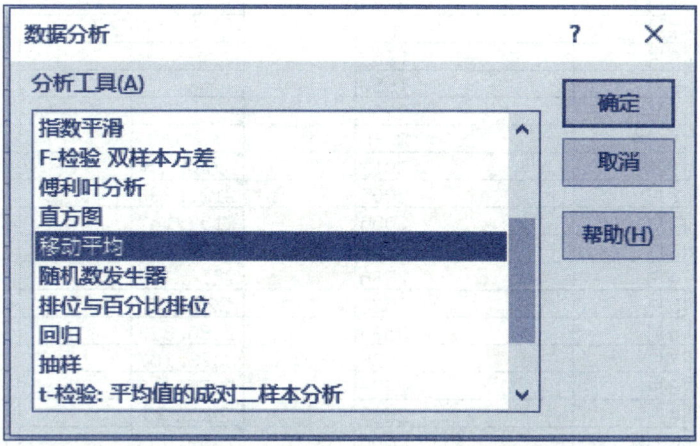

图 3－11　选择“移动平均”分析工具

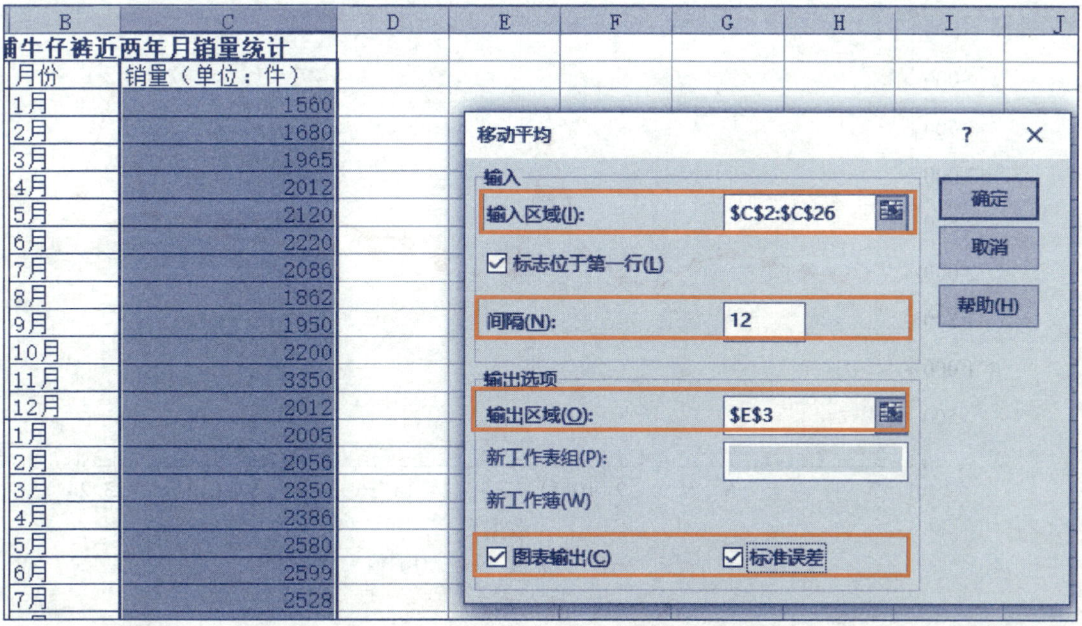

图 3－12　设置“移动平均”参数

B	C	D	E	F
铺牛仔裤近两年月销量统计				
月份	销量（单位：件）		移动平均	标准误差
1月	1560			
2月	1680			
3月	1965			
4月	2012			
5月	2120			
6月	2220			
7月	2086			
8月	1862			
9月	1950			
10月	2200			
11月	3350			
12月	2012		2084.75	
1月	2005		2121.833	
2月	2056		2153.167	
3月	2350		2185.25	
4月	2386		2216.417	
5月	2580		2254.75	
6月	2599		2286.333	
7月	2528		2323.167	
8月	2489		2375.417	
9月	2560		2426.25	
10月	2600		2459.583	
11月	3880		2503.75	435.3505
12月	2785		2568.167	439.3257

图 3－13　移动平均数值

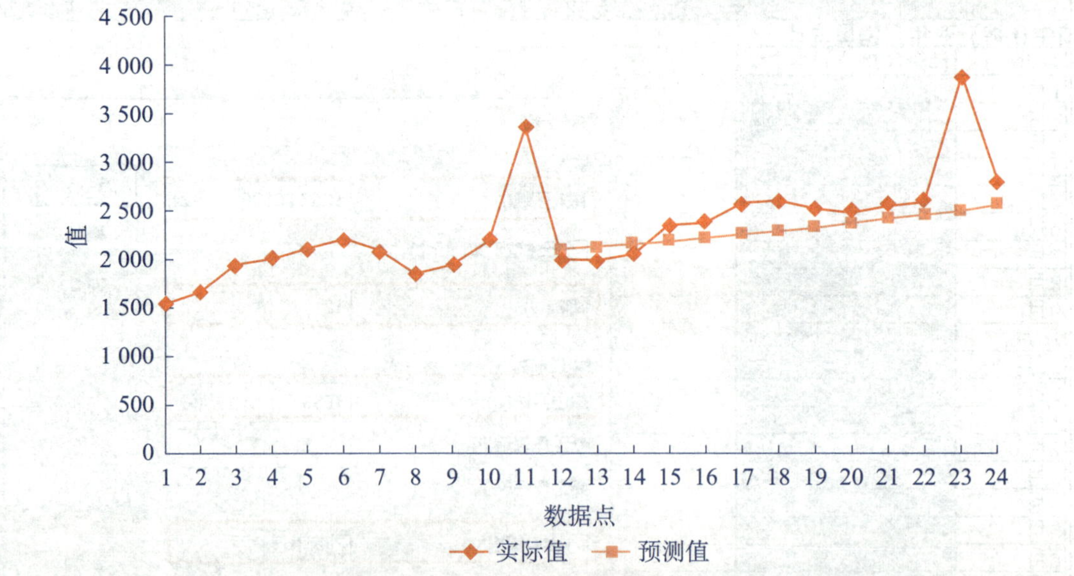

图 3－14　移动平均趋势线

步骤 3：销量趋势分析。

通过查看图 3－14 所示的店铺销量趋势线，你能发现该店铺牛仔裤各月销量数据的变化趋势吗？试分析这些趋势变化的内在原因。

自主训练

下载“学习情境二项目三任务三【自主训练】移动平均法训练数据源”，参照以上步骤，分析店铺牛仔裤的利润趋势。

任务总结

请记录本次任务实施过程中遇到的问题及解决方法，总结个人收获（见表3-3）。

表3-3 任务总结表

遇到的问题	解决方法	个人收获

任务四 指数平滑法训练

知识回顾

- 指数平滑法的含义。

训练目标

- 能够使用指数平滑法分析产品销量趋势。

任务背景

某电商企业已知本年1—11月连衣裙的生产量，计划安排12月的生产量，店铺经理安排小李根据数据做出合理的预测，为企业制定决策提供建议。

任务分解

指数平滑法指以某种指标的本期实际数和本期预测数为基础，引入一个简化的加权因子，即平滑系数，以求得平均数的预测方法。平滑系数必须大于0且小于1，如0.1、0.4、0.6等。其计算公式为：

下期预测数 = 本期实际数 × 平滑系数 + 本期预测数 ×（1 - 平滑系数）

任务实施

步骤 1：获取数据并整理。

小李获取了企业 1—11 月连衣裙的生产量（下载“学习情境二项目三任务四指数平滑法训练数据源”），并整理数据，如图 3－15 所示。

某企业1-11月连衣裙生产量	
月份	生产量（万件）
1月	1152
2月	1268
3月	1297
4月	1214
5月	1079
6月	1301
7月	976
8月	1208
9月	1215
10月	1088
11月	1213
12月	

图 3－15　数据统计表

步骤 2：借助“指数平滑”分析工具。

在“数据”选项卡的“分析”选项组中单击“数据分析”按钮，在弹出的“数据分析”对话框中，选中“指数平滑”选项，如图 3－16 所示。

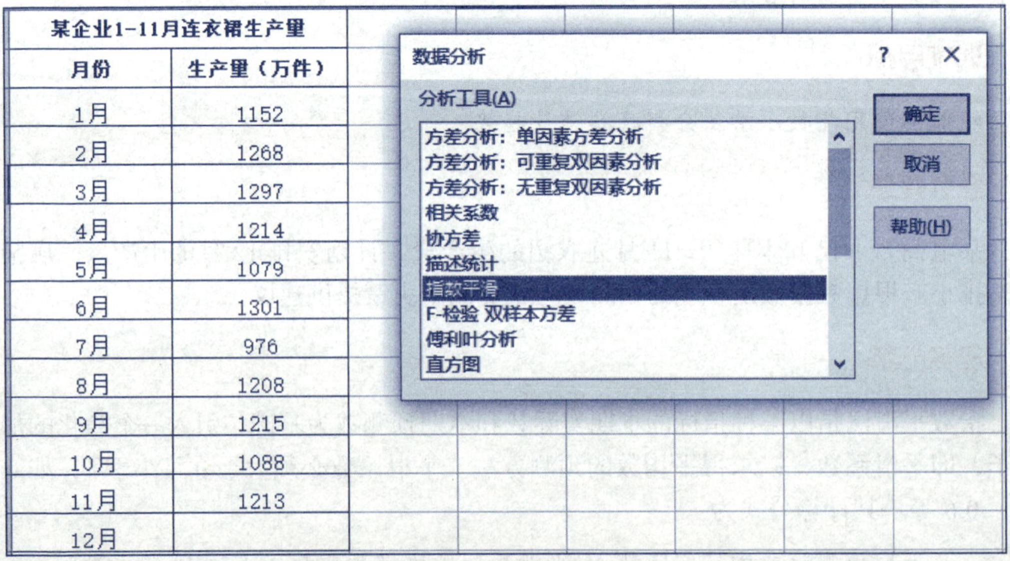

图 3－16　选择“指数平滑”分析工具

步骤 3：设置“指数平滑”参数。

已知阻尼系数为 0.6，在“指数平滑”对话框中设置参数（见图 3 - 17），即可得出预测结果（见图 3 - 18）。

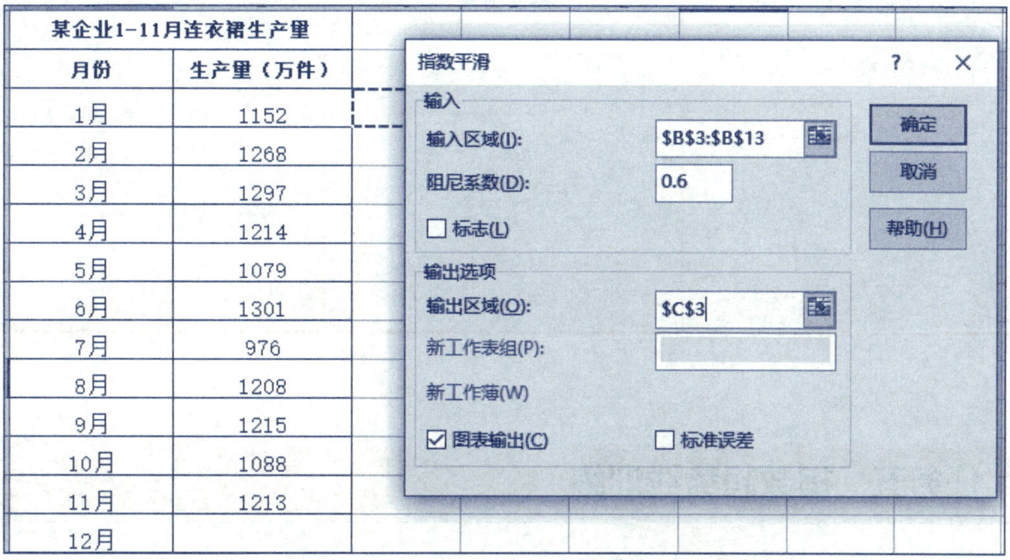

某企业1-11月连衣裙生产量	
月份	生产量（万件）
1月	1152
2月	1268
3月	1297
4月	1214
5月	1079
6月	1301
7月	976
8月	1208
9月	1215
10月	1088
11月	1213
12月	

图 3 - 17　在“指数平滑”对话框中设置参数

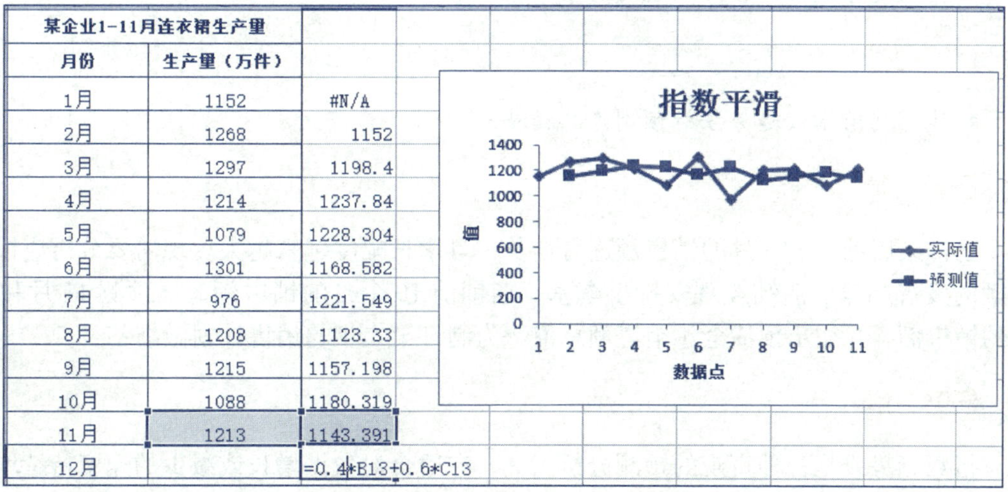

某企业1-11月连衣裙生产量		
月份	生产量（万件）	
1月	1152	#N/A
2月	1268	1152
3月	1297	1198.4
4月	1214	1237.84
5月	1079	1228.304
6月	1301	1168.582
7月	976	1221.549
8月	1208	1123.33
9月	1215	1157.198
10月	1088	1180.319
11月	1213	1143.391
12月		=0.4*B13+0.6*C13

图 3 - 18　指数平滑法分析销售趋势

自主训练

下载“学习情境二项目三任务四【自主训练】指数平滑法训练数据源”，参照以上步骤，利用指数平滑法预测店铺下期销量。

任务总结

请记录本次任务实施过程中遇到的问题及解决方法，总结个人收获（见表 3-4）。

表 3-4　任务总结表

本次实训遇到的问题	解决方法	个人收获

任务五　指数趋势线训练

知识回顾

- 指数趋势分析的含义及适用场景。

训练目标

- 能够利用指数趋势分析预测产品销量。

任务背景

已知某店铺 1—10 月的销售额逐月增长，且增长幅度越来越大。现需要分析店铺销售额的发展趋势。店铺经理安排小李基于店铺前 10 个月的销售额数据预测 11 月和 12 月的销售额，并初步预估全年销售额总值，为制订第二年的销售计划做准备。

任务分解

指数趋势线是一种直观的预测分析工具，它适合对数据增长或减少的速度持续增加且增加幅度越来越大的情况进行预测分析。已知任务中的店铺销售额逐月增长，且增长幅度较大，因此，适合选用指数趋势线预测方法。

任务实施

步骤 1：获取数据。

小李获取了店铺 1—10 月的销售额数据（下载“学习情境二项目三任务五指数趋势

线训练数据源”），初步整理数据，如图 3－19 所示。

	A	B
1	某店铺近10月销售额数据（单位：万元）	
2	1月	231
3	2月	255
4	3月	305
5	4月	369
6	5月	438
7	6月	521
8	7月	617
9	8月	714
10	9月	816
11	10月	897
12	11月	
13	12月	
14	总计	

图 3－19　数据统计表

步骤 2：制作散点图。

选中店铺 1—10 月的销售额数据，插入散点图，并完成对图表的基本设置，最终完成的散点图如图 3－20 所示。

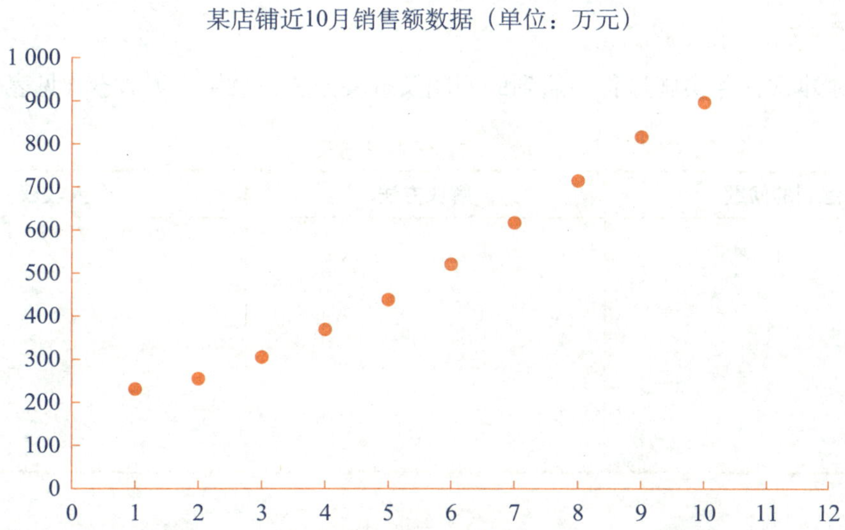

图 3－20　散点图

步骤 3：添加指数趋势线。

选中散点图，右击插入趋势线，选择“指数趋势线”，完成趋势线格式设置。在“趋势预测”选项区中“向前”文本框中输入“2”，选中“显示公式”和“显示 R 平方值”复选框，结果如图 3－21 所示。

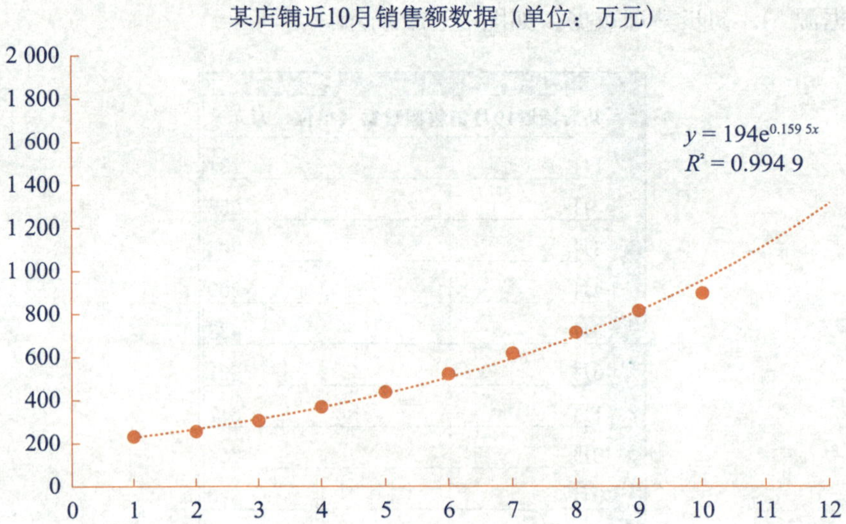

图 3－21　指数趋势线

步骤 4：店铺销售额预测。

根据公式预测 11 月和 12 月的销售额，并将 12 个月的合计总额计算结果填入表中。

自主训练

下载“学习情境二项目三任务五【自主训练】指数趋势线训练数据源”，参照以上步骤，利用指数趋势线预测店铺 12 月的销售额。

任务总结

请记录本次任务实施过程中遇到的问题及解决方法，总结个人收获（见表 3－5）。

表 3－5　任务总结表

遇到的问题	解决方法	个人收获

项目四 Excel 工具在商务数据分析中的应用

知识体系

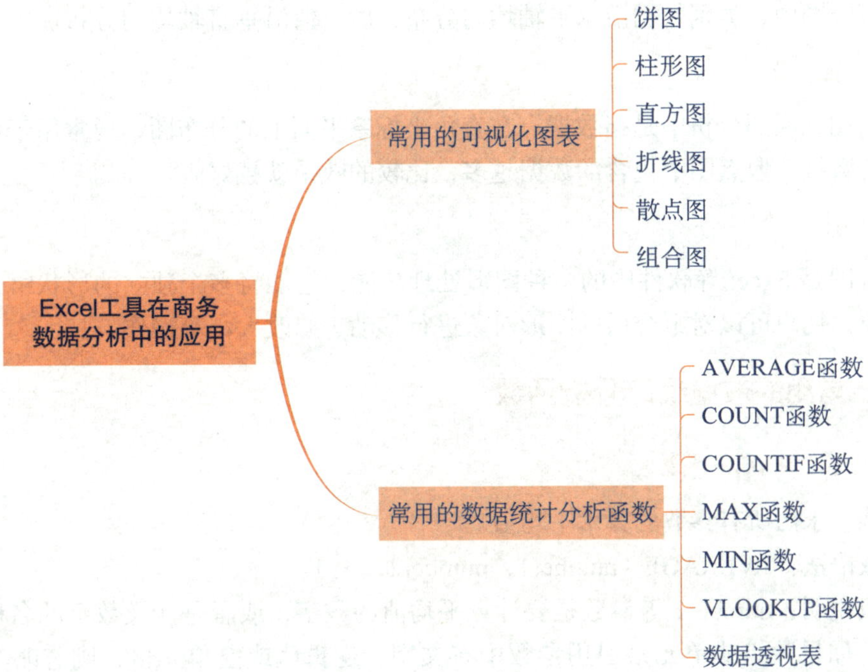

理论学习

Excel 是数据分析师在日常工作中最常用的工具，如果不考虑特殊性能和数据量，它可以应对大部分数据分析工作。

一、常用的可视化图表

（一）饼图

饼图是一种用圆内扇形的面积大小来反映统计分组的图形，主要用于反映总体内部的结构及其变化，对研究结构性问题有效。饼图通常只能用于一个数据系列。

（二）柱形图

柱形图可以非常清晰地表达不同项目之间的差距和数值，通常用于不同时期或不同类别的数据之间的比较。

（三）直方图

直方图，又称质量分布图，是一种统计报告图，由一系列高度不等的纵向条纹或线段表示数据分布的情况。一般用横轴表示数据分组，用纵轴表示分布情况。

（四）折线图

排列在工作表的列或行中的数据可以绘制到折线图中。折线图可以显示随着时间（根据常用比例设置）而变化的连续数据，因此常用于表达在相等时间间隔下数据的趋势。在折线图中，类别数据沿水平轴均匀分布，所有值沿垂直轴均匀分布。

（五）散点图

散点图在回归分析中是指数据点在直角坐标系平面上的分布图，通常用于比较跨类别的聚合数据。散点图中包含的数据越多，比较的效果就越好。

（六）组合图

组合图是 Excel 等软件中的一种图形处理功能，它能将多个独立的形状组合为一个图形对象，用户可以对组合后的图形对象进行移动、修改大小等操作。

二、常用的数据统计分析函数

（一）AVERAGE 函数

功能：求出所有参数的算术平均值。

函数语法：AVERAGE（number1，number2，⋯）。

参数说明：number1 等参数是要计算平均值的数字，或者是涉及数字的名称、数组或引用。如果数组或单元格引用参数中有文字、逻辑值或空单元格，则忽略其值。但是，如果单元格包含零值，则计算在内。

（二）COUNT 函数

功能：计算参数列表中的数字项的个数。

函数语法：COUNT（value1，value2，⋯）。

参数说明：value1 等参数是包含或引用各种类型数据的参数（1～30 个），但只有数字类型的数据才能被计数。

（三）COUNTIF 函数

功能：对指定区域中符合指定条件的单元格计数。

函数语法：COUNTIF（range，criteria）。

参数说明：range 为要计算其中非空单元格数目的区域；criteria 是以数字、表达式或文本形式定义的条件。

（四）MAX 函数

功能：返回一组值中的最大值。

函数语法：MAX（number1，number2，…）。

参数说明：number1 等参数可以是数字、空白单元格、逻辑值或数字的文本表达式。

（五）MIN 函数

功能：返回一组值中的最小值。

函数语法：MIN（number1，number2，…）。

参数说明：number1 等参数可以是数字、空白单元格、逻辑值或数字的文本表达式。

（六）VLOOKUP 函数

功能：返回向量或数组中的数值，要求数值必须按升序排列。

函数语法：VLOOKUP（lookup_value，table_array，col_index_num）。

参数说明：lookup_value 为需要在数据表第一列中进行查找的数值，它可以是数值、引用或文本字符串；table_array 为需要在其中查找数据的数据表；col_index_num 为 table_array 中查找数据的数据列序号。

（七）数据透视表

数据透视表是一种交互式表，它允许执行与数据和数据在数据透视表中的排列相关的某些计算，例如求和、计数。之所以被称为数据透视表，是因为用户可以动态地改变布局，以便以不同的方式分析数据，以及重新排列行号、列标签和页字段。每当布局发生变化时，数据透视表可以立即根据新的布局重新计算数据，当原始数据发生变化时，数据透视表也会随之更新。

拓展

数字营销中的定价策略是企业在数字化时代实现商业成功的关键因素之一。扫描二维码，查看从重要性、定价原则及实际案例等方面数字营销定价的内容。

数字营销中的定价

实践训练

任务一　饼图制作

知识回顾

- 饼图的含义。

训练目标

- 能够借助 Excel 软件制作饼图。

任务背景

某电商公司想进入女包市场，需要对电商平台的女包类目进行行业分析。通过数据爬虫，该公司获得了“价格”“月销量”等数据资料（下载“学习情境二项目四任务一饼图制作数据源”）。请你协助数据分析员小李根据数据资料制作相关饼图，以描述平台各风格女包所占的比例。

任务分解

用饼图可以直观地展示平台上各种风格的女包所占比例。

任务实施

步骤 1：按女包风格分类汇总个数和比例。

女包风格分类项目多且占比小，将小于 5% 的取值归类为“其他”，重新制作表格，如图 4－1 所示。

某平台女包风格类型统计表

风格分类	个数	比例
欧美时尚	2553	51.71%
日韩	1336	27.06%
时尚潮流	483	9.78%
甜美淑女	167	3.38%
复古	144	2.92%
卡通	70	1.42%
小清新	49	0.99%
商务/OL	49	0.99%
民族风	49	0.99%
学院	15	0.30%
运动	14	0.28%
其他	7	0.14%
摇滚	1	0.02%
总计	4937	100.00%

某平台女包风格类型统计表

风格分类	个数	比例
欧美时尚	2553	51.71%
日韩	1336	27.06%
时尚潮流	483	9.78%
其他	565	11.44%

图 4－1　女包风格分类汇总

步骤 2：插入饼图。

选中表中“风格分类”“比例”数据，单击“插入”选项卡中的“饼图”下拉按钮，选择“二维饼图”中的“简约饼图”选项，如图 4－2 所示。

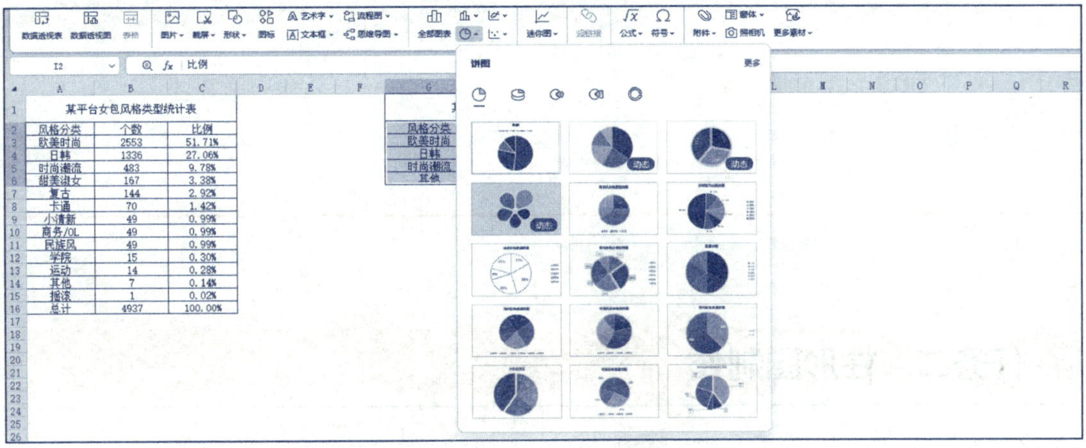

图 4－2　插入饼图

步骤 3：饼图参数设置。

对插入的饼图进行标题、数据标签、图例项等格式设置，最终效果图如图 4－3 所示。

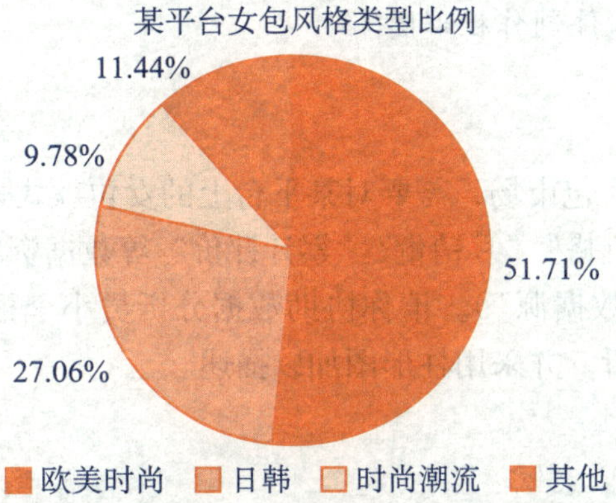

图 4－3　饼图

自主训练

下载“学习情境二项目四任务一【自主训练】饼图制作数据源”，参照以上步骤，分析平台女装风格的类型占比情况。

任务总结

请记录本次任务实施过程中遇到的问题及解决方法，总结个人收获（见表 4－1）。

表 4-1 任务总结表

遇到的问题	解决方法	个人收获

任务二 柱形图制作

知识回顾

- 柱形图的含义。

训练目标

- 能够借助 Excel 软件制作柱形图。

任务背景

某电商公司想进入女包市场，需要对某平台上的女包款式进行行业分析。通过数据爬虫，该公司获取了“价格”“月销量”“累计评价”等数据资料（下载“学习情境二项目四任务二柱形图制作数据源”）。请你协助数据分析员小李根据数据资料对不同款式女包的平均售价进行分析，并采用柱形图加以描述。

任务分解

分析不同款式女包的平均售价，选用柱形图展示更加直观。

任务实施

步骤 1：获取数据。

打开“价格柱形图”工作表。

步骤 2：插入柱形图。

选中表格中的数据，单击“插入”选项卡中的“柱形图”下拉按钮，选择“二维柱形图”中的“簇状柱形图”选项，如图 4-4 所示。

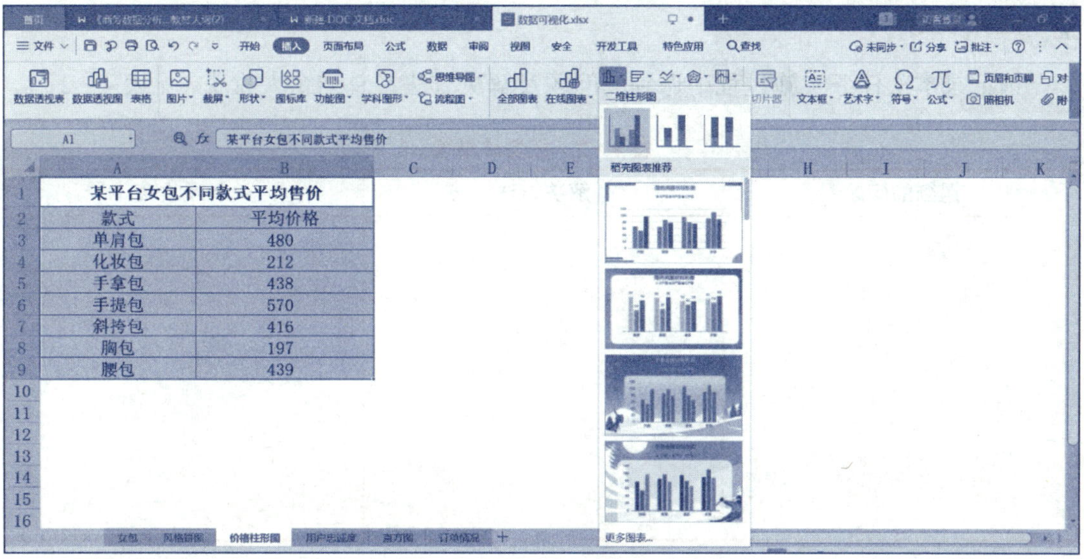

图 4-4　插入柱形图

步骤 3：柱形图参数设置。

在插入的柱形图中，进行图表标题、数据标签等格式设置，最终效果如图 4-5 所示。

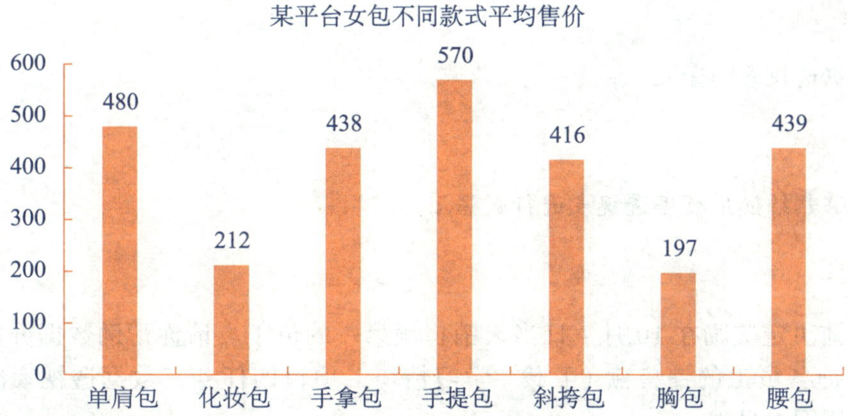

图 4-5　柱形图

步骤 4：分析结果。

根据柱形图分析不同款式女包的平均售价。

自主训练

下载“学习情境二项目四任务二【自主训练】柱形图制作数据源”，参照以上步骤，分析不同款式男包的平均售价情况。

任务总结

请记录本次任务实施过程中遇到的问题及解决方法，总结个人收获（见表 4-2）。

表 4-2 任务总结表

遇到的问题	解决方法	个人收获

任务三 数据透视表应用

知识回顾

- 数据透视表的含义。

训练目标

- 能够熟练使用数据透视表进行数据汇总。

任务背景

某店铺决定奖励在 10 月 1 日当天销售额第一的员工。请你帮助数据分析岗的小赵汇总店铺各员工的销售额（下载“学习情境二项目四任务三数据透视表应用数据源”），并用图表呈现。

任务分解

利用数据透视表能够快速地完成该店铺各员工销售额的汇总工作。

任务实施

步骤 1：创建数据透视表。

在“插入”选项卡下单击“数据透视表”按钮，在弹出的“创建数据透视表”对话框中设置参数，如图 4-6 所示。

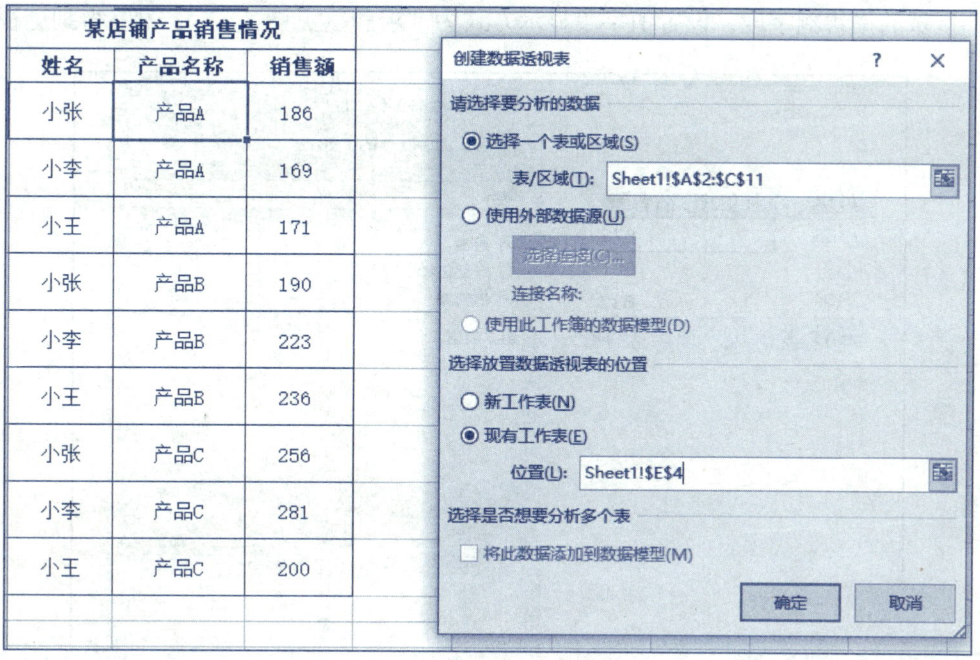

图 4－6 创建数据透视表

步骤 2：拖动和设置字段。

在“数据透视表字段列表”窗格中可以拖动和设置字段，上方显示的是原始数据区域的字段名称，如图 4－7 所示。

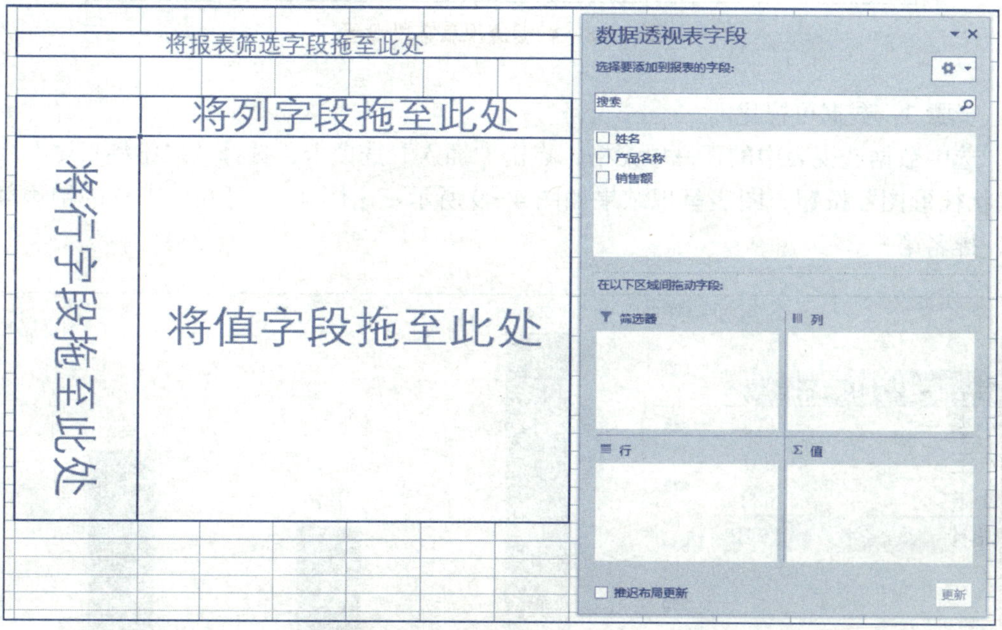

图 4－7 数据透视表字段列表

将“姓名”字段拖至“行标签”区域，将“销售额”字段拖至“值”区域，并单击

“值”区域的销售额字段，设置值字段显示方式为“求和”(见图 4-8)，最终得到透视表。

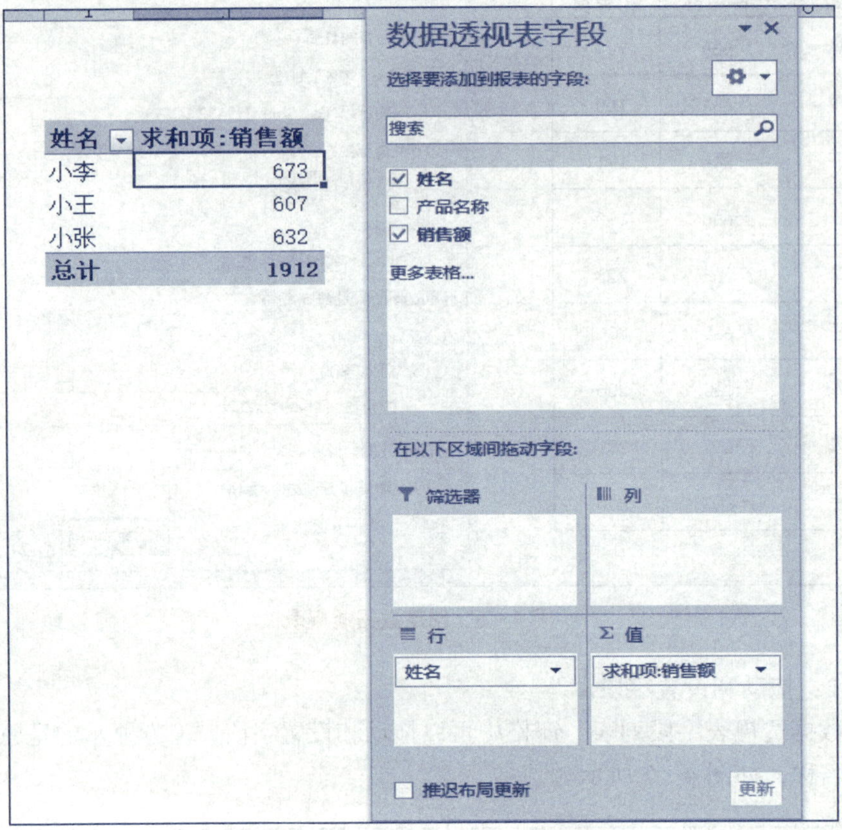

图 4-8　数据透视表字段设置

步骤 3：数据可视化。

选中数据透视表中的任一单元格，点击“插入”选项卡，选择“二维柱形图”中的“簇状柱形图”按钮，图表呈现结果如图 4-9 所示。由图 4-9 可知，小李的销售额最高，排名第一。

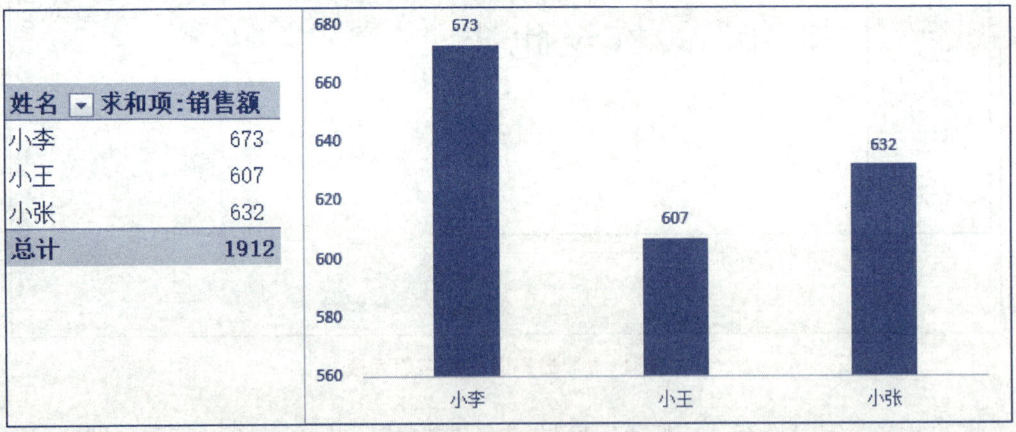

图 4-9　柱形图

自主训练

下载“学习情境二项目四任务三【自主训练】数据透视表应用数据源”，参照以上步骤，汇总店铺各员工的销售额。

任务总结

请记录本次任务实施过程中遇到的问题及解决方法，总结个人收获（见表 4－3）。

表 4－3　任务总结表

遇到的问题	解决方法	个人收获

项目五 行业数据分析

知识体系

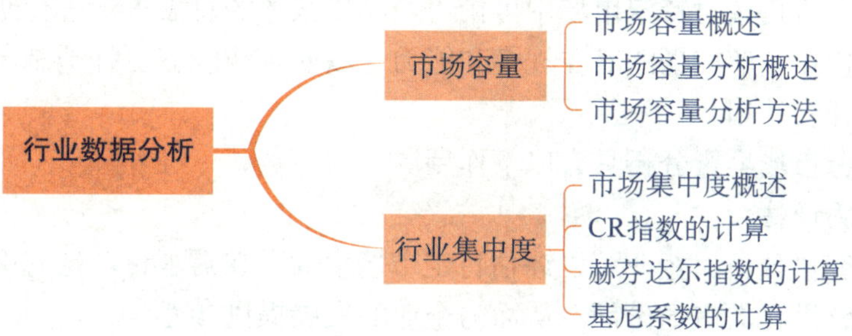

理论学习

电子商务企业未来的盈利能力不仅会受到自身发展周期的制约，还会受到行业发展阶段的制约。因此，电子商务企业有必要在前期进行行业发展分析。行业发展分析主要关注行业发展现状，包括市场容量分析、行业集中度分析。

一、市场容量

（一）市场容量概述

市场容量，又称市场规模，它影响着企业的发展策略、产品定价和市场定位等。简单来说，市场容量可以被定义为某种产品或服务在一定时间内能够被市场吸纳的数量或规模。市场容量对于制定市场营销策略和业务扩展计划至关重要，因为它直接决定了企业可以获得的潜在收入和市场份额。

国际市场容量是指在全球范围内某种产品或服务的总需求量。随着全球化进程的加快，对国际市场容量的分析和把握变得尤为重要。企业需要了解国际市场的潜在规模以制定国际化战略，包括选择进入哪些市场、如何定价产品、如何推广和销售产品等。

多种因素影响市场容量。首先是人口因素，不同国家和地区的人口数量与结构都会直接影响对某种产品或服务的需求量。其次是经济因素，某国家或地区的经济状况、收入水平、消费习惯等都会影响市场对产品的需求程度和购买能力。政治因素也至关重要，政府政策、法规及国际关系的变化都可能对市场容量产生影响。同时，文化因素也不能被忽视，不同文化背景下的消费者对产品的需求和偏好存在差异。此外，技术进步和竞争环境也是影响国际市场容量的重要因素。随着科技的发展，新产品不断涌现，旧产品的更新换代速度也在加快，这会对市场容量产生影响。竞争环境的变化也会影响市场份额的分配和市场容量的大小。因此，企业需要密切关注市场动态，及时调整自己的战略，以适应市场的变化。

对于企业而言，准确评估市场容量对于制定长期发展战略至关重要。通过充分了解市场容量，企业可以更好地把握市场机遇，提前布局，降低市场风险。同时，还可以根据市场容量的变化及时调整自己的产品结构和营销策略，保持竞争优势。

（二）市场容量分析概述

市场容量分析是指对特定市场中可销售产品或服务的总需求量进行研究和评估的过程。这种分析旨在了解市场的潜在规模和能力，以便企业能够更好地制定营销策略、定价策略和产品开发计划。

具体来说，市场容量分析具有以下作用。

1. 市场潜力评估

通过市场容量分析，企业可以评估特定市场中的潜在需求量。这有助于企业确定市场的规模，了解潜在的市场份额，从而为企业的发展提供参考。

2. 市场定位决策

市场容量分析可以帮助企业确定适合自己的市场定位。通过了解市场容量，企业可以选择目标市场，并确定在该市场中如何定位自己的产品或服务，以满足市场的需求。

3. 产品开发和创新

市场容量分析为企业提供了开发新产品或服务的重要参考依据。通过了解市场容量，企业可以发现市场中存在的需求空白，从而开发出满足消费者需求的新产品或服务，提升竞争力。

4. 定价策略制定

市场容量分析还可以帮助企业制定合理的定价策略。通过了解市场容量和竞争格局，企业可以确定适当的定价水平，以实现销售目标并获得可持续的利润。

5. 市场份额预测

市场容量分析可以帮助企业预测自己在市场中可能达到的份额。通过对市场容量的评估，企业可以确定目标市场中的竞争对手，预测自己在市场中的地位，并制定相应的市场份额目标。

总体来说，市场容量分析是企业制定市场营销策略和业务发展计划的重要基础。通过深入分析市场容量，企业可以更好地了解市场环境、消费者需求和竞争格局，从而制定更加有效的战略，实现持续增长。

（三）市场容量分析方法

市场容量分析是一个复杂而多维的过程，涉及多种方法和工具。下面介绍一些常用的市场容量分析方法。

1. 需求调查和市场调研

通过进行需求调查和市场调研，收集并分析消费者对产品或服务的需求和偏好。调研可以通过问卷调查、焦点小组讨论、深度访谈以及观察市场行为等方式来完成。

2. 统计数据分析

利用已有的统计数据和市场报告进行分析，包括政府部门发布的经济统计数据、行业协会的市场报告和市场研究公司提供的数据等。通过分析这些数据，可以了解市场的规模、增长趋势、竞争格局等信息，从而评估市场容量。

3. 趋势分析

对市场历史数据进行趋势分析，以预测未来市场容量的发展趋势。这可以通过分析市场销售额、消费者支出、人口增长率、经济指标等数据来实现。趋势分析可以帮助企业了解市场的发展方向，为未来的战略规划提供依据。

4. 竞争分析

对竞争对手进行分析，了解其市场份额、产品定位、定价策略等信息。通过比较竞争对手和自身的实力，可以评估自身在市场中的地位和潜力，从而确定市场容量。

5. 地理信息系统（GIS）分析

利用 GIS 技术对市场进行空间分析，了解不同地区的人口密度、消费能力、交通便利性等因素对市场容量的影响。这种分析可以帮助企业确定最有利的市场定位和扩张策略。

6. 模型建立

基于已有的数据和假设，建立数学模型对市场容量进行预测和估算。常用的模型包括渗透率模型、增长曲线模型、曲线拟合模型等。这些模型可以通过调整参数和假设来预测市场容量随时间的变化。

7. 专家咨询

寻求行业专家和顾问的意见与建议，借助他们的经验和专业知识对市场容量进行评估与分析。专家咨询可以为企业提供更深入和全面的市场洞察，帮助企业做出更明智的决策。

以上方法可以单独或结合使用，根据具体的市场情况和需求来选择最合适的分析方法，以确保对市场容量进行准确、全面的评估。

二、行业集中度

（一）行业集中度概述

行业集中度是指在特定行业中少数企业所占市场份额的程度，它用来衡量企业的数目和相对规模的差异，反映了市场竞争的程度，是市场势力的重要量化指标。在评估行业集中度时，常用的指标包括：CR 指数（Concentration Ratio）、赫芬达尔指数（Herfindahl-Hirschman Index，HHI）和基尼系数（Gini Index）。

1. CR 指数

CR 指数是指市场上前几家企业的市场份额之和。通常情况下，CR 指数越高，行业的集中度越高。例如，CR4 指的是前四家企业的市场份额之和。

2. 赫芬达尔指数

赫芬达尔指数通过将每家企业的市场份额的平方相加来计算，反映了市场份额的分布情况。赫芬达尔指数的取值范围在 0 ～ 1，数值越高，行业的集中度越高。

3. 基尼系数

基尼系数是用来衡量市场份额分布的不平等程度的指标，取值范围在 0 ～ 1，数值越高，说明市场的集中度越高。

行业集中度的高低对企业经营和市场竞争都有重要影响。在高度集中的行业中，少数大型企业通常拥有较大的市场影响力和议价能力，而小型企业可能面临更大的竞争压力和市场准入难度。此外，高度集中的市场也可能导致垄断或寡头垄断，对消费者利益产生负面影响。相反，低度集中的市场可能会出现激烈的竞争，企业之间的市场份额相对均衡，会促进创新和产品多样性，但也可能导致价格战和利润压力。因此，了解行业集中度对企业制定市场战略、预测市场动态以及评估行业风险至关重要。通过综合分析行业集中度和其他市场因素，企业可以更好地应对市场挑战，找到适合自己的竞争策略，提升竞争优势。

（二）CR 指数的计算

CR 指数的计算方法如下。

1. 确定头部企业

首先需要确定计算 CR 指数时要包括的头部企业，通常选择前四家或前八家企业，这取决于具体的分析需求和行业特点。头部企业往往是市场份额最大的几家企业，一般可以通过市场调查和研究、咨询行业专家等方式收集市场份额、销售额、营业额等数据，以此确定头部企业。

2. 计算市场份额

对于选择的前几家企业，计算它们在市场中的市场份额。市场份额可以用销售额、产量、资产规模等指标来衡量，具体取决于所研究的行业和可获得的数据。

3. 求和计算

将前几家企业的市场份额相加，得到一个总数，即 CR 指数。用公式表示为：

$$CR=\sum_{i=1}^{n} \text{市场份额}\ i$$

式中，n 表示选择的前几家企业的数量；市场份额 i 表示第 i 家企业的市场份额。

例如，如果选择前四家企业进行计算，它们的市场份额分别为 30%、25%、20% 和 15%，则 CR4 指数 = 30% + 25% + 20% + 15% = 90%。

CR 指数的值可以为任何介于 0 ～ 1 的小数或以百分比表示的数值。一般来说，CR 指数越接近 1，市场的集中度就越高，反之则越低。通过计算 CR 指数，分析人员可以更好地了解市场的竞争格局和企业之间的市场份额分布情况，从而为市场定位、竞争战略等决策提供参考依据。

（三）赫芬达尔指数的计算

赫芬达尔指数的计算方法如下。

1. 确定市场份额

确定需要计算市场集中度的市场范围，并收集每家企业在该市场中的市场份额数据。

2. 计算市场份额的平方

对每家企业的市场份额进行平方运算。

3. 求和计算

将所有企业的市场份额的平方相加，得到一个总数，即赫芬达尔指数。

用数学公式表示为：

$$HHI=\sum_{i=1}^{n}\text{市场份额}^{2}i$$

赫芬达尔指数的取值范围通常为 0 ～ 1，在特定情况下表示为 0 ～ 10 000 内的整数。数值越高，表示市场的集中程度越高，即少数企业控制了更大比例的市场份额；数值越低，表示市场的竞争程度越高，市场份额更加分散。赫芬达尔指数广泛应用于市场竞争分析、反垄断监管等领域，它能帮助政府、监管机构、企业等各方了解市场的竞争格局，评估市场风险，制定相应的政策和战略。

（四）基尼系数的计算

基尼系数的计算方法如下。

1. 排序

将市场份额或销售额按照大小进行排序，从小到大排列。

2. 累计百分比

计算每个市场份额或销售额对应的累计百分比，即将排好序的市场份额或销售额依次累加，然后除以总市场份额或销售额，得到累计百分比。

3. 绘制洛伦茨曲线

将人口百分比作为横坐标，将市场份额或销售额的累积百分比作为纵坐标，绘制洛伦茨曲线。洛伦茨曲线是一条曲线，描述了市场份额或销售额在不同百分比人口中的分布情况。

4. 计算基尼系数

基尼系数就是洛伦茨曲线下的面积与对角线下的面积之比。具体计算方法为，将洛伦茨曲线下的面积除以对角线下的面积，然后用 1 减去这个比值，得到基尼系数。

用数学公式表示为：

$$G=1-2\times\sum_{i=1}^{n}n\times\sum_{i=1}^{n}Yii\times Yi$$

式中，Yi 表示市场份额或销售额的累计百分比；i 表示累积百分比的排序序号；n 表示市场份额或销售额的总数量。

基尼系数的取值范围为 0 ～ 1，数值越接近 1，表示市场份额或销售额的分布越不平等，即集中度越高；数值越接近 0，表示市场份额或销售额的分布越平等，即集中度越低。通过计算基尼系数，可以更准确地了解市场的竞争格局和市场份额的分配情况，从而为企业的市场定位和竞争策略提供重要参考依据。

拓展

想要了解市场集中度，市场调研是必不可少的一环。市场调研是指企业或组织通过系统性的数据收集和分析，以了解市场环境、消费者需求和竞争格局等信息的过程。随着互联网的普及和信息技术的发展，数字化市场调研以其效率高、成本低、数据获取快速和准确等优势受到许多企业和组织的青睐。扫描以下二维码，了解数字化市场调研。

数字化市场调研概述　　数字化市场调研方法　　数字化市场调研过程

实践训练

任务一　市场容量分析

知识回顾

- 市场容量的含义。
- 市场容量分析的作用。

训练目标

- 能够进行市场容量分析及预测。

任务背景

小王所在公司想要开设一家女装淘宝店，希望通过调研数据分析女装行业，从中选择市场容量大、销售前景好的子行业进入。

任务分解

进行子行业市场容量分析，需要了解子行业支付金额较父行业的占比，并借助图表进行展示。

任务实施

步骤 1：获取数据。

考虑到女装行业下各个子行业的季节性因素，小王计划采集一个自然年的数据进行综合比较。小王进入生意参谋，采集全年女装子行业数据（下载“学习情境二项目五任务一市场容量分析数据源”），将获取到的数据整理到 Excel 表格中，整理后的效果如图 5－1 所示。

	A	B	C	D	E	F
1	日期	类目名	交易增长幅度	支付金额较父行业占比	支付子订单数较父行业占比	
2	1月	羽绒服	-42.86%	13.66%	4.42%	
3	1月	毛呢外套	-20.25%	10.33%	4.57%	
4	1月	连衣裙	0.48%	8.35%	8.36%	
5	1月	裤子	-35.54%	7.96%	16.17%	
6	1月	棉衣/棉服	-46.57%	7.03%	6.33%	
7	1月	皮草	-26.55%	6.69%	1.18%	
8	1月	毛衣	-31.31%	6.49%	9.13%	
9	1月	毛针织衫	-26.73%	5.32%	6.74%	
10	1月	短外套	-5.68%	4.26%	3.40%	
11	1月	牛仔裤	-19.72%	3.52%	5.73%	
12	1月	中老年女装	2.21%	3.51%	3.23%	
13	1月	套装/学生校服/工作制服	-15.98%	3.40%	3.70%	
14	1月	卫衣/绒衫	-27.09%	3.03%	4.69%	
15	1月	半身裙	-18.01%	2.96%	5.30%	
16	1月	T恤	-13.81%	2.39%	6.37%	
17	1月	衬衫	14.47%	2.14%	3.20%	
18	1月	婚纱/旗袍/礼服	-8.13%	1.97%	1.37%	
19	1月	大码女装	-11.65%	1.74%	2.50%	
20	1月	唐装/民族服装/舞台服装	-8.76%	1.09%	1.19%	
21	1月	皮衣	-14.60%	0.95%	0.49%	

图 5－1　女装子行业数据（局部图）

步骤 2：创建数据透视表。

点击表格中任一单元格，按 Ctrl+A 快捷键全选表格后，在“插入”选项卡下选择“数据透视表”，将“类目名”字段添加到“行”列表框；将“支付金额较父行业占比”字段添加到“值”列表框，并更改“值字段设置”中的“计算类型”为“求和”，点击“确定”即可完成数据透视表的创建（见图 5－2）。

步骤 3：插入数据透视图。

为了能够更加直观地看到各个子行业的市场占比份额，可以选用饼图。点击“值”列表框中的“支付金额较父行业占比”，选中“值字段设置”。打开“值字段设置”对话框，设置“值显示方式”为“总计的百分比”，结果如图 5－3 所示。随后选择数据透视表中的任意数据，点击插入“数据透视图”，选择饼图，点击“插入”，对图表进行美化后可得出如图 5－4 所示的饼图。

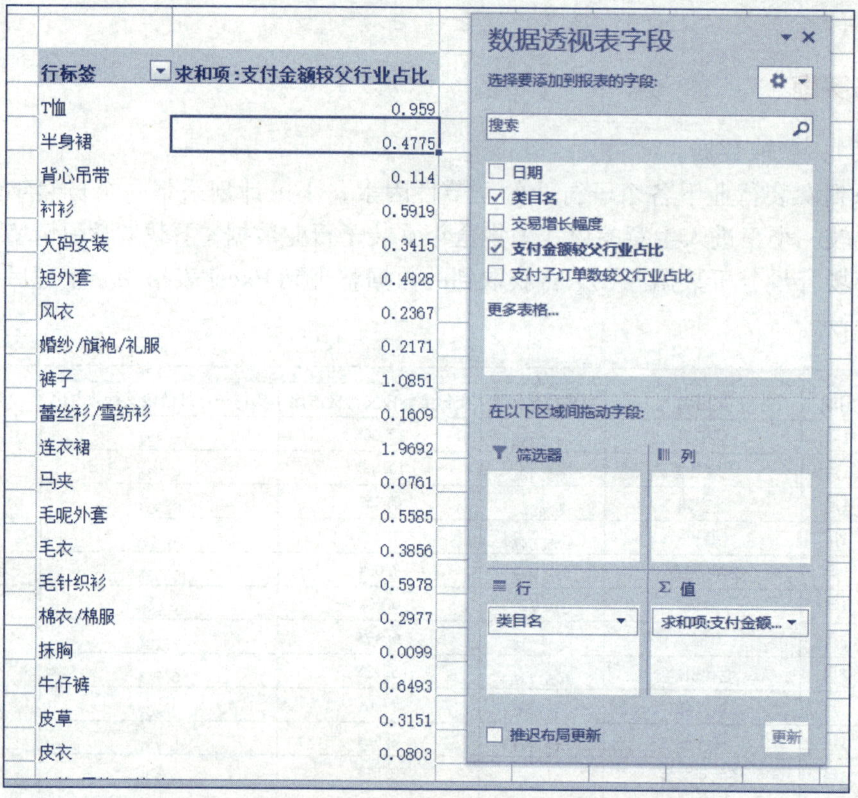

图 5-2　设置数据透视表字段并创建数据透视表

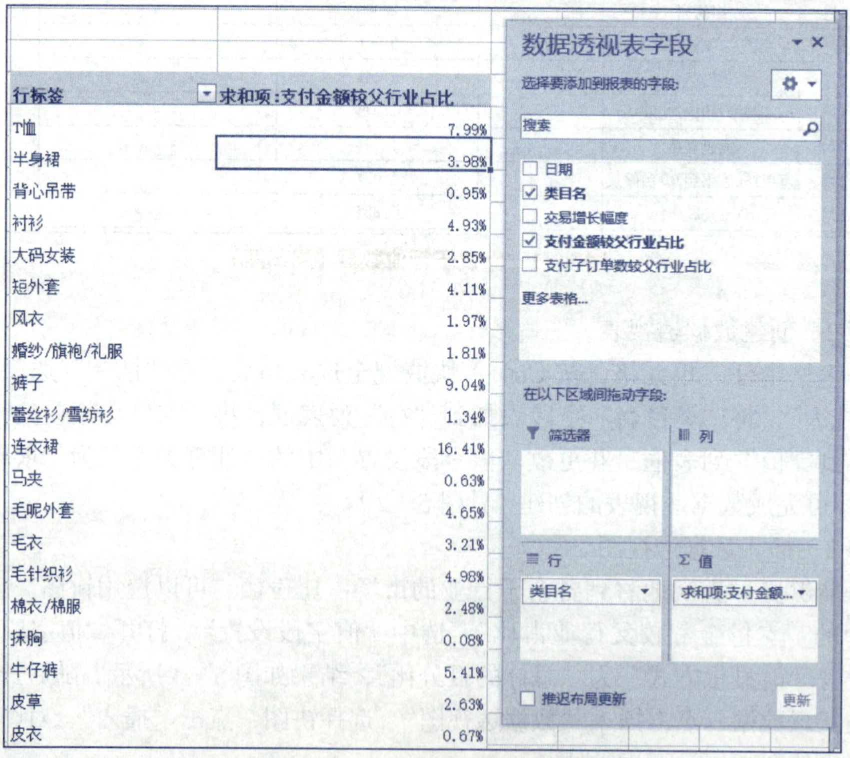

图 5-3　值字段设置

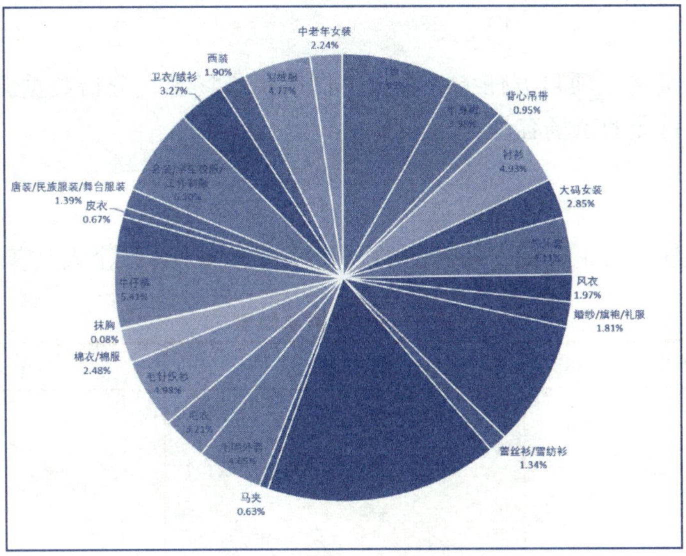

图 5－4　创建并美化后的饼图

步骤 4：插入切片器。

通过饼图可以查看当月女装子行业的市场容量情况。但女装具有一定的季节性，为了准确判断，需要查看整个自然年的数据。为了便于查看并分析全年数据，可以在数据透视图中插入切片器工具，利用该工具可以控制分析的日期跨度。图 5－5 为全年女装各子行业的市场容量情况，可按月查看。

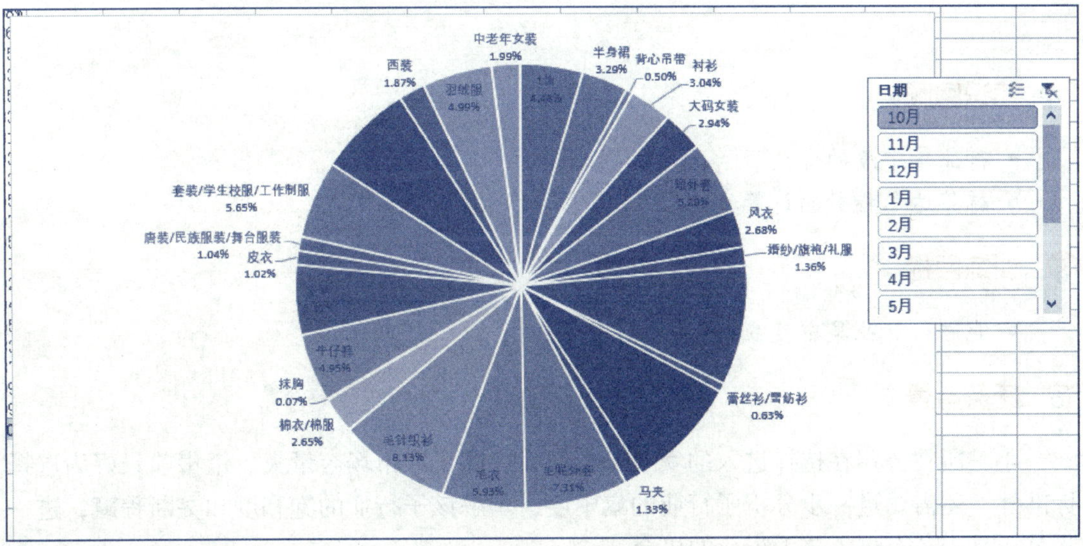

图 5－5　利用切片器查看女装子行业市场容量情况

步骤 5：分析女装子行业市场容量。

通过饼图中的切片器可灵活查看每个月子行业的市场容量情况，通过对全年的数据进行分析，选出其中市场容量大的子行业，填写分析结果。

自主训练

下载“学习情境二项目五任务一【自主训练】市场容量分析数据源”，参照以上步骤，分析女装子行业的市场容量。

任务总结

请记录本次任务实施过程中遇到的问题及解决方法，总结个人收获（见表5-1）。

表5-1 任务总结表

遇到的问题	解决方法	个人收获

任务二 行业集中度分析

知识回顾

- 行业集中度的含义。
- 赫芬达尔指数的计算方法。

训练目标

- 能进行行业集中度分析。

任务背景

小王所在公司在选择进入的女装子行业时，除了以市场容量大、销售前景好为选择标准外，还需要进一步分析子行业的集中度，了解该子行业的饱和度和垄断程度，进一步分析是否还有进入该子行业的机会。

任务分解

进行行业集中度分析的关键是计算赫芬达尔指数。因此，需要获取该行业竞争对手的市场占有率。

任务实施

步骤 1：获取数据。

小王通过生意参谋平台，获取到女士羽绒服行业排名前 50 的品牌及对应的交易指数（下载“学习情境二项目五任务二行业集中度分析训练数据源”），如图 5－6 所示。

行业排行	品牌	交易指数
1	Canada Goose	306,468
2	yaloo/雅鹿	296,209
3	Bosideng/波司登	276,740
4	moncler	176,108
5	Tagkita/她及其他	172,105
6	Goldfarm/高梵	171,777
7	Chericom/千仞岗	128,857
8	moose knuckles	127,921
9	鸭鸭	125,691
10	PEACEBIRD/太平鸟	123,076
11	JNBY/江南布衣	120,924
12	SNOW FLYING/雪中飞	119,724
13	哨衣族	116,640
14	Allure Amore	114,993
15	001（消费电子）	112,852
16	jupe vendue	109,147
17	Uniqlo/优衣库	100,753
18	ONLY	98,606
19	BINRUILA/芮贝拉	91,244

图 5－6　女士羽绒服行业数据（局部图）

步骤 2：计算各个品牌的市场份额。

品牌的市场份额为该品牌的交易指数除以 50 个品牌的交易指数之和，结果如图 5－7 所示。

步骤 3：计算市场份额平方值。

市场份额平方值，即在各品牌市场份额计算结果上求平方值，结果如图 5－8 所示。

=C2/SUM($C$2:$C$51)

行业排行	品牌	交易指数	市场份额
1	Canada Goose	306, 468	0. 0623705
2	yaloo/雅鹿	296, 209	0. 0602826
3	Bosideng/波司登	276, 740	0. 0563204
4	moncler	176, 108	0. 0358404
5	Tagkita/她及其他	172, 105	0. 0350257
6	Goldfarm/高梵	171, 777	0. 0349590
7	Chericom/千仞岗	128, 857	0. 0262242
8	moose knuckles	127, 921	0. 0260337
9	鸭鸭	125, 691	0. 0255798
10	PEACEBIRD/太平鸟	123, 076	0. 0250477
11	JNBY/江南布衣	120, 924	0. 0246097
12	SNOW FLYING/雪中飞	119, 724	0. 0243655

图 5-7 计算市场份额（局部图）

行业排行	品牌	交易指数	市场份额	市场份额平方值
1	Canada Goose	306, 468	0. 0623705	0. 0038901
2	yaloo/雅鹿	296, 209	0. 0602826	0. 0036340
3	Bosideng/波司登	276, 740	0. 0563204	0. 0031720
4	moncler	176, 108	0. 0358404	0. 0012845
5	Tagkita/她及其他	172, 105	0. 0350257	0. 0012268
6	Goldfarm/高梵	171, 777	0. 0349590	0. 0012221
7	Chericom/千仞岗	128, 857	0. 0262242	0. 0006877
8	moose knuckles	127, 921	0. 0260337	0. 0006778
9	鸭鸭	125, 691	0. 0255798	0. 0006543
10	PEACEBIRD/太平鸟	123, 076	0. 0250477	0. 0006274
11	JNBY/江南布衣	120, 924	0. 0246097	0. 0006056
12	SNOW FLYING/雪中飞	119, 724	0. 0243655	0. 0005937
13	啃衣族	116, 640	0. 0237378	0. 0005635
14	Allure Amore	114, 993	0. 0234027	0. 0005477
15	001（消费电子）	112, 852	0. 0229669	0. 0005275
16	jupe vendue	109, 147	0. 0222129	0. 0004934
17	Uniqlo/优衣库	100, 753	0. 0205046	0. 0004204

图 5-8 计算市场份额平方值（局部图）

步骤 4：计算行业集中度。

计算排名前 50 的品牌的市场份额平方值的和，即赫芬达尔指数，结果如图 5－9 所示。

=SUM(E2:E51)

行业排行	品牌	交易指数	市场份额	市场份额平方值	行业集中度
1	Canada Goose	306,468	0.0623705	0.0038901	0.0272143
2	yaloo/雅鹿	296,209	0.0602826	0.0036340	
3	Bosideng/波司登	276,740	0.0563204	0.0031720	
4	moncler	176,108	0.0358404	0.0012845	
5	Tagkita/她及其他	172,105	0.0350257	0.0012268	
6	Goldfarm/高梵	171,777	0.0349590	0.0012221	
7	Chericom/千仞岗	128,857	0.0262242	0.0006877	
8	moose knuckles	127,921	0.0260337	0.0006778	
9	鸭鸭	125,691	0.0255798	0.0006543	
10	PEACEBIRD/太平鸟	123,076	0.0250477	0.0006274	
11	JNBY/江南布衣	120,924	0.0246097	0.0006056	
12	SNOW FLYING/雪中飞	119,724	0.0243655	0.0005937	
13	啃衣族	116,640	0.0237378	0.0005635	
14	Allure Amore	114,993	0.0234027	0.0005477	
15	001（消费电子）	112,852	0.0229669	0.0005275	
16	jupe vendue	109,147	0.0222129	0.0004934	

图 5－9　计算行业集中度

步骤 5：数据分析。

小王根据以上的数据进行分析，得出的结论为：赫芬达尔指数值为 0.027 214 3，存在较大的进入该子行业的机会。

自主训练

下载“学习情境二项目五任务二【自主训练】行业集中度分析训练数据源”，参照以上步骤，分析女装子行业的集中度，判别是否有进入机会。

任务总结

请记录本次任务实施过程中遇到的问题及解决方法，总结个人收获（见表 5－2）。

表 5-2　任务总结表

遇到的问题	解决方法	个人收获

项目六 竞争数据分析

知识体系

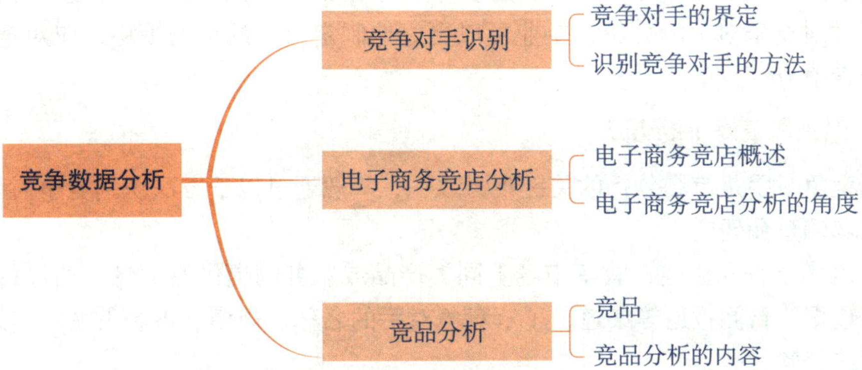

理论学习

电商企业所处的环境是动态变化的，其中竞争环境的变化对企业运营会产生很大影响。识别竞争对手，分析竞争店铺和竞争店铺的商品，可以有效地帮助企业应对竞争环境的变化。

一、竞争对手识别

（一）竞争对手的界定

竞争对手是指在某一行业或领域中，与本企业生产销售同类商品或替代品，提供同类服务或替代服务，以及价格区间相近、目标客户类似的相关企业。竞争对手之间的竞争可能涉及价格、产品特性、营销策略、技术创新等多个方面。

举例来说，假设某家电子产品公司开发和销售智能手机。在这个市场上，该公司的竞争对手可能包括以下几类企业。

1. 其他智能手机制造商

其他智能手机制造商是该公司的直接竞争对手。例如，苹果、三星、华为、小米等手机制造商在智能手机市场都为竞争对手。

2. 运营商和零售商

运营商和零售商也是该公司的竞争对手，它们通过合作或以自有品牌销售智能手机。例如，Verizon、AT&T、中国移动等运营商，在销售智能手机时也会与手机制造商直接竞争。

3. 新兴手机品牌

一些新兴的手机品牌也可能成为该公司的竞争对手。尽管它们的市场份额较小，但通过创新、价格竞争等手段，很可能对传统手机品牌构成一定的威胁。

4. 替代产品

除了其他手机制造商外，还有一些产品可能替代智能手机，例如平板电脑、笔记本电脑、智能手表等。这些产品可能会与智能手机争夺客户的购买预算和时间。

在竞争激烈的市场环境中，了解竞争对手的策略、产品特点、市场定位等信息至关重要。通过对竞争对手的分析，企业可以更好地制定自己的市场策略，应对竞争挑战，提高市场竞争力。

（二）识别竞争对手的方法

识别竞争对手是市场分析的关键步骤之一，一般通过以下方法识别竞争对手。

1. 市场调查和研究

进行市场调查和研究，收集市场上同类产品或服务的提供商信息。通过行业报告、市场调研数据、新闻报道等渠道，了解竞争对手的名称、规模、市场份额等信息。

2. 网络搜索

通过搜索引擎、行业网站、社交媒体等在线渠道，搜索与自己业务相关的关键词，了解竞争对手的官方网站、产品介绍、新闻报道等信息。

3. 行业分析工具

使用行业分析工具和数据库，如市场研究报告、行业数据库等，可以快速获取竞争对手的信息。这些工具通常能够提供市场份额、销售数据、公司资料等详细信息。

4. 客户调查和反馈

与客户进行沟通和交流，了解客户使用过的竞争对手的产品或服务，收集客户的反馈和意见。客户的经验和观点可以帮助识别竞争对手，并了解其产品的优势和劣势。

5. 行业展会和活动

参加行业展会和活动，与同行业的其他企业进行接触和交流。在展会上，可以直接观察竞争对手的产品，了解其最新动态和发展趋势。

6. 专业咨询和顾问

寻求行业专业人士、市场分析师或顾问的帮助，他们通常能够提供有关竞争对手的详细信息和专业建议。

7. 社交媒体监测

使用社交媒体监测工具，跟踪竞争对手在社交媒体上的活动和反馈。了解竞争对手的营销策略、用户互动和声誉管理等方面的情况。

二、电子商务竞店分析

（一）电子商务竞店概述

在电子商务领域中，竞店指与企业在同一领域销售相似或相同类型的产品，或提供类似的服务的电子商务平台店铺或自营店铺。

举例来说，假设某家电子商务公司在某电商平台开设店铺，销售服饰类产品。在这个电子商务平台上，该公司的竞店可能包括以下几类：

（1）平台内竞店：在同一平台上销售同类型商品的其他商家或品牌。

（2）平台外竞店：不仅在同一平台内，还可能在其他电子商务平台或线下渠道销售相似产品的商家。

（3）自建竞店：自建平台销售同类产品的企业。

（二）电子商务竞店分析的角度

电子商务竞店之间的竞争主要体现在产品种类、价格、品质、售后服务、营销策略等方面。了解竞店的策略，可以帮助电子商务企业制定更有效的市场营销策略、提高产品竞争力，从而在激烈的电子商务市场中脱颖而出。

一般从以下五个角度开展电子商务竞店分析。

1. 竞店属性数据分析

采集竞店属性数据，了解竞店是不是原创品牌、竞店人群定位、商品适用季节、适用场景、基础风格等。

2. 商品类目分析

了解自身店铺和竞争店铺在类目布局和类目销售方面的差距，从而进行品类布局的优化和提升。

3. 销售分析

如果竞争对手店铺销售额在某些时期呈现明显的增长趋势，需要进一步分析竞争对手店铺是否开展了促销活动，本店铺能否跟进竞争对手店铺的“玩法”，以提高销量。

4. 推广活动分析

通过店侦探等店铺运营工具，可以清楚地了解竞争对手店铺的促销活动，以及参与活动的产品数量。持续跟踪和分析促销活动的频率、深度和效果，并根据自己店铺的实际情况制定相应的促销策略。

5. 商品上下架时间分析

通过店侦探等店铺运营工具，可以收集竞店商品的上下架时间布局数据。如果自身店铺处于劣势地位，应在上下架期间避开竞店；如果自身店铺处于优势地位，应该跟随竞店上下架时间并正面竞争。

三、竞品分析

（一）竞品

竞品是指在同一市场或行业中，与自己的产品或服务相竞争的其他公司或品牌的产品或服务。竞品通常具有类似的功能、特点或定位，竞争对手通过其产品或服务与自己争夺相同的目标客户和市场份额。

举例来说，假设某家公司生产和销售智能手表，其竞品包括以下几类。

1. 其他品牌的智能手表

其他品牌的智能手表是该公司生产的手表的直接的竞品。

2. 传统手表

传统手表也可能是竞品，尤其是那些拥有部分智能功能的传统手表。虽然传统手表与智能手表的功能不同，但在一定程度上也存在竞争关系。

3. 智能穿戴设备

除了智能手表之外，其他类型的智能穿戴设备也是竞争对手，如智能手环、智能眼镜等。这些设备可能具有类似的功能，与智能手表竞争相同的目标客户。

4. 其他智能产品

其他智能产品也可能是竞品，因为它们一定程度上可以满足相同的需求或消费者群体。例如，智能手机、智能家居设备等产品。

（二）竞品分析的内容

竞品分析是企业制定市场营销策略和产品定位的重要步骤之一，它主要是指分析竞品的价格、基本资料、销售数据、营销活动、商品评价等。找出自身商品与竞品的差距，能够避开竞品的优势，挖掘自身店铺商品的优势。

竞品分析一般包括以下内容。

1. 价格分析

对比分析自身店铺的产品和竞品的价格，结合商品对应人群，调整自身店铺的产品价格，以此提升店铺产品所占份额。

2. 收藏量分析

对比分析收藏量，找出差距。若自身店铺商品的收藏量与竞品相差太多，可以设置“收藏有礼”活动，如派发优惠券、小礼品等；此外，还可以优化商品主图，吸引客户收藏。

3. 基本信息分析

基本信息分析即分析商品的款式、功能、材质、颜色、卖点等，将商品的这些基本信息与竞品进行对比，提升自身商品的差异化水平。

4. 销售数据分析

整理自身店铺商品与竞品同一时间段的销售数据，比较两款商品的销售数据，分析自身店铺是处于优势还是劣势，存在哪些不足。

5. 推广活动分析

分析竞品是否参加过官方的促销活动，或者分析店铺本身开展的促销活动的频率、营销计划、预热效果、转化率。通过竞品分析，对自身店铺商品后期开展营销活动具有一定的借鉴意义。

6. 商品评价分析

综合比较自身店铺商品和竞品的客户评价，找出竞品客户认可的部分及网店商品不足的部分进行分析，引导网店商品及服务改良或创新。

拓展

随着互联网的普及和发展，越来越多的产品和服务都与互联网有着密切的关联，产品的互联网适应性变得越来越重要。扫描下方二维码，了解“产品互联网适应性”及“网络时代产品的整体概念”。

产品互联网适应性　　网络时代产品的整体概念

实践训练

任务一　行业竞争对手识别

知识回顾

- 竞争对手的界定。
- 识别竞争对手的方法。

训练目标

- 通过竞争对手识别方法，能够有效识别竞争对手。

任务背景

小赵计划在淘宝网开设一家女装店铺，主要销售印花气质连衣裙，但是他不了解行业竞争格局，也不知道自己的竞争对手有哪些。为了能制定更有针对性的竞争策略，他计划先识别竞争对手。

任务分解

可以通过筛选同行业竞争对手、目标人群、商品价格、服装款式等信息，有效地识别出店铺的竞争对手。

任务实施

步骤 1：输入关键词，了解行业竞争格局。

小赵在淘宝网中输入“印花气质连衣裙”，从界面中可获得的相关竞争店铺有 251 646 家，如图 6－1 所示。

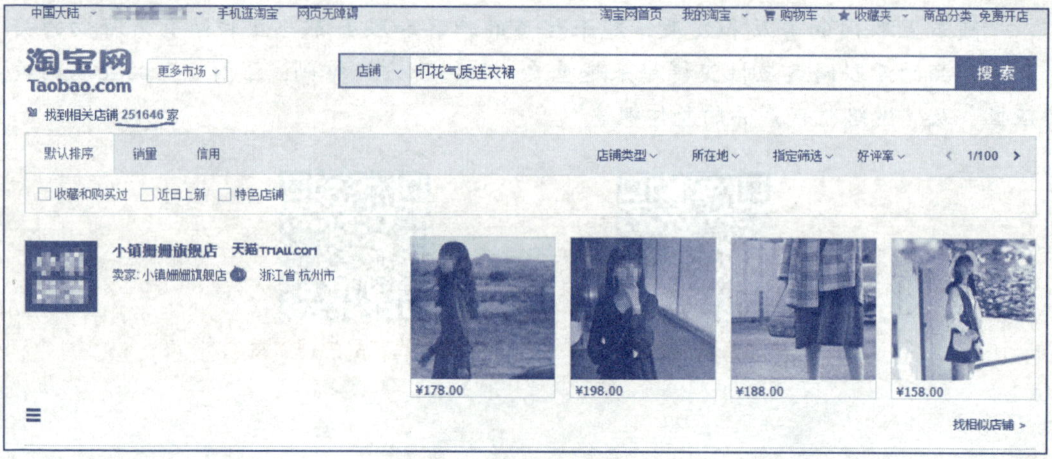

图 6－1　了解行业竞争格局

步骤 2：设置目标人群。

为了进一步明确识别竞争对手，还需要结合目标人群分析。小赵店铺的目标人群为 25 ～ 29 周岁。在识别竞争对手时，可以设定适用年龄的筛选条件为“25 ～ 29 周岁”，如图 6－2 所示。

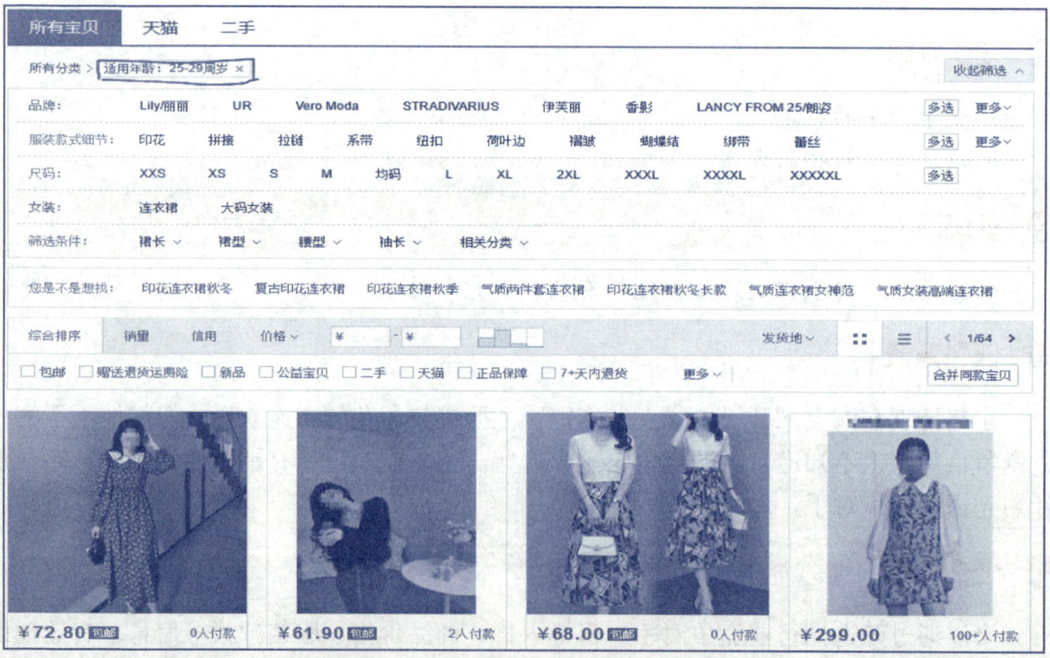

图 6－2　设置适用年龄筛选条件

步骤 3：设置商品价格、服装款式细节。

为了能更有效地识别竞争对手，需要结合竞品售价范围和服装款式细节进行分析。小赵的商品定价在 200 元左右，他将商品的价格范围设置为“100 ～ 300”元，将服装款式细节设置为“印花”，筛选结果如图 6－3 所示。

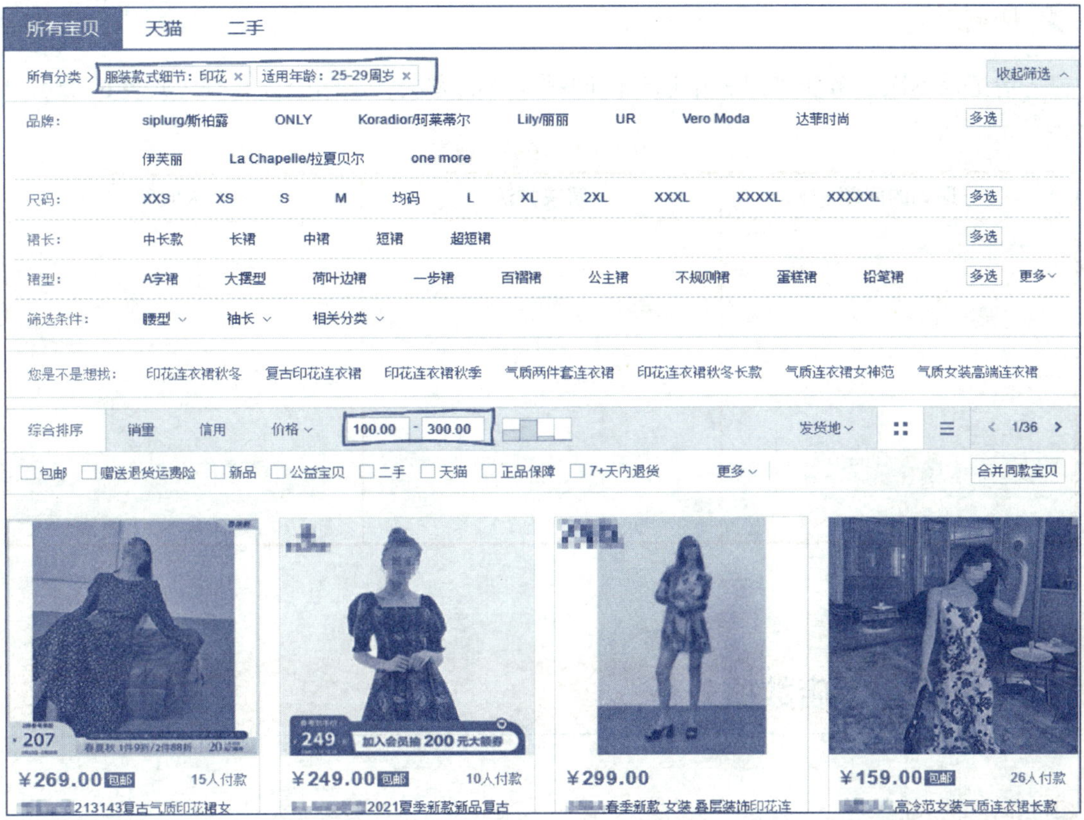

图 6－3　设置商品售价及服装款式细节

步骤 4：细化筛选条件，识别竞争对手。

通过以上步骤识别出的竞争对手依然不够精准，小赵需要设置更多的筛选条件。表 6－1 为小赵所在店铺中当季主推的一款印花气质连衣裙的关键属性，他将这些属性设置为筛选条件，以进一步缩小竞争对手范围。

表 6－1　小赵所在店铺的商品属性

尺码	XS、S、M、L
裙长	中长款
裙型	A 字裙

步骤 5：记录竞争对手。

小赵通过以上步骤，已极大地缩小了竞品分析范围，但能够设置的筛选条件毕竟有限，更为细致的识别条件还需要观察。小赵对识别出的竞争对手作了详细记录，便于之后进行追踪分析。

自主训练

参照以上步骤，改变筛选条件，观察筛选结果是否不同。

任务总结

请记录本次任务实施过程中遇到的问题及解决方法，总结个人收获（见表6-2）。

表6-2　任务总结表

遇到的问题	解决方法	个人收获

任务二　竞店数据分析

知识回顾

- 竞店分析的作用。
- 竞店分析的角度。

训练目标

- 能够对竞店数据进行分析，及时调整店铺的经营策略。

任务背景

小赵已经确定了一家和自身店铺层级相同且同样销售印花气质连衣裙的竞店，并通过生意参谋工具，获取到竞店的相关数据。他将竞店与自身店铺做对比，以便找出竞店与自身店铺的优劣势，做到扬长避短。

任务分解

可以针对竞店与自身店铺的人群定位、商品风格、商品种类、服装款式等进行竞店数据分析。

任务实施

步骤 1：获取属性数据。

通过“生意参谋”工具，采集竞店与自身店铺商品的适用年龄、尺码、风格、款式细节数据（下载“学习情境二项目六任务二竞店数据分析数据源”），整理结果如图 6－4 所示。

店铺属性信息比较		
属性	竞店	本店铺
尺码	XS、S、M、L、XL、均码	XS、S、M、L、XL
风格	通勤、学院、气质淑女、韩版	学院、气质淑女、韩版
服装款式细节	口袋、系带、拼接、带毛领、拉链、背带、纽扣	口袋、系带、拉链、背带、纽扣
适用年龄	18～24周岁、25～35周岁	18～25周岁

图 6－4　属性数据信息

步骤 2：比较分析竞店的属性。

分别从尺码、风格、服装款式细节、适用年龄等属性比较分析竞店与自身店铺的区别。

步骤 3：类目数据获取。

除了分析店铺产品的属性，还需要采集店铺类目数据进行比较分析。整理后的类目数据如图 6－5 所示。

店铺类目比较		
类目名称	竞店宝贝数（个）	本店铺宝贝数（个）
毛衣	13	8
毛呢外套	8	10
牛仔外套	5	7
卫衣/绒衫	9	8
衬衫	11	5
连衣裙	16	12
半身裙	10	11
牛仔裤	7	5
裤子	9	5
腰带/皮带/腰链	4	0
帽子	3	0
袜子	3	0

图 6－5　类目数据信息

步骤 4：比较分析竞店的类目。

比较分析竞店与自身店铺的类目数据，找出自身店铺与竞店存在的差距，并提出改进建议。

步骤 5：销量数据获取。

采集国庆期间店铺销量数据进行比较分析，整理后的销量数据如图 6－6 所示。已知国庆期间竞店开展了满减活动。

A	B	C
店铺销量比较		
日期	竞店销量	本店铺销量
2024/10/1	1507	725
2024/10/2	1823	734
2024/10/3	2438	702
2024/10/4	1115	673
2024/10/5	951	571
2024/10/6	725	480
2024/10/7	684	387

图 6－6　销量数据信息

步骤 6：比较分析竞店的销量。

比较分析竞店与自身店铺的销售数据，找出自身店铺与竞店存在的差距，并提出改进建议。

自主训练

下载“学习情境二项目六任务二【自主训练】竞店数据分析数据源”，参照以上步骤，分析竞店与自身店铺在属性、类目、销量上的区别，并提出改进措施。

任务总结

请记录本次任务实施过程中遇到的问题及解决方法，总结个人收获（见表 6－3）。

表 6－3　任务总结表

遇到的问题	解决方法	个人收获

任务三　竞品数据分析

知识回顾

- 竞品分析的意义。
- 竞品分析的内容。

训练目标

- 有效识别竞品，并对竞品数据进行分析，找出差异。

任务背景

小王选中一款印花气质连衣裙，计划在购物活动中将其作为引流爆款。小王发现竞店中有一款连衣裙的风格和价格等都与引流爆款十分相似，他计划对该竞品进行数据追踪，分析其与本店铺的引流爆款各项关键数据的差异，以完善本店铺的引流爆款。

任务分解

采集竞品数据，对竞品数据进行分析，找出差异。

任务实施

步骤 1：基本信息的采集与分析。

小王通过竞品详情页和自身店铺商品详情页，采集到各项关键数据（下载“学习情境二项目六任务三竞品数据分析数据源”），整理后的数据如图 6－7 所示。小王通过对竞品和自身店铺商品的基本信息进行分析，总结自身店铺商品的优劣势。

A	B	C
基本信息		
店铺名称	***studio（竞店）	***STUDIO
商品标题	温柔出逃优雅气质碎花连衣裙印花露肩飘逸吊带高级感裙子（竞品）	水墨画复古小众印花露肩气质长袖连衣裙
商品价格	159.00元	169元
适用年龄	18～24周岁	18～24周岁
尺码	S、M	S、M、L
颜色分类	米色 米色 预售	黑白花色
领型	圆领	V领
成交关键词	印花气质连衣裙	印花气质连衣裙
	碎花连衣裙	露肩连衣裙
	优雅气质连衣裙	

图 6－7　基本信息

步骤 2：收藏量分析。

收藏量能反映出商品受客户喜爱的程度，因此分析竞品与本品收藏量变化有重要意义。小王采集的收藏量数据如图 6－8 所示。通过图表可视化功能可以直观展示竞品与本品的收藏量变化趋势（见图 6－9）。

A	B	C
收藏量统计（单位：件）		
日期	本品	竞品
2024/12/1	57	42
2024/12/2	52	40
2024/12/3	64	41
2024/12/4	48	32
2024/12/5	31	29
2024/12/6	24	25
2024/12/7	22	24

图 6－8　收藏量数据整理

图 6－9　竞品与本品收藏量变化趋势

步骤 3：销量分析。

小王选取了近一周竞品与本品的销量数据，整理后如图 6－10 所示。通过数据可视化功能可以直观展示竞品与本品销量的变化趋势（见图 6－11）。

A	B	C
销量统计（单位：件）		
日期	本品	竞品
2024/12/1	147	78
2024/12/2	241	113
2024/12/3	153	67
2024/12/4	348	151
2024/12/5	208	134
2024/12/6	120	45
2024/12/7	176	67

图 6－10　销量数据整理

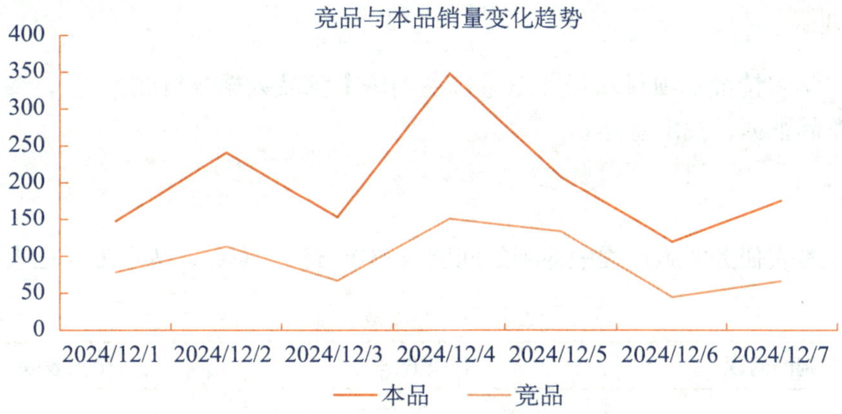

图 6－11　竞品与本品销量变化趋势

步骤 4：商品评价分析。

小王进入竞品商品评价页（见图 6－12）与本品商品评价页（见图 6－13）后，发现客户主要围绕商品的尺码、款式、质量、面料等方面进行评价，且以好评居多。小王结合两者的评价，分析存在的差异。

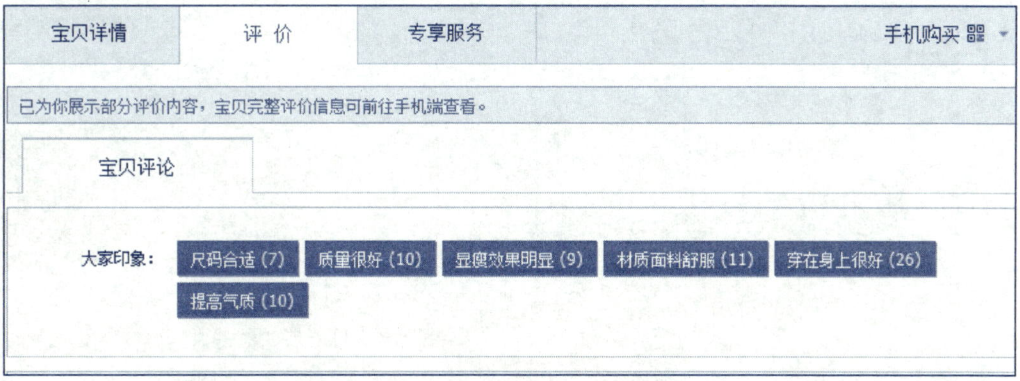

图 6－12　竞品商品评价

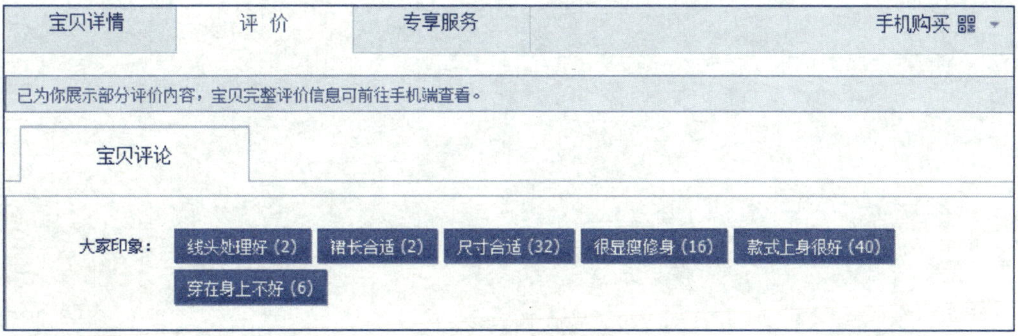

图 6－13　本店商品评价

自主训练

下载“学习情境二项目六任务三【自主训练】竞品数据分析数据源”，参照以上步骤，分析竞品数据，找出差异。

任务总结

请记录本次任务实施过程中遇到的问题及解决方法，总结个人收获（见表 6-4）。

表 6-4　任务总结表

遇到的问题	解决方法	个人收获

项目七 客户数据分析

知识体系

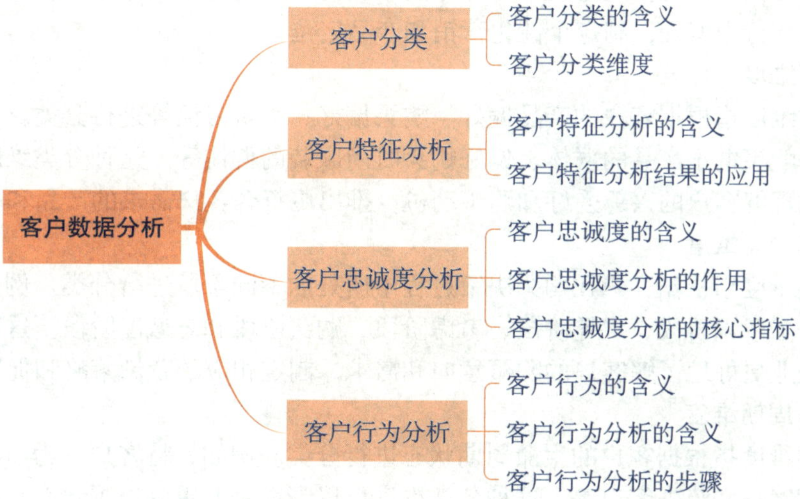

理论学习

客户数据分析是根据数据来分析客户的各种特征、评估客户价值，从而为客户制定相应的营销策略与资源配置计划。商家所有的经营活动都是围绕客户进行的，对客户进行有效的分析，不仅能提高客户的满意度和忠诚度，而且能提高企业的利润，增强企业的核心竞争力。

一、客户分类

（一）客户分类的含义

客户分类是企业根据客户的属性、行为或其他特征将客户分成不同的群体或类别，以便更好地理解和管理客户，制定有针对性的营销策略和服务方案。

（二）客户分类维度

常见的客户分类维度有以下几种。

1. 行为维度

该分类维度指基于客户的购买行为、交易频率、购买金额等行为指标进行分类。例如，将客户分为高频率购买客户、低频率购买客户、高价值客户、低价值客户等。这种分类维度可以直接反映客户的购买行为和价值，适用于有较多历史交易数据的企业。

2. 地理维度

该分类维度指根据客户所在地区、城市、国家等地理位置信息进行分类，适用于企业业务覆盖范围广泛，客户分布地域差异较大的情况。通过这种分类维度可以帮助企业更好地了解不同地区客户的需求和特点，制定地域性的营销策略和服务方案。

3. 人口统计维度

人口统计维度包括客户的年龄、性别、职业、受教育水平等人口统计特征。例如，将客户分为不同年龄段、不同性别、不同职业的群体。人口统计维度适用于需要了解客户人口统计特征的情况。通过人口统计分类维度可以帮助企业更好地了解目标客户群体的人口特征和行为偏好，制定个性化营销和产品定位。

4. 偏好维度

该分类维度指根据客户的产品偏好、购买偏好、消费习惯等进行分类。例如，将客户分为偏好购买电子产品的群体、偏好购买时尚服装的群体等。这种分类维度可以帮助企业更好地理解客户的兴趣爱好和购买动机，推出更符合客户需求的产品和服务。

5. 购买阶段维度

该分类维度指根据客户在购买决策过程中所处的不同阶段进行分类。例如，将客户购买阶段分为意识阶段、兴趣阶段、考虑阶段、购买阶段和忠诚度阶段。这种分类维度可以帮助企业更好地了解客户的购买意向和需求，制定相应的营销策略和促销活动。

6. 生命周期维度

该分类维度指根据客户的生命周期状态进行分类。例如，将客户分为新客户、活跃客户、沉睡客户和流失客户等。这种分类维度可以帮助企业更好地了解客户的发展轨迹和变化趋势，制定针对不同生命周期阶段客户的营销策略和服务方案。

7. 价值维度

该分类维度指根据客户的价值和贡献度进行分类。例如，将客户分为高价值客户、中价值客户和低价值客户等。这种分类维度可以帮助企业更好地识别高价值客户和潜在流失客户，优化客户关系管理。

8. 满意度维度

该分类维度指根据客户对产品或服务的满意度进行分类，包括满意客户、不满意客户和中立客户等。这种分类维度可以帮助企业更好地了解客户的需求和反馈，改进产品和服务质量，提升客户满意度和忠诚度。

9. 地区维度

该分类维度指根据客户所在购买地域进行分类。例如，将客户分为华北客户、西北客户、东南客户等。这种分类不仅方便企业管理，可以指派专人负责相应区域的客户，还有利于企业分析客户群体的特征，因为同一地区的客户在整体的口味偏好和着装偏好上有着共同的特点。

另外，企业根据实际情况，还可以按照购买数量将客户分为普通客户、会员客户、超级会员客户等；按照购买状态将客户分为收藏客户、加购客户、成交客户等。

二、客户特征分析

(一) 客户特征分析的含义

客户特征分析是指通过对客户的各种属性和特征，如性别、年龄、地域、购买行为等多个维度进行系统性的分析，以深入了解客户群体的特点、行为和偏好。

(二) 客户特征分析结果的应用

客户特征分析的结果可以应用于多个方面，包括市场营销策略制定、产品优化、客户服务、客户关系管理等。以下是客户特征分析结果的一些常见应用。

1. 制定市场营销策略

根据客户特征分析的结果，制定针对不同客户群体的市场营销策略。例如，针对高价值客户可以推出高端产品或服务，针对潜在流失客户可以设计促销活动以提高留存率。

2. 建立个性化营销和推荐系统

基于客户特征分析的结果，建立个性化的营销和推荐系统，向客户提供定制化的产品推荐、优惠券、促销活动等，提高购买转化率和客户满意度。

3. 优化产品和服务

根据客户需求和反馈，优化现有产品和服务，提高产品质量、功能性和用户体验，而客户特征分析的结果可以为产品研发和改进提供参考依据。

4. 改进客户服务

根据客户特征分析的结果，优化客户服务流程和服务质量，提升客户满意度和忠诚度。例如，针对投诉较多的客户群体，加强售后支持和沟通。

5. 建立客户关系管理系统

基于客户特征分析的结果，建立客户关系管理系统，跟踪客户信息、交易记录和互动历史，实现客户信息的全面管理和个性化服务。

6. 销售预测和需求规划

利用客户特征分析的结果对销售趋势进行预测，制订销售计划和产品库存规划，确保产品供应与市场需求相匹配。

7. 市场定位和新品开发

根据客户特征分析的结果，确定目标市场和客户群体，制定市场定位策略和产品开发方向，以满足客户需求并开拓新的市场机会。

8. 制定客户留存和再营销策略

根据客户特征分析的结果，制定客户留存和再营销策略，通过定期沟通、优惠活动等手段留住老客户并吸引他们再次购买。

三、客户忠诚度分析

(一) 客户忠诚度的含义

客户忠诚度，也称为客户黏度，是指客户对某一特定产品或服务产生了好感，形成了“依附性”偏好，进而重复购买的一种趋向。一个忠诚度高的客户通常会持续购买该企业或品牌的产品或服务，并愿意与其建立长期稳定的关系。客户忠诚度是企业发展的重要指标之一，对企业的长期发展具有重要影响。

（二）客户忠诚度分析的作用

客户忠诚度分析的目的是检验企业客户忠诚度管理的成果，并及时优化客户忠诚度管理办法。客户忠诚度分析的作用有：

（1）企业可以及时识别出忠诚客户，这些忠诚客户通常是企业的重要资产，对这些客户进行有针对性的营销和维护，拉动企业销量，提升企业品牌知名度和美誉度。

（2）企业可以及时发现忠诚度下降的客户，识别出潜在的流失风险。针对这些客户，企业可以采取相应的措施，加强与客户的沟通和互动，挽留客户，减少客户流失。

（3）为企业制定客户关系管理策略提供重要参考依据。根据不同客户的忠诚度水平，企业可以采取个性化的客户关怀和服务措施，提高客户满意度和忠诚度，增强客户黏性。

（4）企业可以评估市场营销策略的效果，了解不同营销活动对客户忠诚度的影响程度，有针对性地调整和优化营销策略。

（三）客户忠诚度分析的核心指标

客户忠诚度分析涉及多个指标，这些指标可以帮助企业了解客户对其品牌或产品的忠诚程度。

1. 购买频率

购买频率（Purchase Frequency）衡量客户在一定时间内购买产品或服务的次数。购买频率高的客户通常更加忠诚。

2. 购买金额

购买金额（Purchase Amount）衡量客户在一定时间内的总消费金额。购买金额较高的客户往往更加忠诚。

3. 回购率

回购率（Repeat Purchase Rate）衡量在一定时间内曾经购买过产品或服务的客户再次购买的比例。较高的回购率表明客户更加忠诚。

4. 客户留存率

客户留存率（Customer Retention Rate）衡量在一段时间内保留现有客户的比例。高客户留存率表示客户更加忠诚。

5. 客户生命周期价值

客户生命周期价值（Customer Lifetime Value，CLV）衡量客户在其与企业建立关系的整个生命周期内为企业带来的收益。高客户生命周期价值表示客户更加忠诚。

6. 转化率

转化率（Conversion Rate）衡量客户从潜在客户状态转化为实际购买者的比例。高转化率通常表示客户更加忠诚。

7. 退订率

退订率（Churn Rate）衡量客户流失的比例。低退订率表示客户更加忠诚。

8. 网站或应用的用户活跃度

网站或应用的用户活跃度（Website or App User Engagement）衡量用户在网站或应用上的活跃程度，如访问频率、停留时间等。高活跃度表示客户更加忠诚。

9. 推荐率

推荐率（Net Promoter Score，NPS）衡量客户愿意向他人推荐企业或品牌的概率。较高的推荐率表示客户对企业更加忠诚。

10. 客户满意度指数

客户满意度指数（Customer Satisfaction Index，CSI）衡量客户对产品或服务的满意程度。较高的满意度指数通常与客户更加忠诚相关联。

企业可以根据自身情况综合选择多种分析指标，更好地了解客户的忠诚度水平，并采取相应的措施提高客户的忠诚度。

四、客户行为分析

（一）客户行为的含义

客户行为是指客户在购买产品或服务过程中表现出来的各种行为和反应。这些行为包括搜索、点击、浏览、加购、收藏、购买、互动、投诉、退换货等，反映了客户对产品或服务的兴趣、偏好、态度和行为习惯。理解客户行为对企业非常重要，它可以提供关于客户需求、购买动机和市场趋势的重要信息。

（二）客户行为分析的含义

客户行为分析是指通过收集、整理和分析客户在购买产品或服务过程中的各种行为和反应，以了解客户的需求、偏好、购买动机和行为模式。这种分析可以帮助企业更好地理解客户行为背后的逻辑，从而制定更有效的营销策略，优化产品设计和服务体验。

（三）客户行为分析的步骤

客户行为分析的一般步骤如下。

1. 确定分析目标

首先需要明确客户行为分析的目标，是为了了解客户的购买习惯，还是为了发现潜在的客户需求，或者是为了优化产品设计和服务流程。明确分析目标有助于确定分析的重点和方法。

2. 客户行为数据收集

收集与客户行为相关的数据，这些数据可能来自多个渠道，包括网站、移动应用、社交媒体、客户关系管理系统、交易记录等。确保收集到的数据全面、准确，并且包含足够的细节。

3. 数据清洗和整理

对收集到的数据进行清洗和整理，包括去除重复数据、填补缺失值、统一格式等，确保数据的质量和完整性，为后续分析做好准备。

4. 定义指标

根据分析目标，确定需要分析的客户行为指标。常用的指标包括购买频率、购买金额、浏览次数、点击率、转化率等。根据具体情况选择合适的指标进行分析。

5. 数据分析

利用统计分析、数据挖掘、机器学习等技术对客户行为数据进行分析。通过探索性分析、关联分析、聚类分析等方法，揭示客户行为的规律和趋势，发现潜在的模式和规律。

6. 生成报告和可视化图表

将分析结果进行整理和总结，生成相应的报告和可视化图表。报告应该清晰明了地呈现分析结论，包括关键指标的变化趋势、客户行为的规律和趋势、存在的问题和改进建议等。

7. 解读结果和提出建议

对分析结果进行解读，理解客户行为背后的原因和驱动因素。根据分析结果，提出相应的改进建议和优化方案，为企业决策和策略的制定提供参考。

8. 持续监测和优化

定期监测客户行为的变化和发展趋势，及时调整分析方法和策略。客户行为是动态变化的，持续的监测和优化是保持企业竞争力的关键。

通过以上步骤，企业可以全面、系统地分析客户行为，了解客户需求和行为特征，优化产品和服务，提高客户满意度和忠诚度。

拓展

随着互联网和数字技术的发展，消费者的消费选择和行为方式发生了巨大变化，竞争也变得更加激烈。在这样的背景下，企业需要通过创新的方法和策略来创造用户，从而保持竞争优势并实现长期发展。扫描下方的二维码，了解数字经济背景下开放式创新与用户创造。

开放式创新与用户创造

实践训练

任务一　客户画像

知识回顾

- 客户画像的含义。

- 客户画像的作用。

训练目标

- 能够汇总分析客户的主要维度，形成客户画像。

任务背景

某电商企业为了能在“双 11”取得突破性的销售额，希望通过客户画像了解客户，从而制定更有针对性的活动方案。该企业安排小安绘制客户画像，并希望他为活动方案提出一些建设性意见。

任务分解

绘制客户画像前，需明确客户画像分析的维度，再展开分析，之后汇总形成客户画像。

任务实施

步骤 1：获取客户数据。

小安借助生意参谋工具，获取企业客户数据（下载“学习情境二项目七任务一客户画像数据源”），整理后的数据如图 7－1 所示。

客户编号	年龄	性别	常住地区	产品名称	产品价格（元）	订单数量
NO1112119	34	女	河南	产品A	289	1
NO1112015	41	女	河南	产品C	79	1
NO1112100	30	男	天津	产品C	79	1
NO1112023	49	女	浙江	产品A	289	1
NO1112028	25	女	天津	产品A	289	1
NO1112024	41	不详	四川	产品A	289	1
NO1112071	28	女	天津	产品C	79	1
NO1112109	31	男	河南	产品C	79	1
NO1112077	31	女	天津	产品A	289	1
NO1112014	43	男	浙江	产品B	179	1
NO1112034	21	男	广东	产品B	179	1
NO1112087	30	男	天津	产品B	179	1
NO1112027	20	不详	广东	产品A	289	1
NO1112010	15	女	浙江	产品A	289	1
NO1112084	29	女	浙江	产品C	79	1
NO1112130	32	女	天津	产品A	289	1
NO1112044	26	不详	广东	产品E	89	1
NO1112108	29	男	浙江	产品A	289	1
NO1112033	22	女	浙江	产品A	289	1
NO1112049	19	男	天津	产品A	289	1
NO1112009	18	女	天津	产品D	559	1
NO1112051	21	女	天津	产品A	289	1
NO1112060	25	男	天津	产品A	289	1
NO1112042	54	男	河南	产品D	559	1
NO1112063	27	女	四川	产品E	89	1
NO1112012	40	女	河南	产品D	559	1
NO1112094	29	男	四川	产品F	149	1
NO1112031	24	女	天津	产品A	289	1
NO1112101	25	男	浙江	产品B	179	1
NO1112072	25	女	天津	产品B	179	1

图 7－1　某企业客户数据

步骤 2：客户性别、地域分析。

（1）性别分析。选中表格数据，点击“插入”选项卡下的“数据透视表”，再将字段名“性别”拖到“行、值”列表框。单击“值”列表框中的“性别”字段，选中“值字段设置”，在打开的对话框中，选择“值显示方式”为“总计的百分比”，得到性别占比数据透视表。点击数据表中任一数据，点击“插入”选项卡下的“饼图”，结果展示如图 7－2 所示。

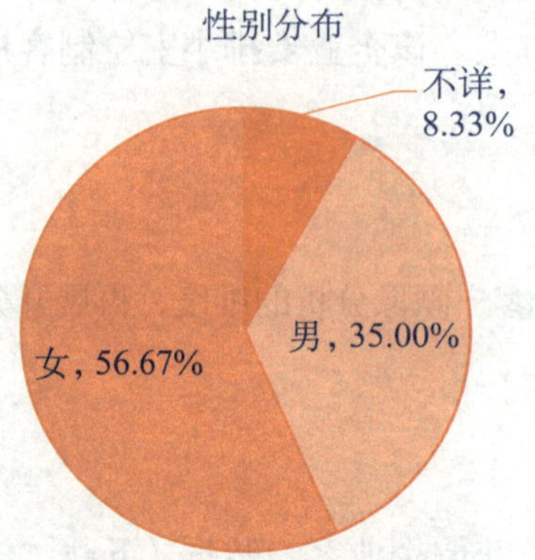

图 7－2　客户性别分析

（2）地域分析。选中表格数据，点击“插入”选项卡下的“数据透视表”，再将字段名“常住地区”分别拖到“行、值”列表框。单击“值”列表框中的“常住地区”字段，选中“值字段设置”，在打开的对话框中，选择“值显示方式”为“总计的百分比”，得到地域占比数据透视表。点击数据表中任一数据，点击“插入”选项卡下的“饼图”，结果展示如图 7－3 所示。

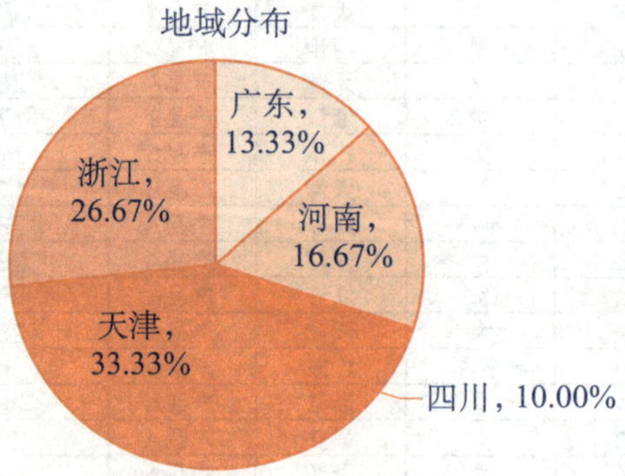

图 7－3　客户地域分析

步骤 3：客户年龄分析。

需要对客户年龄进行分组，由于数据源中客户的年龄范围为 14 ～ 54 岁，因此可以直接在数据透视表里设置分组。选中表格数据，点击“插入”选项卡下的数据透视表，在打开的数据透视表字段列表，将“年龄”字段分别拖曳到“行、值”列表框，并单击“值”列表框“年龄”字段，选中“值字段设置”，在打开的值字段列表框，更改“值字段汇总方式”为“计数”，设置如图 7－4 所示。

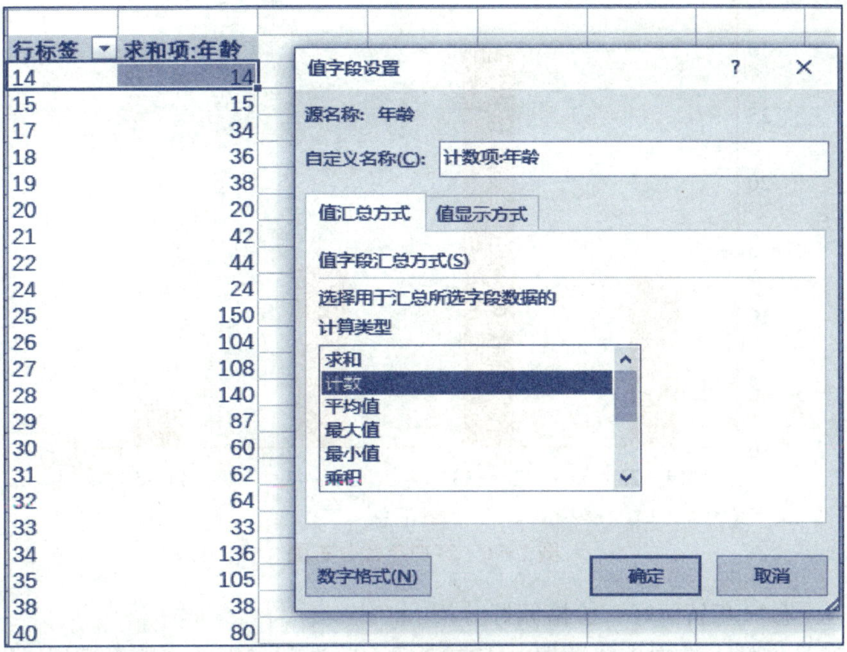

图 7－4　客户年龄值字段设置

在创建的数据透视表中，右击行标签任一数据，选择“组合”，在打开的“组合”对话框中设置相应参数，如图 7－5 所示。

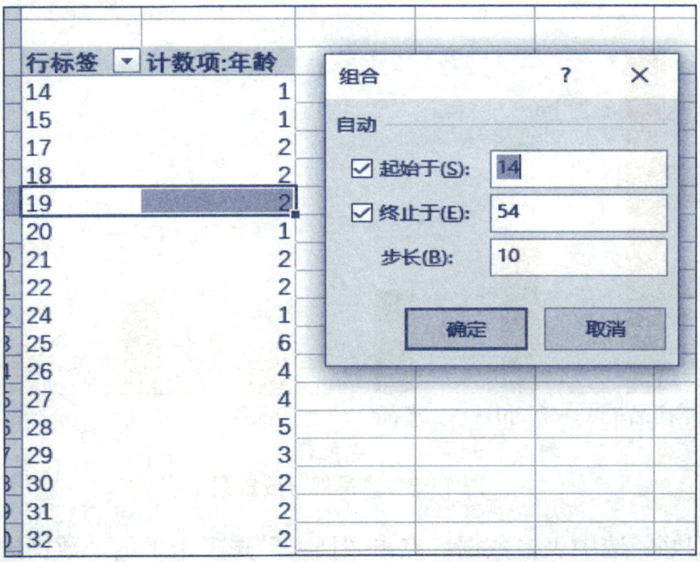

图 7－5　“组合”参数设置

在得到的数据透视表中，点击任一数据，点击“插入”选项卡下的“柱形图”，得到年龄分布图，如图 7－6 所示。

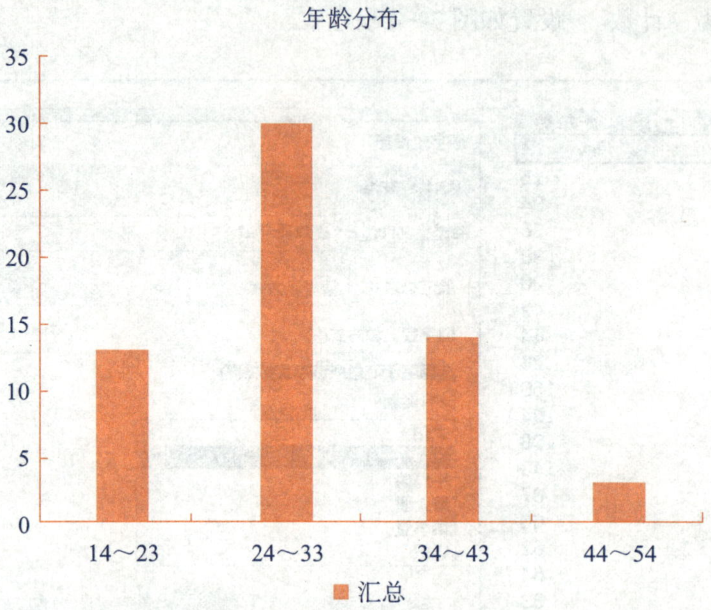

图 7-6　客户年龄分布图

步骤 4：客户产品偏好、价格偏好分析。

（1）产品偏好。选中表格数据，点击“插入”选项卡下的“数据透视表”。在打开的数据透视表字段列表里，将“产品名称”字段拖曳到“行、值”列表框，并设置“值字段汇总方式”为“计数”，得到最终的数据透视表，并做分析图展示，如图 7-7 所示。

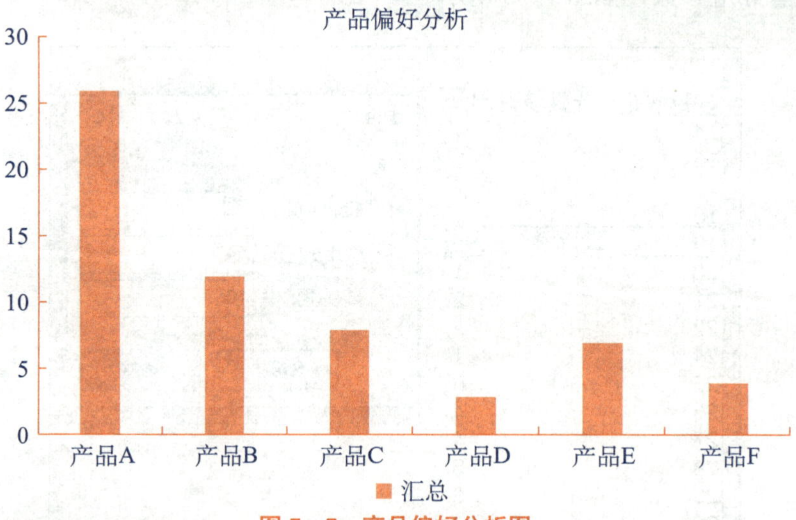

图 7-7　产品偏好分析图

（2）价格偏好。选中表格数据，点击“插入”选项卡下的“数据透视表”，在打开的数据透视表字段列表里，将“产品价格”字段分别拖曳到“行、值”列表框，并设置“值字段汇总方式”为“计数”，得到产品价格数据透视表，如图 7-8 所示。点击数据透视表中任一数据，在“插入”选项卡下选择“柱形图”，最终得到产品价格偏好分析图，如图 7-9 所示。

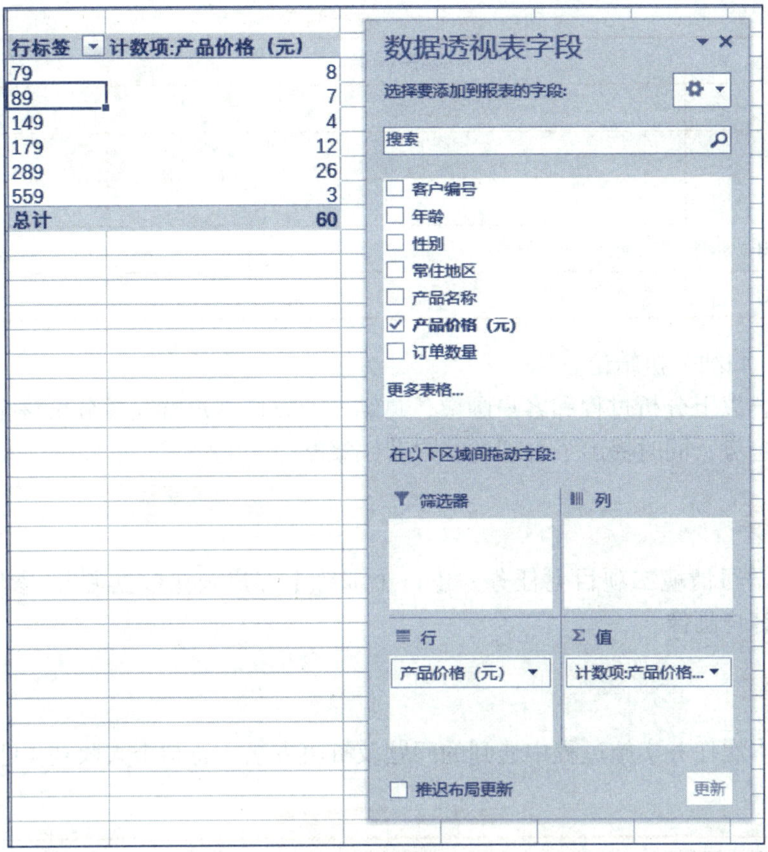

图 7-8　产品价格偏好值字段设置

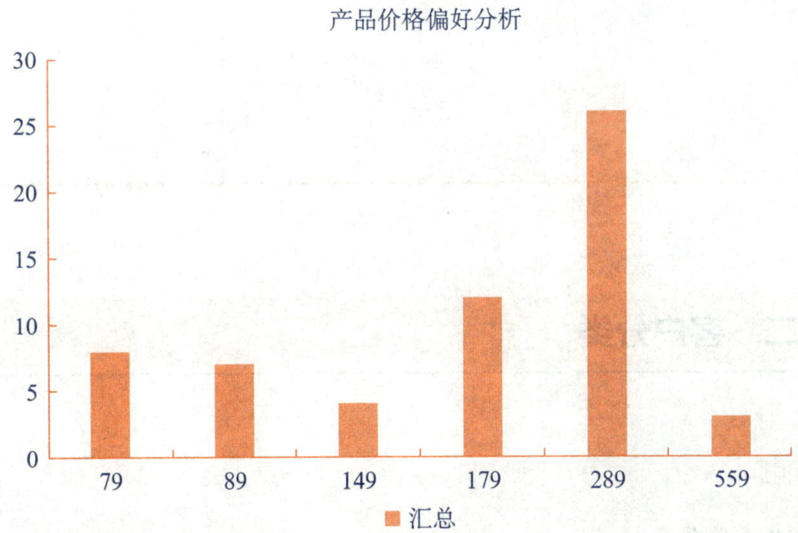

图 7-9　产品价格偏好分析图

步骤 5：绘制客户画像。

结合以上分析结果完成表 7-1 的填写，包括：客户画像、标签类型（动态属性标签、静态属性标签），方便企业日后管理客户数据。

表 7-1 客户画像

标签	客户画像	标签类型
性别		
地域		
年龄		
产品偏好		
价格偏好		

步骤 6：归纳分析结论。

小安结合以上分析过程和客户画像，总结企业整体客户特征并分析该企业客户购买趋势和需求趋势，同时提出了合理的客户营销策略。

自主训练

下载“学习情境二项目七任务一【自主训练】客户画像数据源”，参照以上步骤，为店铺绘制客户画像。

任务总结

请记录本次任务实施过程中遇到的问题及解决方法，总结个人收获（见表 7-2）。

表 7-2 任务总结表

遇到的问题	解决方法	个人收获

任务二 客户分类

知识回顾

- 客户分类的含义。
- 客户分类的主要维度。

训练目标

- 能够按照分类标准，对客户进行分类，制定营销策略。

任务背景

某电商企业近日将迎来店庆活动，为感谢会员客户多年的信任与支持，企业负责人计划举办一场回馈老客户的活动，在回馈老客户的同时增强客户黏性。运营部门经理安排小安对客户进行分类，从中筛选出老客户并制定匹配的回馈策略。该企业规定，老客户是指成交订单数大于或等于 2 且成交金额大于 40 元的客户。

任务分解

根据标准筛选出老客户，即先要筛选出订单数大于或等于 2 的客户，在此基础上，筛选出成交金额大于 40 元的客户。

任务实施

步骤 1：获取客户交易数据。

小安借助生意参谋工具获取企业客户交易数据（下载“学习情境二项目七任务二客户分类数据源”），整理后的数据如图 7－10 所示。

	A	B	C
1	客户	交易状态	交易金额（元）
2	im编号007	交易成功	36
3	幻蓝蟹子	交易关闭	36
4	起舞的水晶鞋	等待买家付款	129
5	下雪	交易成功	15.9
6	漂亮的银杏叶子	交易关闭	15.9
7	青岛小美	等待买家付款	139
8	百乐汇	交易关闭	11.9
9	向日葵	交易成功	6.9
10	lsxn222	交易成功	15.9
11	夏天柠檬	等待买家付款	139
12	微笑的猫猫	交易关闭	29.9
13	沙漠骆驼	交易关闭	15.9
14	咫尺天涯	交易成功	15.9
15	一起走	交易成功	15.9
16	流浪的诗人	交易关闭	15.9
17	四眼照万丈	交易成功	15.9
18	明天来之前	交易关闭	15.9
19	爱笑的苹果	交易成功	36
20	im编号007	等待买家付款	15.9
21	最好的遇见	交易成功	15.9
22	爱在西元前	交易关闭	15.9
23	爱吃小饼干	交易成功	139
24	百乐汇	交易成功	19.9
25	紫色的眼睛	等待买家付款	15.9
26	夏天柠檬	交易成功	15.9
27	触礁	交易成功	15.9
28	一起走	交易关闭	139
29	遇见更好的自己	交易成功	139
30	ijsyeh776	交易成功	139
31	yy102	交易成功	15.9

图 7－10　客户交易数据

步骤 2：客户交易数据分析。

使用数据透视表，对客户交易数据进行分析。通过分析得出每个客户的交易情况，包括各交易状态下的订单数及订单金额。操作时，在“数据透视表字段”选中区域对应的所有内容，将交易状态设置为“筛选器”，将“客户”设置为“行”，将“客户”“交易金额”设置为“值”。单击“值”列表框中的“客户”字段，选中“值字段设置”，在打开的对话框中，选择“值字段汇总方式”为“计数”。单击“值”列表框中的“交易金额”字段，选中“值字段设置”，在打开的对话框中，选择“值字段汇总方式”为“求和”，得到数据透视表，如图 7-11 所示。

交易状态	(全部)	
行标签	计数项:客户	求和项:交易金额（元）
ijsyeh776	2	154.9
im编号007	6	97.6
lsxn222	1	15.9
yy102	3	168.8
爱吃小饼干	1	139
爱笑的苹果	1	36
爱在西元前	2	29.8
百乐汇	3	61.7
触礁	3	40.8
海一样的蓝	1	15.9
幻蓝蟹子	1	36
流浪的诗人	2	22.8
明天会更好	1	15.9
明天来之前	2	154.9
你的小尾巴	1	15.9
漂亮的银杏叶子	3	45.7
起舞的水晶鞋	1	129
青岛小美	1	139
沙漠骆驼	2	29.8
四眼照万丈	1	15.9
微笑的猫猫	3	307.9
下雪	2	24.9
夏天柠檬	5	316.7
向日葵	2	20.8
一起走	3	170.8
遇见更好的自己	1	139
咫尺天涯	1	15.9
紫色的眼睛	2	31.8
最好的遇见	3	45.7
总计	60	2438.8

图 7-11　数据透视表

步骤 3：进行客户分类，筛选会员客户。

根据数据透视表可筛选出老客户。

步骤 4：制定老客户回馈策略。

在确定了哪些客户是老客户后，小安帮助企业制定了会员客户回馈策略（具体内容略）。

自主训练

下载“学习情境二项目七任务二【自主训练】客户分类数据源”，参照以上步骤，按要求进行客户分类，并制定营销策略。

任务总结

请记录本次任务实施过程中遇到的问题及解决方法，总结个人收获（见表 7 - 3）。

表 7 - 3　任务总结表

遇到的问题	解决方法	个人收获

任务三　客户行为分析

知识回顾

- 客户行为分析的含义。
- 客户行为分析的结果应用。

训练目标

- 能够进行客户行为分析。

任务背景

某电商企业发现店铺的浏览量、点击量都有明显下滑，为此，企业负责人安排小安对常见的一些客户入口页面进行分析，找到问题的原因，从而调整现有营销策略。

任务分解

常见的流量入口页面有导购页面、内容页面、首页、商品详情页等，因此需要获取以上这些入口页面的访客数、下单买家数及其占比数据。

任务实施

步骤 1：获取数据。

小安获取到店铺客户入口页面的访客数和下单买家数相关数据（下载“学习情境二项目七任务三客户行为分析数据源”），初步整理数据，如图 7－12 所示。

	A	B	C
1	客户入口页面	访客数/人	下单买家数/人
2	导购页面	1824	1128
3	内容页面	1820	427
4	首页	2257	371
5	商品详情页	5348	2834
6	其他页面	3258	1590

图 7－12　访客数和下单买家数

步骤 2：添加字段并计算占比。

根据访客数、下单买家数计算访客数占比、下单买家数占比，如图 7－13 所示。

A	B	C	D	E
客户入口页面	访客数/人	下单买家数/人	访客数占比	下单买家数占比
导购页面	1824	1128	12.6%	17.8%
内容页面	1820	427	12.5%	6.7%
首页	2257	371	15.6%	5.8%
商品详情页	5348	2834	36.9%	44.6%
其他页面	3258	1590	22.5%	25.0%

图 7－13　计算字段

步骤 3：数据可视化。

选择“客户入口页面、访客数占比、下单买家数占比”字段，点击“插入”选项卡下的“图表”中的“堆积条形图”，操作如图 7－14 所示。为插入的堆积条形图添加数据标签，效果如图 7－15 所示。

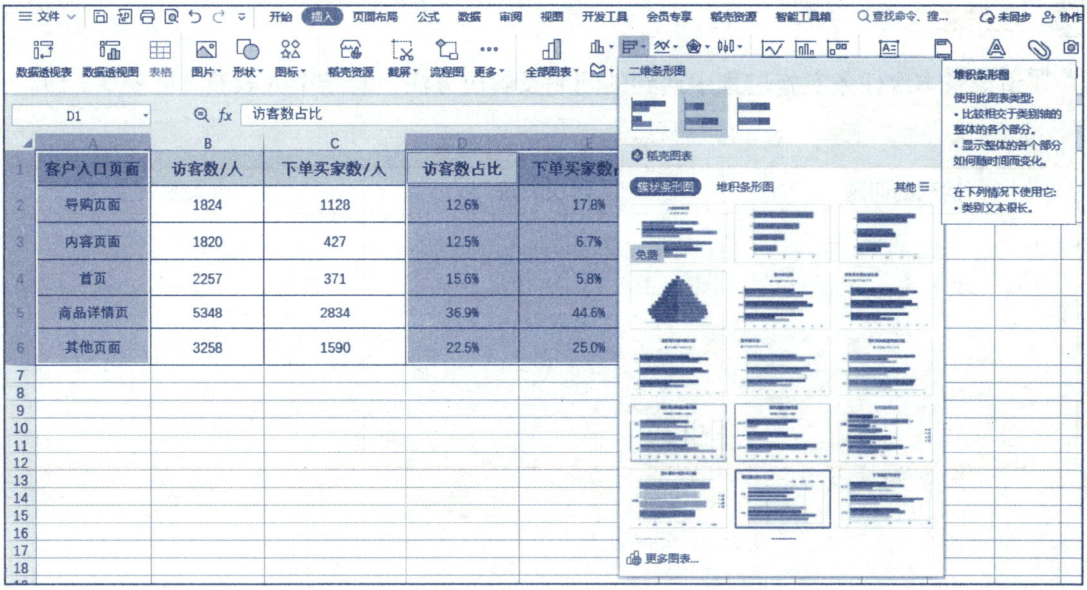

图 7-14　操作展示

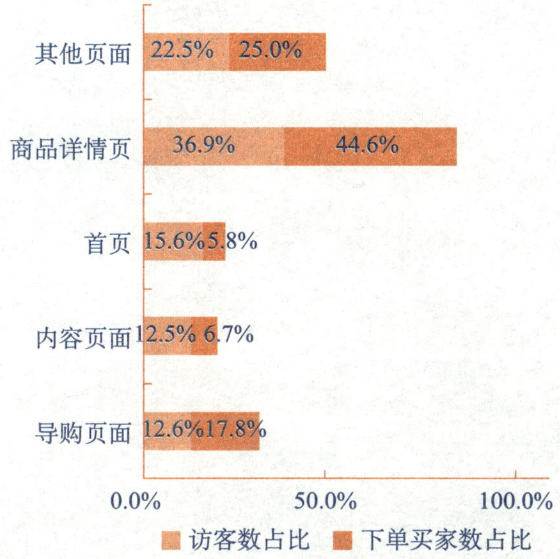

图 7-15　效果图

步骤 4：结果分析。

小安对首页、内容页面、导购页面等常见客户入口页面数据进行分析，提出了调整策略（具体内容略）。

自主训练

下载“学习情境二项目七任务三【自主训练】客户行为分析数据源”，参照以上步骤，分析店铺浏览量、点击量下滑的原因，并调整营销策略。

任务总结

请记录本次任务实施过程中遇到的问题及解决方法，总结个人收获（见表 7-4）。

表 7-4　任务总结表

遇到的问题	解决方法	个人收获

项目八 产品数据分析

知识体系

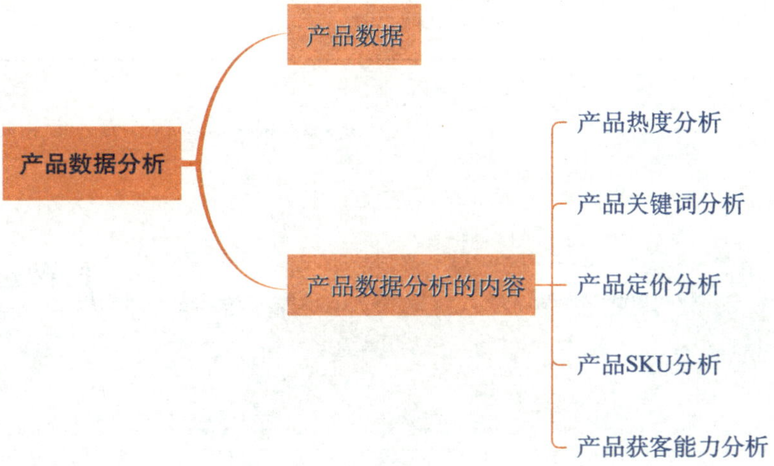

理论学习

产品数据分析是依据业务系统提供的数据进行相关的项目分析，进而产生有价值的结果来指导企业经营活动的工作。产品数据分析对企业信息化建设越来越重要。业务系统给我们提供了大量的数据，但如何利用这些数据进行分析，并得到有价值的结果来指导企业的经营活动，是摆在所有企业面前的、需要不断探索的课题。

一、产品数据

产品数据是围绕企业产品产生的一系列产品行业数据、产品能力数据等。

二、产品数据分析的内容

（一）产品热度分析

产品热度分析是指对产品在市场上的热度进行评估和分析的过程。通过产品热度分析，企业可以了解产品的受欢迎程度、市场需求以及竞争情况，从而指导产品的定位、推广和销售策略。

产品搜索数据和搜索指数可以很好地反映消费者在互联网上搜索所需产品的方式。商家可以总结出相应的命名规则，然后通过优化关键词为自己的产品命名，让更多的顾客可以轻松地搜索到网店的产品，从而促成顾客下单，最终达成交易。

搜索数据是指通过搜索引擎（如百度等）收集的与产品相关的搜索量数据。搜索数据可以反映用户对产品的感兴趣程度和搜索需求。企业可以通过搜索数据分析不同时间段内的搜索量变化趋势，了解产品的受关注程度和市场需求。

搜索指数是一种衡量产品在搜索引擎上受欢迎程度的指标。常见的搜索指数包括百度指数等。这些指数会根据用户的搜索行为和搜索量来反映产品的热度，通常以图表或指数值的形式展示产品的搜索趋势和变化情况。百度指数中“女包”的搜索指数，如图 8－1 所示。

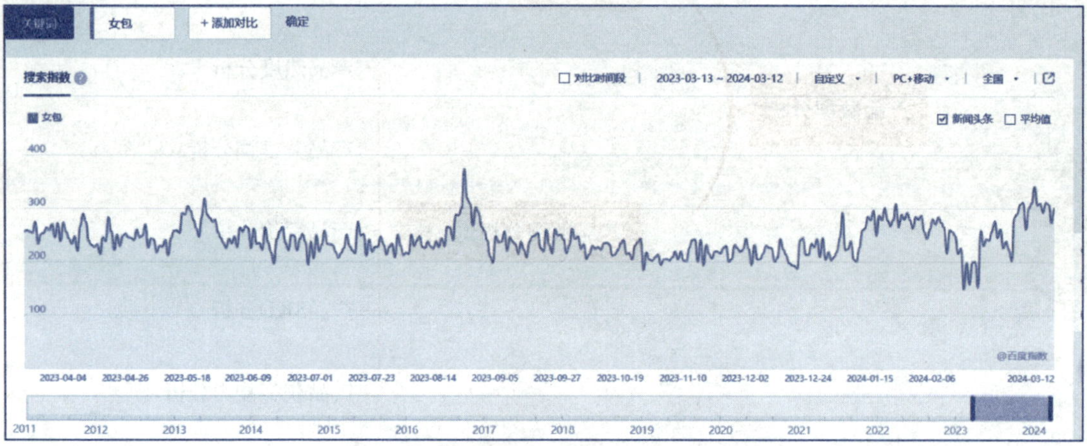

图 8－1　百度指数中“女包”的搜索指数

（二）产品关键词分析

产品关键词分析是指对与特定产品相关的关键词进行收集、整理、分析和解读，以了解用户搜索行为、市场需求和竞争情况，为产品推广和市场营销提供参考依据。

开展产品关键词分析的步骤如下所述。

1. 确定关键词分析目标

明确进行关键词分析的目标是搜索引擎优化（Search Engine Optimization，SEO）、内容创作、广告投放还是其他。

2. 收集关键词

收集与目标产品或主题相关的关键词。可以通过以下途径收集关键词：（1）使用关键词规划工具，如百度指数等，输入相关主题或产品名称，获取相关的搜索关键词；（2）借助竞争对手网站，查看它们的关键词使用情况，了解潜在的关键词；（3）查阅行业报告、论坛讨论、社交媒体话题等，了解用户关注的热门话题和关键词。

3. 筛选关键词

整理和筛选收集到的关键词，去除与目标无关或不相关的关键词，保留与目标最相关的关键词。可以根据搜索量、竞争度、相关性等指标进行筛选。

4. 使用关键词分析工具

使用专业的关键词分析工具进行关键词分析，了解关键词的搜索量、竞争度、相关性等指标。常用的工具包括百度指数等。

5. 分析竞争对手的关键词使用情况

分析竞争对手的关键词使用情况，了解它们在搜索引擎中的排名和曝光情况，找出竞争对手的优势和劣势，为制定相应的竞争策略提供参考。

6. 长尾关键词分析

关注长尾关键词，即搜索量较小但具有较高转化率的关键词。长尾关键词可能更符合特定用户的需求，分析长尾关键词有助于提高搜索引擎排名和精准营销。

7. 制定关键词优化策略

根据关键词分析结果，制定关键词优化策略，包括网站内容优化、广告投放策略、搜索引擎优化等，提高目标关键词的排名和点击率。

8. 持续监测和优化

定期监测关键词的搜索量和竞争情况，及时调整优化策略，保持关键词的竞争优势和市场地位。

（三）产品定价分析

企业在售卖产品时，不仅要考虑客户，而且要考虑行业和市场竞争。所以，在为产品定价之前，可以先对行业或竞争对手的产品价格及对应成交量进行分析，然后确定自身产品的定价范围，从而赢得客户，促成交易。

产品定价分析指对产品定价策略进行全面评估和分析的过程。

1. 市场调研，了解竞争对手定价

通过市场调研收集信息，包括目标市场的规模、增长趋势、竞争对手的定价策略等，为产品定价提供参考依据。

2. 成本分析

对产品的生产成本进行全面分析，包括直接成本和间接成本。直接成本包括原材料、劳动力、生产设备等成本；间接成本包括管理费用、销售费用等成本。确保产品定价能够覆盖成本，并能够实现盈利。

3. 竞争分析

分析竞争对手的定价策略和定价水平。了解竞争对手的产品特点、品质、定位和价格，评估自身产品在市场中的竞争优势和劣势。

4. 价值定位分析

确定产品的价值定位和市场定位。了解产品对目标市场的价值和吸引力，根据产品的独特优势和特点，确定适当的定价水平。

5. 需求弹性分析

分析产品价格对市场需求的影响程度。了解市场对产品价格的敏感度和弹性，评估调整价格对销售量的影响，确定最佳定价策略。

6. 定价策略的制定

根据市场调研、成本分析、竞争分析等结果，制定适合产品的定价策略。常见的定价策略包括市场导向定价、成本加成定价、竞争导向定价、价值定价等。

（1）市场导向定价。

市场导向定价是一种基于市场需求和竞争情况确定产品价格的定价策略。这种定价策略将市场需求作为主要考虑因素，通过对市场需求和竞争的分析，确定产品的价格水平，以满足市场需求、提高产品竞争力，并实现企业的盈利目标。市场导向定价具有灵活性，可以根据市场情况和竞争态势随时调整产品价格，以适应市场需求的变化和竞争环境的变化。

（2）成本加成定价。

成本加成定价是基于产品的生产成本来确定最终的销售价格。这种定价策略的核心思想是，企业将产品的生产成本加上一定的利润率，从而确定产品的售价。企业需要全面计算产品的生产成本，包括直接成本和间接成本，还需确定利润率。

成本加成定价是基于产品的生产成本制定的，相对简单，易于理解和实施，适用于市场相对稳定的情况。但是这种定价策略没有直接考虑市场需求和竞争情况，可能会忽视消费者对产品价值的认可程度，导致定价与市场需求不匹配。

（3）竞争导向定价。

竞争导向定价是根据竞争对手的定价水平和市场情况来确定产品的销售价格。这种定价策略将竞争对手的定价行为作为参考，以决定自身产品的定价水平。企业需要对竞争对手的定价策略和定价水平进行全面分析。了解竞争对手的产品定位、市场份额、价格弹性以及市场反应等，为制定自身的定价策略提供参考。

竞争导向定价具有一定的灵活性，有助于企业根据竞争对手的定价水平和市场需求，确定自身产品的市场定位和定价策略，提高产品的市场竞争力和销售额。通过参考竞争对手的定价行为，企业可以降低定价决策的风险，避免盲目竞争和价格战，保持盈利能力。

（4）价值定价。

价值定价是一种基于产品或服务所提供的价值而确定价格的定价策略。它将顾客对产品或服务的认知价值作为定价的主要依据，而不是仅仅根据成本或竞争对手的价格来定价。在价值定价中，企业试图了解顾客对产品或服务的实际价值感受，并据此设定价格，以最大限度地满足顾客需求并实现盈利。

价值定价的核心理念是认为顾客愿意支付的价格应该反映产品或服务所提供的价值。产品或服务的价值一般是由功能特性、品质、品牌认知、替代品与替代成本、顾客价值感知等方面确定。

价值定价不仅有助于企业获得稳定的盈利，还能提升顾客的满意度，增强品牌忠诚度，并建立长期的客户关系。因此，它通常被认为是一种更加注重客户需求和可持续发展的定价策略。当产品或服务具有明确的独特价值主张，且客户对其价值有高度认可时，价值定价尤为适用。

7. 定价实施和监控

在实施定价策略的过程中，需要定期监控产品定价的效果。根据市场反馈和销售数据调整定价策略，确保产品定价与市场需求和竞争情况保持一致。

8. 灵活调整

随着市场环境的变化，及时调整产品定价策略。根据市场需求、成本变化、竞争态势等因素，灵活调整产品定价，以保持竞争优势和盈利能力。

（四）产品 SKU 分析

SKU 是指具有独特属性的产品的唯一识别符号，通常由字母、数字或符号组成，用于区分不同的产品品种、规格、颜色或其他属性。

产品 SKU 分析是指对产品库存单位进行综合评估和分析的过程。产品 SKU 分析旨在帮助企业了解产品销售情况、库存管理、市场需求等，并为制定产品策略和库存策略提供数据支持。

1. 收集 SKU 数据

收集包括各个 SKU 的销售数据、库存数据、成本数据等相关信息。这些数据可以来自企业的销售系统、库存管理系统或其他数据源。

2. 分类和整理 SKU

对收集到的 SKU 进行分类和整理，按照产品种类、规格、颜色、尺寸等属性进行归类。这有助于更好地理解不同 SKU 之间的差异和关系。

3. 销售分析

对各个 SKU 的销售数据进行分析，包括销售量、销售额、销售趋势等。了解每个 SKU 的销售表现，识别畅销 SKU 和滞销 SKU，以及销售增长的潜力。

4. 库存管理

分析各个 SKU 的库存情况，包括库存周转率、库存量、滞销库存等。根据库存情况制定合理的库存管理策略，包括采购、补货、清仓等措施。

5. 成本分析

对各个 SKU 的成本进行分析，包括采购成本、生产成本、运输成本等。了解每个 SKU 的成本结构，评估利润贡献和盈利能力。

6. 市场需求分析

分析市场对不同 SKU 的需求情况，包括市场规模、竞争情况、客户偏好等。根据市场需求确定产品 SKU 的组合和定位。

7. 产品策略制定

根据 SKU 分析的结果制定产品策略，包括产品组合优化、定价调整、促销活动等。根据不同 SKU 的表现制定相应的策略，以提高销售和盈利能力。

8. 持续监测和优化

定期监测 SKU 分析的结果，并根据市场变化和销售情况进行调整和优化。及时调整产品策略和库存策略，以适应市场需求和提高竞争力。

（五）产品获客能力分析

产品获客能力分析是指对产品在吸引和获取新客户方面的表现进行评估和分析的过程。这种分析旨在了解产品对潜在客户的吸引力和影响力，以及产品在市场中的获客效果，发现优势和劣势，并有针对性地优化获客策略和渠道，提高产品的市场竞争力和盈利能力。核心目标是用最小的成本获取最多的客户，其主要数据指标包括新客点击量和重复购买率。

1. 新客点击量

新客点击量是指在特定时间段内，通过各种获客渠道吸引到的新客户的点击数量。这个指标反映了产品吸引新客户的效果和能力。较高的新客点击量表示产品在市场中具有较强的吸引力和知名度，能够吸引更多的新客户了解和访问产品。

电子商务平台一般提供新客点击量数据，企业也可以通过网站分析工具（如百度统计等）来追踪新客户的点击量。对于不同的营销活动或渠道，可以使用分析跟踪模块（Urchin Tracking Module，UTM）参数来追踪新客户的点击量。通过在链接中添加UTM参数，可以在网站分析工具中跟踪点击量，并区分新客户和老客户的访问量。

2. 重复购买率

重复购买率是指客户在首次购买后再次购买同一产品或服务的比例。这个指标反映了客户对产品的满意度和忠诚度。较高的重复购买率意味着客户对产品具有较高的满意度和信任度，愿意多次购买并保持长期的消费关系。重复购买率的计算公式为：

$$重复购买率=(重复购买客户数/总购买客户数)\times 100\%$$

式中，“重复购买客户数”指在特定时间段内，至少购买过两次同一产品或服务的客户数量；“总购买客户数”指在特定时间段内，购买过该产品或服务的所有客户数量。

将新客点击量和重复购买率这两个指标结合分析可以全面评估产品的市场表现和客户关系管理效果。如果新客点击量较高，但重复购买率较低，可能表明产品在吸引新客户方面表现良好，但在保持客户忠诚度方面存在问题，需要加强客户关系管理和提升产品质量与服务水平；反之，如果新客点击量较低，但重复购买率较高，则可能表明产品在保持现有客户忠诚度方面表现良好，但需要加强市场推广和拓展获客渠道。因此，定期监测与分析新客点击量和重复购买率，并有针对性地采取措施优化产品策略和市场营销策略，有助于提高产品的市场竞争力和客户满意度，实现持续增长。

拓展

产品矩阵是一种将产品按照不同维度进行分类和组合的方法，通常用于产品组合优化、市场定位和产品策略制定。产品矩阵可以根据不同的特征、属性或标准来划分产品，以便企业更好地了解产品组合的结构和特点。

产品矩阵可以作为新产品开发的基础和指导，帮助企业确定新产品的定位、特点和市场定位，从而更好地满足不同客户群体的需求。扫描下方的二维码，了解产品矩阵与新产品开发。

产品矩阵　　新产品开发

实践训练

任务一　产品热度分析

知识回顾

- 产品数据的定义。
- 产品热度分析的作用。

训练目标

- 能够通过产品热度分析，找出搜索量最大的关键词或关键词组合。

任务背景

某电商企业在天猫商城开设有女装店，部门经理安排小周对衬衫类目的交易变化趋势进行分析，找到该类目产品的淡旺季变化规律，同时根据市场节奏预估店铺所在类目在下一年的交易指数范围，为合理制定年度运营规划提供指导。

任务分解

获取产品搜索词数据，利用“条件格式”选项栏，对产品搜索指数进行热度分析，找出搜索量最大的关键词获取关键词组合。

任务实施

步骤 1：获取数据。

小周通过生意参谋工具，获取了衬衫类目数据（下载“学习情境二项目八任务一产品热度分析数据源”），整理后的数据如图 8－2 所示。

步骤 2：搜索指数条件格式设置。

为了更好地展示和统计出商品的搜索热度，可以用直观的数据条和图标集来展示对应的数据。选择 C3：C19 单元格区域，单击“开始”选项卡下的“条件格式”下拉按钮，选择“数据条”→“实心填充”→蓝色数据条选项，效果如图 8－3 所示。

	A	B	C	D
1	衬衫热搜排行榜			
2	排名	搜索词	搜索指数	升降幅度
3		t恤女	1711.1	0%
4		衬衫	1998.3	0%
5		衬衫女	2499.9	0%
6		衬衫女短袖	1181.3	7.70%
7		衬衫女长袖	1284.8	22.60%
8		衬衣	1256.2	0%
9		衬衣女	1064.7	6.70%
10		短袖	1120.3	6.80%
11		短袖衬衫女	1743.5	0%
12		短袖女	1050.2	10%
13		女士t恤 短袖	1155.2	16.75%
14		女士t恤 短袖	1155.2	16.30%
15		女士衬衫	1317.3	0%
16		女装	1902.1	0%
17		雅戈尔	1193.8	7.10%
18		衣服	1302.1	10.2%
19		衣服女	984.5	9.10%

图 8-2　衬衫类目数据

	A	B	C	D
1	衬衫热搜排行榜			
2	排名	搜索词	搜索指数	升降幅度
3		t恤女	1711.1	0%
4		衬衫	1998.3	0%
5		衬衫女	2499.9	0%
6		衬衫女短袖	1181.3	7.70%
7		衬衫女长袖	1284.8	22.60%
8		衬衣	1256.2	0%
9		衬衣女	1064.7	6.70%
10		短袖	1120.3	6.80%
11		短袖衬衫女	1743.5	0%
12		短袖女	1050.2	10%
13		女士t恤 短袖	1155.2	16.75%
14		女士t恤 短袖	1155.2	16.30%
15		女士衬衫	1317.3	0%
16		女装	1902.1	0%
17		雅戈尔	1193.8	7.10%
18		衣服	1302.1	10.2%
19		衣服女	984.5	9.10%

图 8-3　搜索指数设置效果

步骤 3：升降幅度条件格式设置。

选择 D3：D19 单元格区域，单击“开始”选项卡中的“条件格式”下拉按钮，选择“新建规则”选项。在打开的“新建格式规则”对话框中，单击“格式样式”下拉按钮，选择“图标集”选项。单击“图标样式”下拉按钮，选择三角形图标样式，然后分别在第一个图标和第二个图标对应的“值”文本框中输入“0.001”和“0”(见图 8-4)，单击“确定”按钮。

图 8－4　升降幅度设置

步骤 4：搜索指数排序。

选择 A2：D2 单元格区域，单击“开始”选项卡下的“排序和筛选”下拉按钮，选择“筛选”，在搜索指数下拉框中点击“降序”，最终效果如图 8－5 所示。

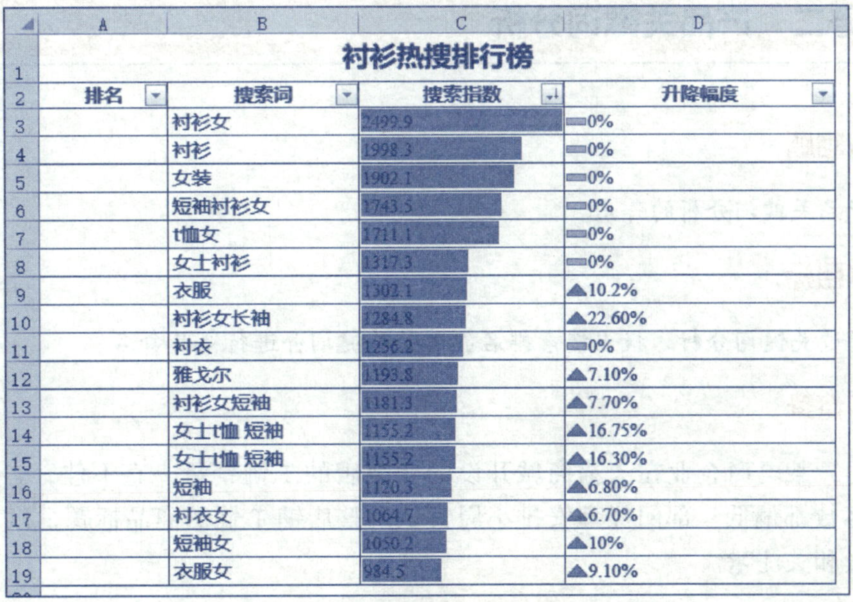

	A	B	C	D
1	衬衫热搜排行榜			
2	排名	搜索词	搜索指数	升降幅度
3		衬衫女	2499.9	0%
4		衬衫	1998.3	0%
5		女装	1902.1	0%
6		短袖衬衫女	1743.5	0%
7		t恤女	1711.1	0%
8		女士衬衫	1317.3	0%
9		衣服	1302.1	▲10.2%
10		衬衫女长袖	1284.8	▲22.60%
11		衬衣	1256.2	0%
12		雅戈尔	1193.8	▲7.10%
13		衬衫女短袖	1181.3	▲7.70%
14		女士t恤 短袖	1155.2	▲16.75%
15		女士t恤 短袖	1155.2	▲16.30%
16		短袖	1120.3	▲6.80%
17		衬衣女	1064.7	▲6.70%
18		短袖女	1050.2	▲10%
19		衣服女	984.5	▲9.10%

图 8－5　搜索指数降序效果

步骤 5：商品命名分析。

关键词是搜索量较多的搜索词，可以将搜索量上升比例最大的关键词或关键词组合用于店铺的商品命名。

自主训练

下载“学习情境二项目八任务一【自主训练】产品热度分析数据源”，参照以上步骤，找出搜索量上升比例最大的关键词或关键词组合。

任务总结

请记录本次任务实施过程中遇到的问题及解决方法，总结个人收获（见表 8－1）。

表 8－1　任务总结表

遇到的问题	解决方法	个人收获

任务二　产品关键词分析

知识回顾

- 产品关键词分析的作用。

训练目标

- 通过关键词分析，找出搜索排名靠前的关键词并进行商品命名。

任务背景

近期，某电商企业在天猫商城开设的女装店的 T 恤销量一直不佳，T 恤的搜索量和访客数都偏低。部门经理安排小周尝试调整店铺 T 恤的商品标题，以获得更多的搜索量和关注量。

任务分解

获取产品关键词数据，利用“数据透视表”进行关键词分析，找出搜索排名靠前的关键词。

任务实施

步骤 1：获取数据。

小周通过生意参谋工具获取到平台 T 恤的关键词、关注指数及升降幅度数据（下载“学习情境二项目八任务二产品关键词分析数据源”），如图 8－6 所示。

	A	B	C
1	关键词	关注指数	升降幅度
2	大码	744.2	100%
3	大码t恤女	750.1	100%
4	中年女装夏装短袖	770.2	2.10%
5	真丝	780.2	100%
6	女装上衣	792.5	0.01%
7	情侣装夏装2016新款	794.4	100%
8	大码	808.1	100%
9	短袖t恤女 宽松	811.1	9.80%
10	t恤女短袖宽松	905.4	9.60%
11	针织衫	910.9	0.02%
12	情侣装夏装2016	958.5	1.60%
13	韩版t恤女	980.8	3.30%
14	女装潮2016夏装新款	1061.7	2.10%
15	t恤女白色	1064.8	2.20%
16	中年女装夏装	1072	15.40%
17	t恤女条纹	1087.6	2.40%
18	t恤女 短袖	1166.4	12.80%
19	女装夏2016新款	1180.6	6.10%
20	女装夏2016新款	1180.6	6.10%
21	女装夏	1207.5	6.50%

图 8－6 关键词等数据

步骤 2：创建数据透视表。

选中表格数据，单击“插入”选项卡中的“数据透视表”按钮，在打开的“创建数据透视表”对话框中进行相应设置，点击“确定”按钮。在打开的“数据透视表字段”对话框中，单击“关键词”并按住鼠标左键将其拖拽到“行”标签，将“关注指数”字段拖拽到“列”标签，效果如图 8－7 所示。

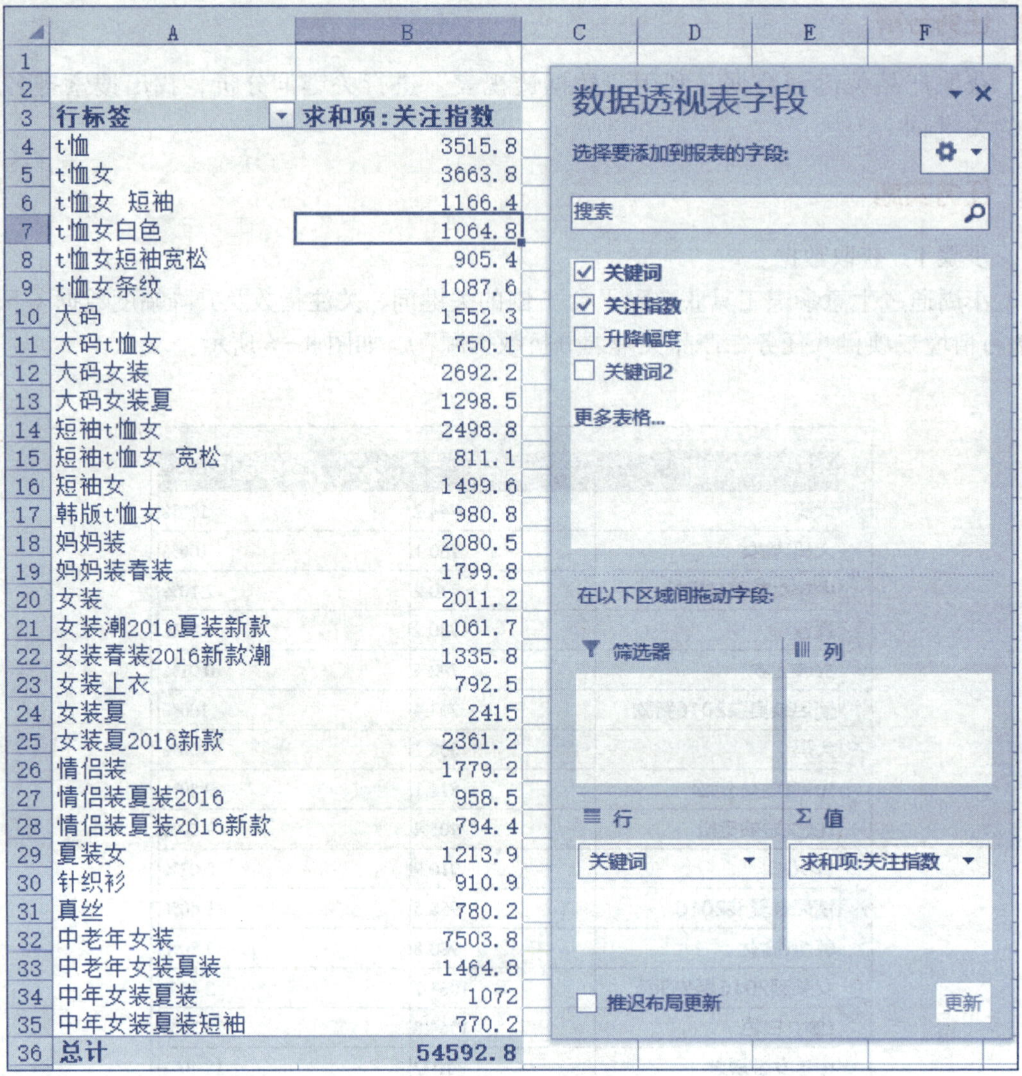

图 8-7 创建数据透视表

步骤 3：关键词分组。

关键词按照同类或相近关键词分组，比如数据组“T恤”，将同类或相近关键词选中之后，右击“创建组”按钮，完成后，点击数据组单元格，将数据组名称改为“T恤”，其他关键词以同样方法进行，效果如图 8-8 所示。最后，将“关键词 2”字段名称改为“关键词汇总”。

步骤 4：计算“同类名称比重”字段。

单击数据透视表任一单元格后，点击数据透视表工具“分析”→“字段、项目和集”→“计算字段”，在打开的“插入计算字段”对话框中作相应设置，如图 8-9 所示。

关键词2	关键词	求和项:关注指数
⊟T恤		
	t恤	3515.8
	t恤女	3663.8
	t恤女 短袖	1166.4
	t恤女白色	1064.8
	t恤女短袖宽松	905.4
	t恤女条纹	1087.6
	韩版t恤女	980.8
⊟大码		
	大码	1552.3
	大码t恤女	750.1
	大码女装	2692.2
	大码女装夏	1298.5
⊟短袖		
	短袖t恤女	2498.8
	短袖t恤女 宽松	811.1
	短袖女	1499.6
⊟妈妈装		
	妈妈装	2080.5
	妈妈装春装	1799.8
⊟女装		
	女装	2011.2
	女装潮2016夏装新款	1061.7
	女装春装2016新款潮	1335.8
	女装上衣	792.5
	女装夏	2415
	女装夏2016新款	2361.2
	夏装女	1213.9
⊟情侣装		
	情侣装	1779.2
	情侣装夏装2016	958.5
	情侣装夏装2016新款	794.4
⊟针织衫		
	针织衫	910.9
⊟真丝		
	真丝	780.2
⊟中老年		
	中老年女装	7503.8
	中老年女装夏装	1464.8
	中年女装夏装	1072
	中年女装夏装短袖	770.2
总计		54592.8

图 8－8　关键词分组

步骤 5：设置“同类名称比重”字段。

右击插入的“同类名称比重”列字段，在弹出的快捷菜单中选择“值显示方式”→“父级汇总的百分比”命令。在打开的对话框中单击“基本字段”下拉按钮，选择“关键词汇总”选项，然后单击“确定”按钮，效果如图 8－10 所示。

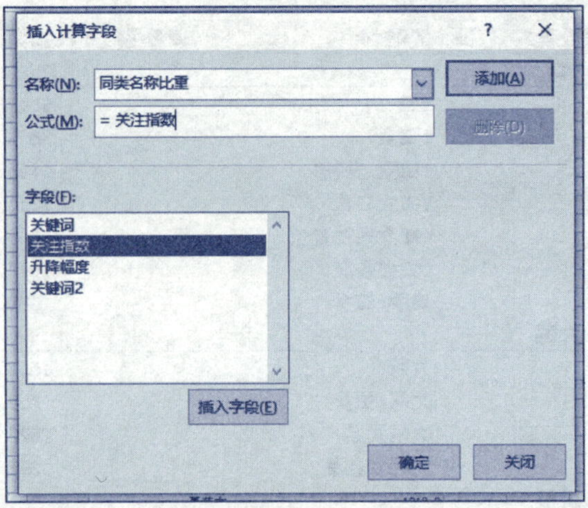

图 8－9　插入计算字段设置

关键词汇总	关键词	求和项:关注指数	求和项:同类名称比重
⊟T恤			
	t恤	3515.8	28.39%
	t恤女	3663.8	29.58%
	t恤女 短袖	1166.4	9.42%
	t恤女白色	1064.8	8.60%
	t恤女短袖宽松	905.4	7.31%
	t恤女条纹	1087.6	8.78%
	韩版t恤女	980.8	7.92%
⊟大码			
	大码	1552.3	24.67%
	大码t恤女	750.1	11.92%
	大码女装	2692.2	42.78%
	大码女装夏	1298.5	20.63%
⊟短袖			
	短袖t恤女	2498.8	51.96%
	短袖t恤女 宽松	811.1	16.86%
	短袖女	1499.6	31.18%
⊟妈妈装			
	妈妈装	2080.5	53.62%
	妈妈装春装	1799.8	46.38%
⊟女装			
	女装	2011.2	17.97%
	女装潮2016夏装新款	1061.7	9.49%
	女装春装2016新款潮	1335.8	11.94%
	女装上衣	792.5	7.08%
	女装夏	2415	21.58%
	女装夏2016新款	2361.2	21.10%
	夏装女	1213.9	10.85%
⊟情侣装			
	情侣装	1779.2	50.37%
	情侣装夏装2016	958.5	27.14%
	情侣装夏装2016新款	794.4	22.49%
⊟针织衫			
	针织衫	910.9	100.00%
⊟真丝			
	真丝	780.2	100.00%
⊟中老年			
	中老年女装	7503.8	69.41%
	中老年女装夏装	1464.8	13.55%
	中年女装夏装	1072	9.92%
	中年女装夏装短袖	770.2	7.12%
总计		54592.8	

图 8－10　设置字段

步骤 6：结果分析。

根据图表结果，分析店铺的热门关键词，为店铺女装进行简单的组合命名。

自主训练

下载“学习情境二项目八任务二【自主训练】产品关键词分析数据源”，参照以上步骤，分析店铺的热门关键词，为店铺女装进行简单的组合命名。

任务总结

请记录本次任务实施过程中遇到的问题及解决方法，总结个人收获（见表 8－2）。

表 8－2　任务总结表

遇到的问题	解决方法	个人收获

任务三　产品定价分析

知识回顾

- 产品定价分析的作用。

训练目标

- 能够对行业商品的价格和成交量进行分析，从而合理设置店铺商品价格。

任务背景

某店铺要上架一款新产品——睡袋，为此，部门经理安排小丽对行业或竞争对手的睡袋价格和成交量进行分析，从而为店铺睡袋制定一个合理的价格。

任务分解

获取产品价格和成交金额数据，进行分析，从而合理设置店铺商品价格。

任务实施

步骤 1：获取数据。

小丽通过生意参谋工具获取到睡袋产品的部分报价（下载“学习情境二项目八任务

三产品定价分析数据源”），如图 8－11 所示。

	A	B	C
1	宝贝	报价	成交金额
2	100%纯棉卫生睡袋成人旅行户外用品旅游必备便携室内酒店隔脏床单	¥ 62.80	¥ 220.80
3	100%纯棉卫生睡袋成人旅行户外用品旅游必备便携室内酒店隔脏床单	¥ 153.00	¥ 118.10
4	CADENO正品法兰绒户外加厚抓绒睡袋超轻成人午休旅行野营防脏内胆	¥ 98.00	¥ 55.20
5	lmr正品超轻木乃伊羽绒睡袋	¥ 310.00	¥ 64.00
6	Naturehike户外睡袋信封带帽型冬季保暖睡袋	¥ 148.00	¥ 125.00
7	安悠一次性床单标准1.8米酒店旅游美容火车旅行床单优质无纺布	¥ 11.50	¥ 55.20
8	保暖秋冬季加厚睡袋户外露营成人睡袋超轻纯棉午休睡袋	¥ 100.00	¥ 293.30
9	北山狼户外露营成人春秋冬四季加厚宽保暖野外室内午休可拼接睡袋	¥ 65.00	¥ 275.60
10	北山狼睡袋户外室内春秋冬季加长加宽加厚棉四季成人保暖超轻包邮	¥ 110.00	¥ 338.00
11	北山狼羽绒棉睡袋秋冬四季	¥ 85.00	¥ 319.00
12	成人睡袋户外特厚营睡袋野营睡袋	¥ 29.90	¥ 317.20
13	纯棉卫生睡袋成人室内出差酒店床单旅行户外用品便携超轻睡袋内胆	¥ 49.50	¥ 523.70
14	迪卡侬户外露营成人睡袋	¥ 99.00	¥ 237.20
15	风狼户外加厚秋冬季羽绒睡袋单人超轻保暖可拼接双人野营睡袋成人	¥ 338.00	¥ 41.40
16	哥伦比亚信封春秋冬季鹅绒羽绒睡袋成人户外超轻保暖拼接双人睡袋	¥ 450.00	¥ 147.70
17	公狼户外加厚羽绒睡袋	¥ 548.00	¥ 168.50
18	户外便携轻便贴身睡袋旅行睡袋室内卫生睡袋宾馆隔脏成人睡袋内胆	¥ 98.00	¥ 899.40
19	户外旅行便携一次性床单双人单人宾馆隔脏酒店用品不是纯棉睡袋	¥ 5.00	¥ 814.20
20	户外旅行超轻便携酒店宾馆隔脏韩棉睡袋成人室内卫生内胆睡袋单人	¥ 68.00	¥ 103.90
21	户外旅行用品宾馆隔脏睡袋超轻单双人纯棉睡袋便携卫生睡袋	¥ 258.00	¥ 128.40
22	户外旅游便携式春夏秋酒店轻薄卫生超轻隔脏成人旅行睡袋内胆	¥ 98.00	¥ 950.70
23	军规数码迷彩棉睡袋防水拉练棉睡袋单兵野战睡袋行军大衣棉睡袋	¥ 85.00	¥ 92.60
24	骆驼户外保暖春秋加厚棉睡袋户外露营成人信封式睡袋纯棉午休睡垫	¥ 170.00	¥ 211.10
25	骆驼羽绒睡袋冬季成人户外露营超轻保暖加厚睡袋办公室内便携睡袋	¥ 270.00	¥ 329.50
26	旅行卫生酒店隔脏抓绒睡袋内胆	¥ 19.90	¥ 198.50

图 8－11　睡袋行业的产品价格

步骤 2：设置价格分组。

在 F1：O1 单元格区域中输入相应的价格范围，以 50 为单位（根据表格中已有的报价数据确定），效果如图 8－12 所示。

F	G	H	I	J	K	L	M	N	O
1-50	51-100	101-150	151-200	201-250	251-300	301-350	351-400	401-450	451以上

图 8－12　设置价格分组

步骤 3：多条件求和。

点击 F2 单元格，在编辑栏中输入“=SUMIFS（C2：C32，B2：B32，“>=1”，B2：B32，“<=50”）”。

点击 G2 单元格，在编辑栏中输入“=SUMIFS（C2：C32，B2：B32，“>=51”，B2：B32，“<=100”）”。

点击 H2 单元格，在编辑栏中输入“=SUMIFS（C2：C32，B2：B32，“>=101”，B2：B32，“<=150”）”。

点击 I2 单元格，在编辑栏中输入“=SUMIFS（C2：C32，B2：B32，“>=151”，B2：B32，“<=200”）”。

点击 J2 单元格，在编辑栏中输入“=SUMIFS（C2：C32，B2：B32，“>=201”，

B2：B32，“<=250”)”。

点击 K2 单元格，在编辑栏中输入“=SUMIFS（C2：C32，B2：B32，“>=251”，B2：B32，“<=300”)”。

点击 L2 单元格，在编辑栏中输入“=SUMIFS（C2：C32，B2：B32，“>=301”，B2：B32，“<=350”)”。

点击 M2 单元格，在编辑栏中输入“=SUMIFS（C2：C32，B2：B32，“>=351”，B2：B32，“<=400”)”。

点击 N2 单元格，在编辑栏中输入“=SUMIFS（C2：C32，B2：B32，“>=401”，B2：B32，“<=450”)”。

点击 O2 单元格，在编辑栏中输入“=SUMIFS（B2：B32，“>=451”，C2：C32)”。

通过公式求得值，并设置值格式。选中 F2：O2 单元格区域，右击选中“设置单元格格式”，设置数字格式为“会计专用”，结果如图 8－13 所示。

F	G	H	I	J	K	L	M	N	O
1-50	51-100	101-150	151-200	201-250	251-300	301-350	351-400	401-450	451以上
¥ 1,945.5	¥ 3,389.3	¥ 463.0	¥ 1,303.0	¥ -	¥ 457.9	¥ 105.4	¥ -	¥ -	¥ 168.5

图 8－13　睡袋价格和成交金额

步骤 4：数据可视化。

选择 F1：O2 单元格区域，单击“插入”选项卡下“图表”中的“面积图”按钮，并右击图表中的“添加数据标签”，更改图表标题为“睡袋价格和成交金额分析”，如图 8－14 所示。

图 8－14　睡袋价格和成交金额可视化

步骤 5：结论分析。

小丽根据图表呈现结果，分析该店铺产品应如何定价（具体内容略）。

自主训练

下载“学习情境二项目八任务三【自主训练】产品定价分析数据源”，参照以上步骤，为店铺商品定价。

任务总结

请记录本次任务实施过程中遇到的问题及解决方法，总结个人收获（见表 8-3）。

表 8-3　任务总结表

本次实训遇到的问题	解决方法	个人收获

任务四　产品 SKU 分析

知识回顾

- 产品 SKU 分析的内容。

训练目标

- 对产品进行 SKU 分析，从而进一步调整运营计划。

任务背景

某天猫箱包品牌专卖店上新一款铝制旅行箱，并针对黑色 18 寸旅行箱推出了返现活动。运营一段时间后，部门经理安排小优以近 30 天的销售数据为准，对该产品进行 SKU 分析，以进行运营计划调整。

任务分解

对产品进行 SKU 分析，分析出爆款 SKU、销量过小的 SKU 等，同时，结合店铺对黑色 18 寸旅行箱的优惠活动，分析该活动的有效性。

任务实施

步骤 1：获取数据。

小优获取到店铺近 30 天的销售数据（下载“学习情境二项目八任务四产品 SKU 分析数据源”），初步整理后的数据如图 8-15 所示。

	A	B	C	D	E	F
1	SkuId	Sku名称	支付金额	支付买家数	支付件数	加购件数
2	3996831321645	颜色分类:黑色;尺寸:18寸	14043	137	137	316
3	3996831321646	颜色分类:黑色;尺寸:20寸	3697	35	37	16
4	3996831321647	颜色分类:黑色;尺寸:22寸	7959	59	63	58
5	3996831321648	颜色分类:黑色;尺寸:24寸	7173	46	53	31
6	3996831321649	颜色分类:黑色;尺寸:26寸	5007	38	38	32
7	3996831321650	颜色分类:黑色;尺寸:28寸	13849	73	79	82
8	4453803319958	颜色分类:酒红色;尺寸:18寸	1527	25	25	13
9	4453803319959	颜色分类:酒红色;尺寸:20寸	8701	67	78	60
10	4453803319960	颜色分类:酒红色;尺寸:22寸	3679	30	34	29
11	4453803319961	颜色分类:酒红色;尺寸:24寸	8529	59	59	64
12	4453803319962	颜色分类:酒红色;尺寸:26寸	10471	54	63	85
13	4453803319963	颜色分类:酒红色;尺寸:28寸	5749	30	34	28
14	4453803319952	颜色分类:咖啡色;尺寸:18寸	1107	15	15	6
15	4453803319953	颜色分类:咖啡色;尺寸:20寸	5001	40	43	36
16	4453803319954	颜色分类:咖啡色;尺寸:22寸	9463	57	67	73
17	4453803319955	颜色分类:咖啡色;尺寸:24寸	7197	38	45	34
18	4453803319956	颜色分类:咖啡色;尺寸:26寸	5971	33	33	23
19	4453803319957	颜色分类:咖啡色;尺寸:28寸	15121	61	73	109
20	3991237100874	颜色分类:深蓝色;尺寸:18寸	1443	16	17	25
21	3991237100875	颜色分类:深蓝色;尺寸:20寸	7573	64	64	74
22	3991237100876	颜色分类:深蓝色;尺寸:22寸	3999	33	33	18
23	3991237100877	颜色分类:深蓝色;尺寸:24寸	2505	21	22	27
24	3991237100878	颜色分类:深蓝色;尺寸:26寸	7299	44	47	53
25	3991237100879	颜色分类:深蓝色;尺寸:28寸	10973	62	62	57
26	3976289252091	颜色分类:紫色;尺寸:18寸	3831	42	45	38
27	3976289252092	颜色分类:紫色;尺寸:20寸	5793	49	56	98
28	3976289252093	颜色分类:紫色;尺寸:22寸	6971	55	59	68
29	3976289252094	颜色分类:紫色;尺寸:24寸	8229	62	62	75
30	3976289252095	颜色分类:紫色;尺寸:26寸	2987	30	30	25
31	3976289252096	颜色分类:紫色;尺寸:28寸	14313	73	84	75

图 8-15 销售数据

步骤 2：数据转化。

将“SKU 名称”这一列数据的“颜色分类”和“尺寸”分开成列。选中“SKU 名称”列数据，在右侧插入一列。继续选中“SKU 名称”列，选择数据选项卡下的“数据分列”，在打开的对话框中进行三个操作：第一步选择“分隔符号”；第二步选择“分号”；第三步选择“常规”。最终效果如图 8-16 所示。

	A	B	C	D	E	F	G
1	skuId	颜色分类	尺寸	支付金额	支付买家数	支付件数	加购件数
2	3996831321645	颜色分类:黑色	尺寸:18寸	14043	137	137	316
3	3996831321646	颜色分类:黑色	尺寸:20寸	3697	35	37	16
4	3996831321647	颜色分类:黑色	尺寸:22寸	7959	59	63	58
5	3996831321648	颜色分类:黑色	尺寸:24寸	7173	46	53	31
6	3996831321649	颜色分类:黑色	尺寸:26寸	5007	38	38	32
7	3996831321650	颜色分类:黑色	尺寸:28寸	13849	73	79	82
8	4453803319958	颜色分类:酒红色	尺寸:18寸	1527	25	25	13
9	4453803319959	颜色分类:酒红色	尺寸:20寸	8701	67	78	60
10	4453803319960	颜色分类:酒红色	尺寸:22寸	3679	30	34	29
11	4453803319961	颜色分类:酒红色	尺寸:24寸	8529	59	59	64
12	4453803319962	颜色分类:酒红色	尺寸:26寸	10471	54	63	85
13	4453803319963	颜色分类:酒红色	尺寸:28寸	5749	30	34	28
14	4453803319952	颜色分类:咖啡色	尺寸:18寸	1107	15	15	6
15	4453803319953	颜色分类:咖啡色	尺寸:20寸	5001	40	43	36
16	4453803319954	颜色分类:咖啡色	尺寸:22寸	9463	57	67	73
17	4453803319955	颜色分类:咖啡色	尺寸:24寸	7197	38	45	34
18	4453803319956	颜色分类:咖啡色	尺寸:26寸	5971	33	33	23
19	4453803319957	颜色分类:咖啡色	尺寸:28寸	15121	61	73	109
20	3991237100874	颜色分类:深蓝色	尺寸:18寸	1443	16	17	25
21	3991237100875	颜色分类:深蓝色	尺寸:20寸	7573	64	64	74
22	3991237100876	颜色分类:深蓝色	尺寸:22寸	3999	33	33	18
23	3991237100877	颜色分类:深蓝色	尺寸:24寸	2505	21	22	27
24	3991237100878	颜色分类:深蓝色	尺寸:26寸	7299	44	47	53
25	3991237100879	颜色分类:深蓝色	尺寸:28寸	10973	62	62	57
26	3976289252091	颜色分类:紫色	尺寸:18寸	3831	42	45	38
27	3976289252092	颜色分类:紫色	尺寸:20寸	5793	49	56	98
28	3976289252093	颜色分类:紫色	尺寸:22寸	6971	55	59	68
29	3976289252094	颜色分类:紫色	尺寸:24寸	8229	62	62	75
30	3976289252095	颜色分类:紫色	尺寸:26寸	2987	30	30	25
31	3976289252096	颜色分类:紫色	尺寸:28寸	14313	73	84	75

图 8-16 数据转化效果

步骤 3：创建数据透视表。

选中表格数据，点击“插入”选项卡下的“创建数据透视表”，并在打开的字段列表框中做如下设置：分别将“颜色分类”和“尺寸”拖拽到“行”区域，将“支付金额”等字段拖拽到“值”区域，效果如图 8－17 所示。

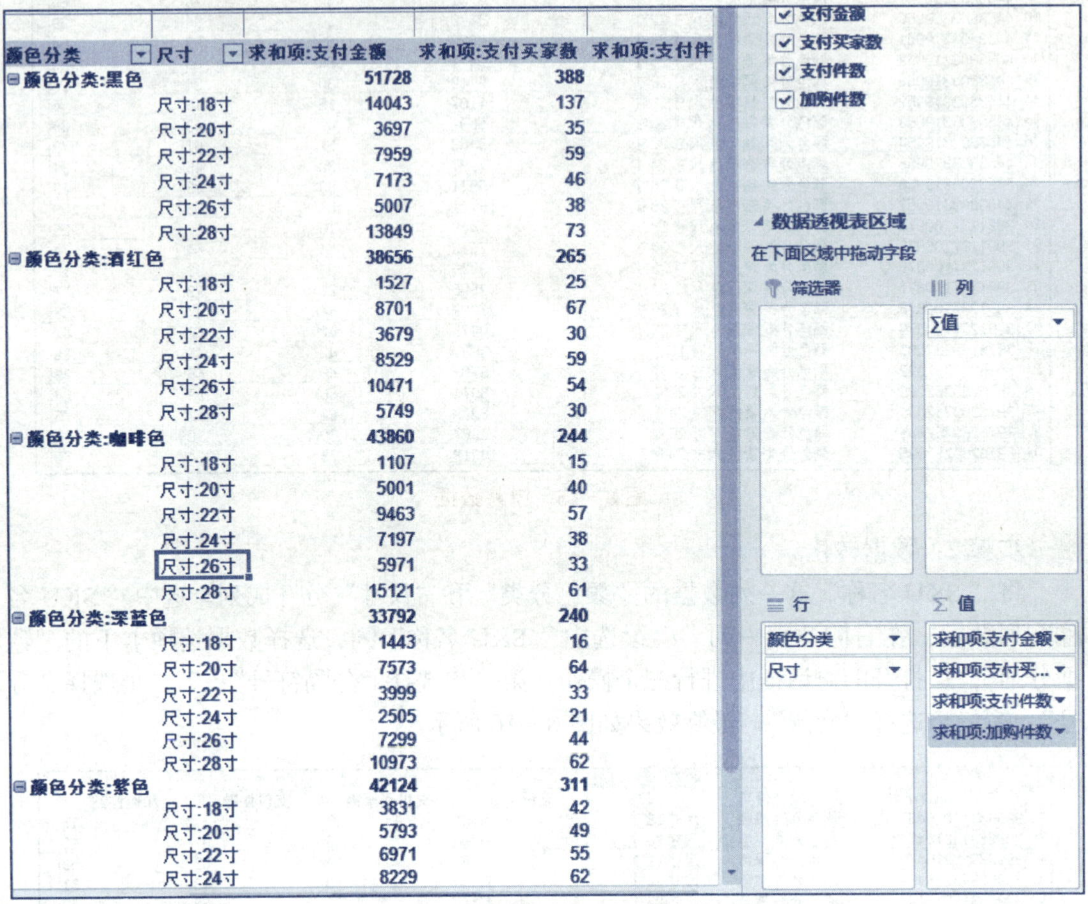

颜色分类	尺寸	求和项:支付金额	求和项:支付买家数	求和项:支付件
⊟颜色分类:黑色		51728	388	
	尺寸:18寸	14043	137	
	尺寸:20寸	3697	35	
	尺寸:22寸	7959	59	
	尺寸:24寸	7173	46	
	尺寸:26寸	5007	38	
	尺寸:28寸	13849	73	
⊟颜色分类:酒红色		38656	265	
	尺寸:18寸	1527	25	
	尺寸:20寸	8701	67	
	尺寸:22寸	3679	30	
	尺寸:24寸	8529	59	
	尺寸:26寸	10471	54	
	尺寸:28寸	5749	30	
⊟颜色分类:咖啡色		43860	244	
	尺寸:18寸	1107	15	
	尺寸:20寸	5001	40	
	尺寸:22寸	9463	57	
	尺寸:24寸	7197	38	
	尺寸:26寸	5971	33	
	尺寸:28寸	15121	61	
⊟颜色分类:深蓝色		33792	240	
	尺寸:18寸	1443	16	
	尺寸:20寸	7573	64	
	尺寸:22寸	3999	33	
	尺寸:24寸	2505	21	
	尺寸:26寸	7299	44	
	尺寸:28寸	10973	62	
⊟颜色分类:紫色		42124	311	
	尺寸:18寸	3831	42	
	尺寸:20寸	5793	49	
	尺寸:22寸	6971	55	
	尺寸:24寸	8229	62	

图 8－17　数据透视表设置

步骤 4：图表可视化。

选中数据透视表数据，点击插入图表，选择组合图，设置“支付金额”字段为“折线图、次坐标轴”，其他字段为“簇状柱形图”。在制作好的图表上，添加颜色分类和尺寸的切片器，操作步骤：选中图表，选择“分析”选项卡下的“插入切片器”，最终效果如图 8－18 所示。

步骤 5：产品 SKU 分析。

在颜色分类切片器中单击“颜色分类：黑色”，即可筛选出黑色旅行箱不同尺寸的销售数据；在尺寸切片器中单击“尺寸：18 寸”，即可筛选出 18 寸旅行箱不同颜色的销售数据，如图 8－19 所示。通过切片器的选择，可以找出爆款 SKU 等。

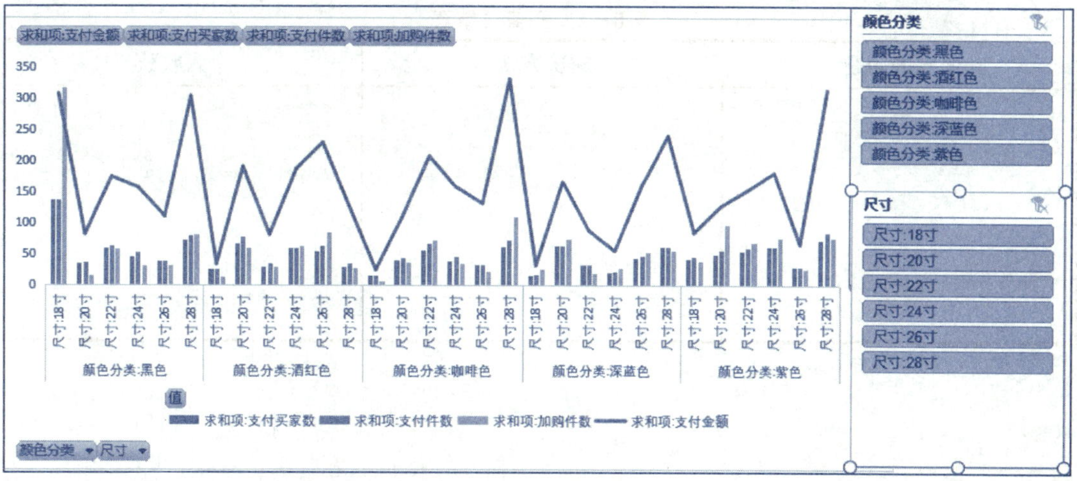

图 8-18　图表可视化效果

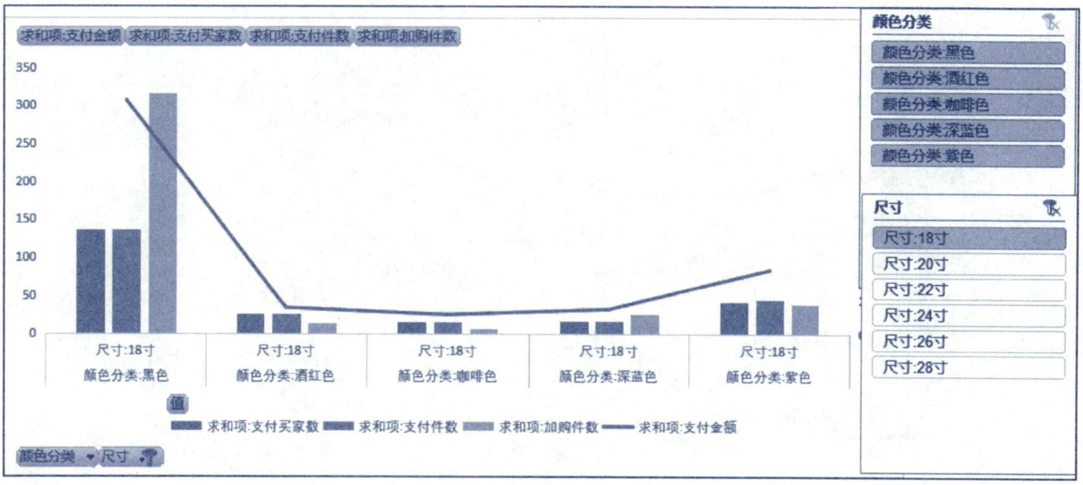

图 8-19　产品 SKU 分析

步骤 6：结果分析。

小优根据 SKU 结构，分析爆款 SKU，并分析店铺优惠活动的有效性等（具体内容略）。

自主训练

下载“学习情境二项目八任务四【自主训练】产品 SKU 分析数据源”，参照以上步骤，对产品 SKU 进行分析，并分析店铺活动的有效性。

任务总结

请记录本次任务实施过程中遇到的问题及解决方法，总结个人收获（见表 8-4）。

表 8-4 任务总结表

遇到的问题	解决方法	个人收获

项目九 推广数据分析

知识体系

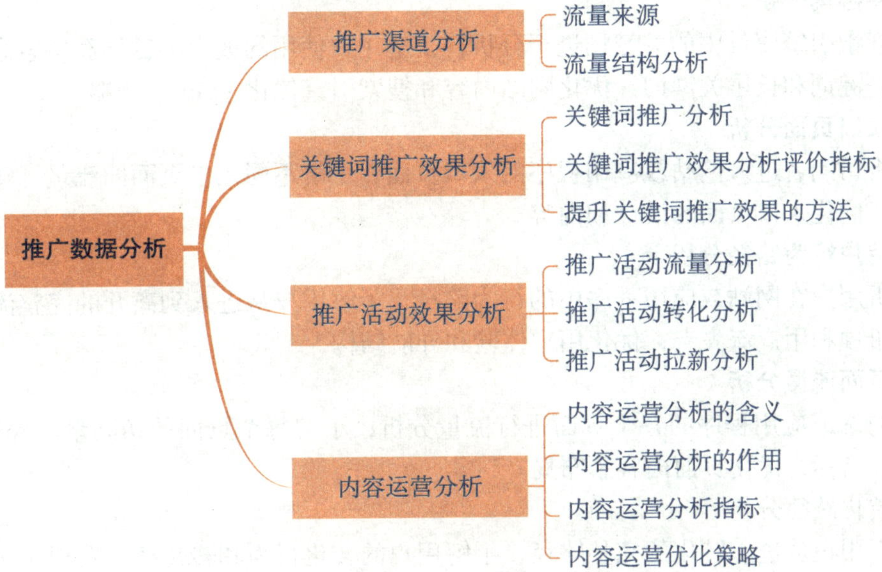

理论学习

流量是网店在激烈的电商环境中存活下来的关键。商品的质量再好，服务再佳，没有流量，也会少有人问津。可见，“酒香不怕巷子深”的运营理念对网店而言是行不通的，如何引流才是网店存活并发展壮大的根本。

一、推广渠道分析

（一）流量来源

在电子商务中，流量来源指的是访问电商网站或平台的用户流量的来源渠道。了解流量来源可以帮助电商企业更好地了解用户的行为和偏好，优化营销策略，提高网站或平台的流量质量和转化率。电子商务中常见的流量来源有：搜索引擎、社交媒体、直接访问、推荐链接、广告点击、电子邮件营销、合作推广等。

流量来源包括付费流量和免费流量。付费流量的特点是流量大、效果好，与免费流量相比，更容易获得大量的流量，但缺点是投入成本较高。免费流量包括站内免费流量和站外免费流量。站内免费流量是指通过企业平台获得的流量，如平台购物车、产品推荐等；站外免费流量主要来自第三方网站，如论坛、微博等。

（二）流量结构分析

流量结构分析是指对网站或应用程序的流量进行深入分析，以便更好地了解访问者的来源、行为和特征。流量结构分析的主要内容如下。

1. 流量来源分析

分析网站或应用程序的不同流量来源，包括直接流量、搜索引擎流量、社交媒体流量、推荐流量等。了解每个流量来源的占比和质量，以及对网站的贡献程度。

2. 关键词分析

对搜索引擎流量中的关键词进行分析，了解用户使用的搜索关键词和搜索意图，发现热门关键词和长尾关键词，优化网站内容和搜索引擎优化（SEO）策略。

3. 入口页面分析

分析访问者进入网站或应用程序的入口页面，了解不同入口页面的流量、转化率和跳出率，优化入口页面的设计和内容。

4. 用户行为路径分析

分析用户在网站或应用程序中的行为路径，了解用户从进入到离开的完整流程，发现流量瓶颈和用户流失点，优化用户体验和导航结构。

5. 页面流量分析

对网站或应用程序的各个页面进行流量分析，了解每个页面的访问量、停留时间、跳出率等指标，优化页面内容和布局。

6. 转化路径分析

分析用户从进入转化的完整路径，了解用户的转化行为和转化率，发现转化漏斗中的瓶颈和优化点，提高转化率和交易价值。

7. 流量质量分析

分析流量的质量，包括用户来源、访问行为、转化行为等方面的数据，了解流量的质量和潜在价值，优化流量获取和利用策略。

8. 终端设备分析

分析用户使用的终端设备和操作系统，了解不同设备和平台的流量情况与特点，优化网站或应用程序的响应式设计和移动端体验。

通过流量结构分析，企业可以深入了解访问者的来源、行为和特征，发现问题和机会，优化网站内容，改进营销策略，提升用户体验，从而实现流量的增长和转化率的提升。

二、关键词推广效果分析

（一）关键词推广分析

在电子商务平台上，客户通过关键词查找所需的商品而产生的流量往往在店铺整体流量中占据很大的比重，搜索即入口，通过优化关键词、投放关键词广告能够提升产品的曝光机会。

关键词推广分析是指对关键词广告推广活动的效果和表现进行评估与分析，了解广告投放的效果、优化关键词选择、调整广告策略，并最终提高广告投资的回报率。

（二）关键词推广效果分析评价指标

评价关键词推广效果可以帮助企业评估广告投放的效果、优化关键词选择、调整广告策略，并最终提高广告投资的回报率。常用的评价指标如下。

1. 展现量

展现量（Page Views，PV）是指广告在搜索引擎或其他网络平台上被展示给用户的次数。在关键词推广中，展现量表示广告在用户搜索相关关键词时被搜索引擎展示给用户的次数，是衡量广告在搜索结果页面上出现频率的指标之一。

展现量是广告投放活动的重要指标之一，它反映了广告在目标受众中的曝光程度和广告的覆盖范围。高展现量意味着广告在搜索结果页面上出现的频率较高，有更多的机会被用户看到，提高了广告的曝光率和知名度。

2. 点击量

点击量（Clicks）表示用户对广告的点击次数，它反映了商品吸引用户点击的程度和效果。高点击量表示广告吸引了较多的用户点击，但需要注意点击量不一定代表转化量，因此需要综合考虑其他指标。

点击量通常用于评估广告的吸引力和用户兴趣，越高的点击量意味着广告对用户的吸引力越强，用户对广告内容越感兴趣。点击量也是优化广告投放策略和提高广告投资回报率的重要依据之一。

点击量的计算方式非常简单，就是统计广告被点击的次数。统计点击量，可以针对不同的广告进行，也可以针对不同的广告渠道或广告平台进行，帮助企业了解不同广告的效果和广告渠道的效益。

3. 点击率

点击率（Click-Through Rate，CTR）表示广告被点击的比例，即点击量除以广告的展现量或点击次数除以广告的曝光次数。高点击率表示广告对受众的吸引力较高，是衡量广告效果的重要指标之一。

通过监测和分析点击率，企业可以了解关键词推广的表现，并据此调整推广内容、定向设置和投放策略，以提高关键词推广的点击率和投放效果，实现更好的广告投资回报率。

4. 转化量

转化量（Conversions）表示用户通过广告实现了预期的目标，如提交表单、注册账户、购买产品等。转化量是衡量广告实际效果的关键指标，也是评估广告投资回报的重要依据。

5. 转化率

转化率（Conversion Rate）表示广告点击后实际发生转化的比例，即转化量除以点击量或转化次数除以点击次数。高转化率表示广告对用户的引导效果良好，是评估广告效果的重要指标之一。

6. 平均点击成本

平均点击成本（Cost Per Click，CPC）表示每次点击广告所需的平均成本，即广告总花费除以点击量。低平均点击成本表示广告投放成本效益高，是衡量广告投放效果的重要指标之一。

7. 质量得分

质量得分（Quality Score）表示广告关键词、广告文案和着陆页的质量评分，是搜索引擎对广告质量的评价标准之一。高质量得分有助于提高广告排名和降低广告成本。

8. 投资回报率

投资回报率（Return on Investment，ROI）表示广告投资带来的收益与投资成本之间的比率。高投资回报率表示广告投资效果良好，是评估广告投资效益的关键指标之一。

9. 竞价排名

竞价排名（Ad Rank）表示广告在搜索引擎结果页面中的位置，是由广告质量得分和出价决定的。高竞价排名有助于提高广告的曝光率和点击量，影响广告的点击率和转化率。

以上指标是进行关键词推广效果分析时常用的评价指标，企业可以根据自身的需求和目标选择合适的指标进行评估和优化。

（三）提升关键词推广效果的方法

1. 精准选择关键词

选择与产品或服务相关性高、搜索量适中的关键词，避免选择过于广泛或不相关的关键词，以确保广告的针对性和点击率。

2. 优化广告文案

撰写吸引人的广告标题和描述文案，突出产品或服务的优势和特点，吸引用户点击广告。

3. 设置精准定位

根据目标受众的地域、语言、兴趣爱好等特征，设置精准的广告定位，提高广告的精准度和点击效果。

4. 优化着陆页

确保广告链接的着陆页内容与广告内容相关性高、页面加载速度快、页面布局清晰，提高用户体验和转化率。

5. 监测和分析数据

定期监测和分析关键词推广的数据，包括点击量、点击率、转化量等指标，发现问题和优化点，及时调整广告投放策略。

6. 定期优化广告

根据数据分析结果，定期优化广告内容、定位设置和投放策略，提高广告的效果和投放效率。

7. 测试不同广告版本

尝试不同的广告标题、描述文案和图片素材，进行 A/B 测试，找出效果最好的广告版本，优化广告内容和效果。

8. 提高质量得分

关注广告的质量得分，优化广告质量、关键词匹配和着陆页质量，提高广告排名和展示效果。

9. 关注竞争对手

分析竞争对手的广告策略和效果，借鉴经验和优化点，调整自己的广告投放策略和竞争优势。

通过以上方法，可以提升关键词推广的效果，提高广告点击率、转化率和投放效果，实现更好的广告投资回报率。

三、推广活动效果分析

（一）推广活动效果分析的含义

推广活动效果分析是评估和量化推广活动实际成效的过程，发现活动中存在的问题和可参考的经验，总结活动流程、推广渠道、客户兴趣等内容，有助于了解推广活动的吸引力、参与度和转化率，帮助企业评估活动投入与产出的关系，方便后续活动推广策略的优化。

（二）推广活动分析维度

1. 流量分析

推广活动的流量分析是判断推广效果的核心要素，是对推广活动为企业带来的流量情况进行分析。主要分析指标有访客数、成交订单数、成交占比、成交金额、投入成本、成交额、投入产出比等。

2. 转化分析

推广活动的转化分析是对获取到的流量转化为收藏、加购、订单等状态的数据进行分析，主要的分析指标有访客数、收藏数、加购数、成交订单数、收藏转化率、加购转化率、支付转化率等。

3. 拉新分析

推广活动的拉新分析是对由活动带来的新客户数据进行分析，其分析的前提是先完成企业活动推广流量和转化分析，在此基础上将活动中的新客户单独拉出并对其相关数据进行分析。拉新分析的主要指标有访客数、新访客数、新访客占比等。

四、内容运营分析

（一）内容运营分析的含义

内容运营是指通过策划、创建、发布和管理优质内容，以实现品牌传播、用户吸引和转化等目标的过程。内容运营是数字营销中的重要组成部分，旨在通过生产和管理内容，提高品牌曝光度、吸引用户关注、增强用户参与度、促进用户转化和提升用户满意度。内容运营在电子商务中扮演着重要角色。

内容运营分析，即对电子商务平台内容及平台外其他内容渠道的发布情况进行统计并分析，包括内容的展示、转化、传播、推广等维度，以及内容浏览人数、内容互动次数、引导选店人数、引导付款金额及增粉人数等核心指标，旨在了解内容的吸引力、影响力和转化效果，帮助企业优化内容策略，提高内容的质量和效果。

（二）内容运营分析的作用

内容运营分析在内容营销中起着至关重要的作用，主要体现在以下几个方面。

1. 优化内容策略

通过分析内容的吸引力、互动情况和转化效果，可以发现受众的喜好和需求，进而优化内容策略，选择更加符合受众兴趣的话题和内容形式，提升内容的质量和吸引力。

2. 增强用户互动

通过分析用户的互动情况，包括点赞、评论、分享等指标，可以了解用户的反馈和需求，增强用户的参与感和互动性，促进用户与内容的互动和沟通，提升用户黏性和忠诚度。

3. 改进用户体验

通过分析用户行为路径和行为轨迹，可以了解用户的访问习惯和转化路径，优化内容的布局和导航设计，提升用户体验和页面可用性，增强用户对内容的满意度和留存率。

（三）内容运营分析指标

内容运营分析涉及多个指标，以全面评估内容活动的效果和成效。以下是一些常见的内容运营分析指标。

1. 内容能见度

内容能见度代表内容覆盖消费者的广度和投放出去的内容实际可触达的消费者数量。内容能见度的提升可以帮助企业扩大曝光范围，吸引更多的潜在客户。通过分析内容浏览人数、内容浏览次数等指标，可以评估内容的覆盖范围和触达效果。

2. 内容吸引度

内容吸引度代表内容吸引消费者关注、影响消费者情绪的能力。吸引度高的内容可以增加用户的参与度和互动性，提升用户体验和满意度。通过分析内容互动人数、内容互动次数等指标，可以评估内容的吸引力和用户参与程度。

3. 内容引导力

内容引导力代表内容激发消费者想要了解产品的能力。引导力强的内容可以促使用户进一步了解产品和服务，提高转化率和购买意愿。通过分析引导进店人数、引导进店次数等指标，可以评估内容的引导效果和转化潜力。

4. 内容获客力

内容获客力代表内容对消费者购买行为产生引导转化的能力。获客力强的内容可以有效促成用户的购买行为，提高销售额和转化率。通过分析引导收藏、引导加购、引导支付人数、引导支付金额等指标，可以评估内容的获客效果和销售贡献。

5. 内容转粉力

内容转粉力代表内容为品牌沉淀消费者资产的能力。转粉力强的内容可以增加品牌的粉丝数量和忠诚度，为品牌积累更多的粉丝资产。通过分析新增涨粉数、累计粉丝数等指标，可以评估内容的粉丝转化效果和品牌影响力。

（四）内容运营优化策略

1. 内容能见度优化策略

通过全渠道投放以最大程度覆盖潜在消费者，如优化内容中的关键词、标题、描述等，提高在搜索引擎中的排名，增加内容的曝光度；通过社交媒体平台推广内容，增加内容的分享和传播等。

2. 内容吸引度优化策略

通过增强内容的创新性等来优化内容吸引度。

（1）创造性内容：制作独特、有趣、有吸引力的内容，吸引用户的注意力和关注。

（2）互动性内容：增加内容的互动性，如投票、问答、抽奖等，提高用户的参与度和互动次数。

（3）多样化内容形式：结合文字、图片、视频等多种形式，丰富内容呈现方式，满足用户多样化的阅读需求。

3. 内容引导力优化策略

（1）优化引导转化路径：设计清晰的转化路径，引导用户从内容中逐步了解产品或服务，促进用户进店或转化。

（2）优化引导行为按钮：在内容中添加明显的行动按钮，如“立即购买”“了解详情”等，增加用户的点击和转化行为。

4. 内容获客力优化策略

（1）引导购买行为：优化内容详情页，通过内容中的引导按钮或引导链接，引导用户进行收藏、加购、支付等购买行为。

（2）个性化推荐：根据用户的浏览历史和兴趣偏好，推荐相关产品或服务，提高用户的购买意愿和转化率。

5. 内容转粉力优化策略

（1）品牌形象塑造：通过内容传递品牌的核心理念和价值观，吸引用户对品牌产生兴趣和认同，提高用户的粉丝转化率。

（2）专业内容输出：提供专业、权威的内容，增强用户对品牌的信任感和依赖度，促进用户成为品牌的忠实粉丝。

（3）注重将访客转化为粉丝：将非粉丝群体划分为内容读者、店铺访客、搜索人群、买家等人群，通过对不同人群特征进行交叉分析，得到新的人群偏好。通过对粉丝内容偏好分析，设置粉丝特权、会员特权，并建立粉丝群，针对群成员特征不定时开展针对性营销、促销活动等。

拓展

小红书是一个以用户分享购物心得和生活方式为主题的社交平台，在小红书上进行营销需要基于用户的兴趣，以内容为核心进行推广。通过分析用户的浏览行为、点赞、评论等数据，挖掘用户的兴趣点和偏好，了解用户喜欢的内容类型、品牌偏好和购物习惯。根据用户的兴趣点，创作有趣、有料的内容，如美妆教程、时尚搭配、生活技巧等，吸引用户的关注和分享。根据用户的行为数据，进行精准的内容推送，向用户展示他们感兴趣的内容和产品，提高内容的曝光率和转化率。还可以鼓励用户生成内容，分享购物心得和使用体验，如产品评测、试用报告等，增加用户的参与感和黏性，提升内容的可信度和影响力。

小红书营销——内容兴趣型

实践训练

任务一　推广流量分析

知识回顾

- 什么是流量来源。
- 什么是流量结构分析。

训练目标

- 对店铺免费流量和付费流量数据进行分析，选出表现优秀的流量渠道。

任务背景

部门经理安排小李分析店铺 2024 年 9 月的免费流量数据和付费流量数据，为之后的推广活动选择合适的流量渠道。

任务分解

对免费流量和付费流量进行数据分析，选取较好的流量渠道。

任务实施

步骤 1：获取数据。

小李获取到店铺的免费流量和付费流量相关数据（下载“学习情境二项目九任务一推广流量分析数据源”），如图 9 - 1 所示。

店铺2024年9月的免费流量数据				
序号	流量来源	浏览量	点击量	成交订单数
1	自主搜索	1826	364	147
2	购物车	2653	538	216
3	其他店铺	1530	167	53
4	首页	1687	243	94
5	收藏推荐	775	160	28
6	其他免费来源	2012	231	152

店铺2024年9月的付费流量数据					
序号	流量来源	成交占比	投入成本/元	成交额/元	投入产出比
1	超级推荐	9%	851682	565726	0.66
2	钻石展位	27%	1521480	1712921	1.13
3	聚划算	12%	950238	766935	0.81
4	直通车	22%	1213159	1402673	1.16
5	淘宝客	30%	1655871	1987682	1.20

图 9－1　免费流量和付费流量相关数据

步骤 2：免费流量分析。

选择流量来源、浏览量、点击量和成交订单数对应的数值区域，插入组合图。将浏览量设置为“簇状柱形图、次坐标轴”，将点击量和成交订单数设置为“折线图”，效果如图 9－2 所示。

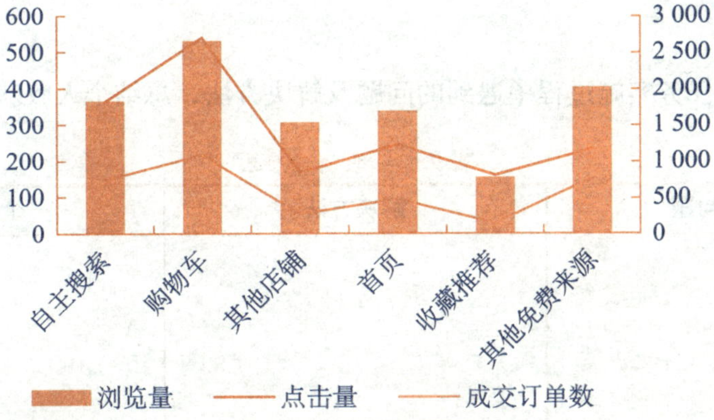

图 9－2　免费流量分析

选中数据表中的流量来源与成交订单数，插入饼图，添加数据标签，并设置“数据标签格式”→“标签”→“标签选项包括”，勾选“百分比”“类别名称”复选框，得到免费流量结构分析比例图，如图 9－3 所示。

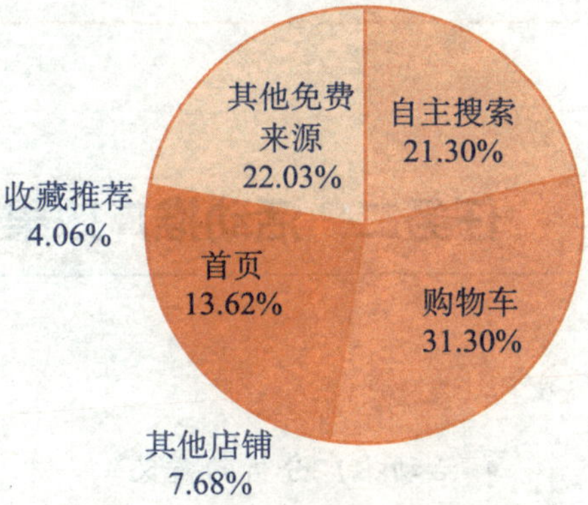

图 9－3　免费流量结构分析比例图

步骤 3：付费流量分析。

选择流量来源、成交占比、投入产出比对应的数值区域，插入组合图，将成交占比设置为“簇状柱形图、次坐标轴”，将投入产出比设置为“折线图”，得到付费流量结构分析图，如图 9－4 所示。

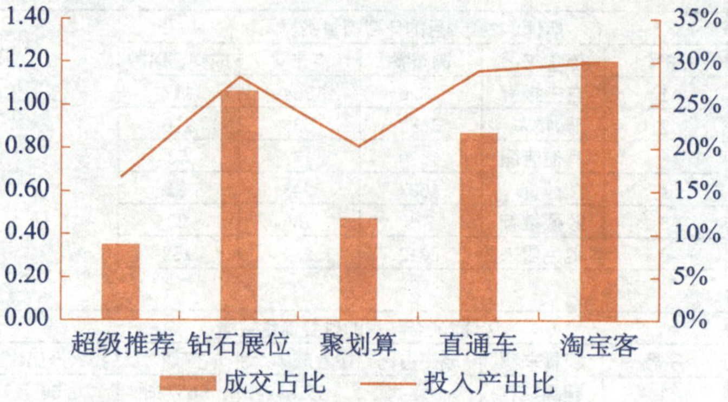

图 9-4　付费流量结构分析图

步骤 4：结论分析。

小李根据免费流量和付费流量的分析数据，为店铺选择了较好的流量渠道（具体内容略），帮助店铺引流。

自主训练

下载“学习情境二项目九任务一【自主训练】推广流量分析数据源”，参照以上步骤，选取店铺较好的流量渠道。

任务总结

请记录本次任务实施过程中遇到的问题及解决方法，总结个人收获（见表 9-1）。

表 9-1　任务总结表

遇到的问题	解决方法	个人收获

任务二　活动推广效果分析

知识回顾

- 活动推广分析的意义。
- 活动推广分析的维度。

训练目标

- 能够从活动推广流量、推广转化率、活动拉新角度分析店铺活动效果。

任务背景

某店铺在周年店庆活动后安排小李分析店铺活动的开展效果。

任务分解

可以从活动推广流量、推广转化率、推广拉新等角度综合分析店铺周年庆活动的推广效果。

任务实施

步骤1：获取数据。

小李获取到周年庆活动后一周的店铺流量相关数据（下载“学习情境二项目九任务二活动推广效果分析数据源”），初步整理数据，如图9-5所示。

	A	B	C	D	E	F	G	H
1	店铺周年庆活动后一周的流量相关数据							
2	序号	流量来源	访客数	成交订单数	成交占比	投入成本/元	成交额/元	投入产出比
3	1	超级推荐	13105	1211		12753	12951	
4	2	钻石展位	19782	2673		5410	5632	
5	3	聚划算	12984	989		3587	2786	
6	4	直通车	14508	1608		4603	5159	
7	5	淘宝客	21749	4823		19257	21768	

图9-5　店铺周年庆活动后一周流量数据

步骤2：活动推广流量分析。

计算字段“成交占比”“投入产出占比”，结果如图9-6所示。选择流量来源、访客数、成交订单数、成交占比、投入产出比对应的数值区域，插入组合图形。将访客数、成交订单数设置为“簇状柱形图”，将成交占比、投入产出比设置为“折线图”，将访客数和成交订单数设置为“次坐标轴”，效果如图9-7所示。

	B	C	D	E	F	G	H
1	店铺周年庆活动后一周的流量相关数据						
2	流量来源	访客数	成交订单数	成交占比	投入成本/元	成交额/元	投入产出比
3	超级推荐	13105	1211	9.24%	12753	12951	1.02
4	钻石展位	19782	2673	13.51%	5410	5632	1.04
5	聚划算	12984	989	7.62%	3587	2786	0.78
6	直通车	14508	1608	11.08%	4603	5159	1.12
7	淘宝客	21749	4823	22.18%	19257	21768	1.13

图9-6　计算成交占比等字段

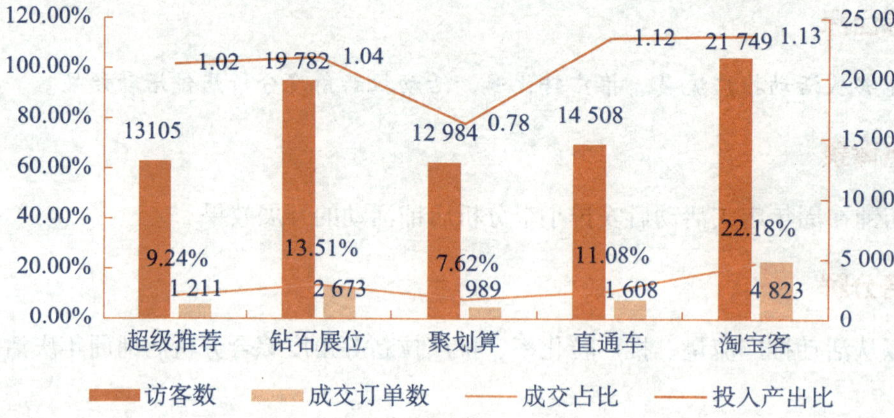

图 9－7　活动推广流量可视化分析

步骤 3：活动推广转化分析。

小李获取到店铺周年庆活动后一周的转化相关数据，计算字段“收藏转化率”“加购转化率”“支付转化率”，结果如图 9－8 所示。选择流量来源、访客数、收藏数、加购数、成交订单数对应的数值区域，插入三维柱形图，效果如图 9－9 所示。选择流量来源、收藏转化率、加购转化率、支付转化率对应的数据区域，插入折线图，效果如图 9－10 所示。

17									
18	店铺周年庆活动后一周的转化相关数据								
19	序号	流量来源	访客数	收藏数	加购数	成交订单数	收藏转化率	加购转化率	支付转化率
20	1	超级推荐	13105	927	1684	1211	7.07%	12.85%	9.24%
21	2	钻石展位	19782	3421	3287	2673	17.29%	16.62%	13.51%
22	3	聚划算	12984	283	1149	989	2.18%	8.85%	7.62%
23	4	直通车	14508	1640	1652	1608	11.30%	11.39%	11.08%
24	5	淘宝客	21749	4125	5093	4823	18.97%	23.42%	22.18%

图 9－8　计算收藏转化率等字段

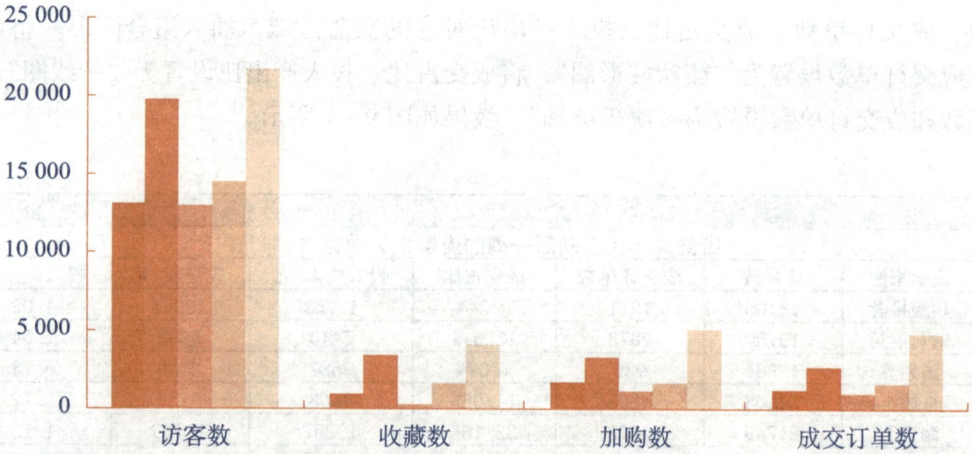

图 9－9　活动推广转化可视化分析 1

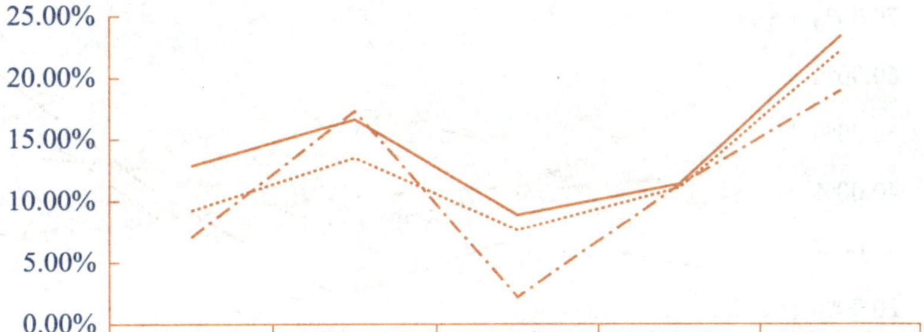

	超级推荐	钻石展位	聚划算	直通车	淘宝客
收藏转化率	7.07%	17.29%	2.18%	11.30%	18.97%
加购转化率	12.85%	16.62%	8.85%	11.39%	23.42%
支付转化率	9.24%	13.51%	7.62%	11.08%	22.18%

图 9－10　活动推广转化可视化分析 2

步骤 4：活动推广拉新分析。

小李获取到店铺周年店庆活动后一周的拉新相关数据，初步整理数据，如图 9－11 所示。计算字段“新访客占比”“新收藏占比”“新加购占比”“新成交额占比”，结果如图 9－12 所示。选择流量来源、新访客占比、新收藏占比、新加购占比、新成交额占比对应的数值区域，点击选项卡“插入”→“折线图”，结果如图 9－13 所示。

	A	B	C	D	E	F
1	店铺周年庆后一周的拉新相关数据					
2	流量来源	超级推荐	钻石展位	聚划算	直通车	淘宝客
3	访客数	13105	19782	12984	14508	21749
4	新访客数	3526	6452	2853	5789	13824
5	收藏数	927	3421	283	1640	4125
6	新收藏数	234	1608	157	572	1350
7	加购数	1684	3287	1149	1652	5093
8	新加购数	725	1320	389	726	2413
9	成交额/元	12951	5632	2786	5159	21768
10	新成交额/元	7253	2314	1095	1836	12688

图 9－11　活动推广拉新数据整理效果

店铺周年庆后一周的拉新相关数据计算结果					
序号	流量来源	新访客占比	新收藏占比	新加购占比	新成交额占比
1	超级推荐	26.91%	25.24%	43.05%	56.00%
2	钻石展位	32.62%	47.00%	40.16%	41.09%
3	聚划算	21.97%	55.48%	33.86%	39.30%
4	直通车	39.90%	34.88%	43.95%	35.59%
5	淘宝客	63.56%	32.73%	47.38%	58.29%

图 9－12　计算新访客占比等字段

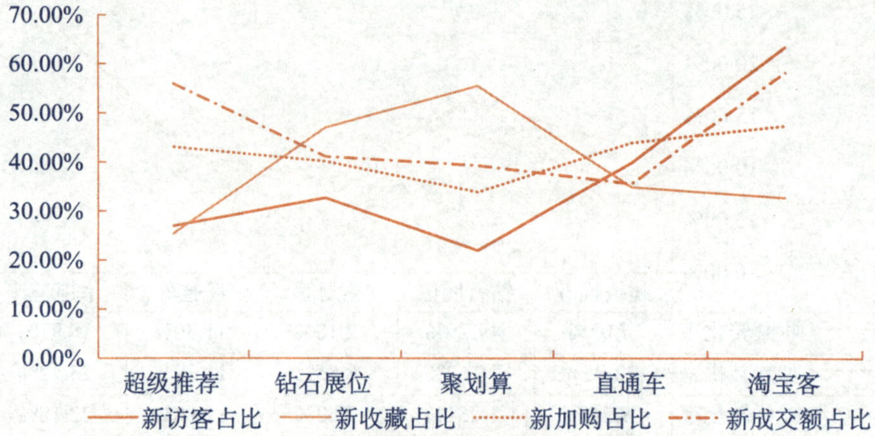

图 9－13　活动推广拉新可视化分析

步骤 5：结果分析。

根据以上结果，小李可以分析店铺周年庆活动的推广流量、推广转化率以及活动推广拉新效果。

自主训练

下载“学习情境二项目九任务二【自主训练】活动推广效果分析数据源”，参照以上步骤，分析店铺活动推广效果。

任务总结

请记录本次任务实施过程中遇到的问题及解决方法，总结个人收获（见表 9－2）。

表 9－2　任务总结表

遇到的问题	解决方法	个人收获

任务三　内容运营效果分析

知识回顾

- 内容运营分析的意义。

- 内容运营分析的作用。

训练目标

- 比较和分析各平台的运营数据，选择较好的平台进行运营推广。

任务背景

某电商企业在预热年货节活动时，将广告短视频分别投放到抖音、微博、微信等多个平台。部门经理安排小李统计并分析各平台的运营数据，为企业决策层提供可参考的决策依据。

任务分解

可以从各平台的阅读量、转发评论量、店铺引流人数、成交人数及其占比等方面综合分析比较各渠道的内容运营效果。

任务实施

步骤 1：获取数据。

小李获取到各平台渠道的内容运营数据（下载“学习情境二项目九任务三内容运营分析数据源”），如图 9－14 所示。

	A	B	C	D	E	F
1	各平台渠道内容运营数据					
2	平台	渠道	阅读量/次	转发评论量/条	店铺引流人数/人	成交人数/人
3	站内	爱逛街	1656	268	113	38
4		必买清单	2580	581	253	74
5		每日好店	2187	697	389	145
6		淘宝头条	6609	1210	909	253
7		猜你喜欢	13600	3511	1696	277
8	微信	森林小巷	2512	798	277	75
9		微光倾城	7999	1113	138	49
10		为你精选	69840	2814	1314	369
11		午后阳光	804	104	35	21
12		半夏微澜	1217	116	51	28
13	微博	种草菌	91603	3341	126	103
14		干货达人	8678	1344	93	50
15		幸运面包圈	1250	75	31	22
16		猫猫旅行	5040	1140	85	36
17		一缕笑靥	9642	2333	117	80
18	抖音	骆栖淮	35711	1254	1583	589
19		爱吃鱼	102368	2126	1844	1044
20		冬子	6010	490	113	52
21		西瓜宝宝	58754	1058	1150	683
22		小旭	3236	227	82	42

图 9－14　各平台渠道内容运营数据

步骤 2：站内平台运营效果分析。

分析站内各渠道阅读量和转发评论量。选中站内各渠道、阅读量和转发评论量的数据，点击“插入”→“图表”→“组合图”，设置阅读量为“簇状柱形图”，转发评论量为“折线图”“次坐标轴”，并更改图表标题，最终效果如图 9－15 所示。

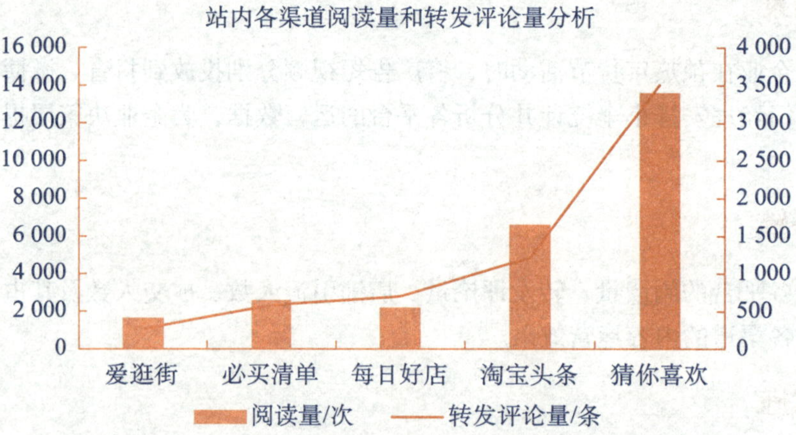

图 9－15 站内各渠道阅读量和转发评论量分析

分析站内各渠道店铺引流人数和成交人数。为了更直观地展示和比较各渠道引流人数占比和成交人数占比，可使用饼图作可视化分析。选择渠道、店铺引流人数数据，点击“插入”→“图表”→“二维饼图”，并设置参数、修改标题，效果如图 9－16 所示。选择渠道、成交人数数据，点击“插入”→“图表”→“二维饼图”，并设置参数、修改标题，效果如图 9－17 所示。

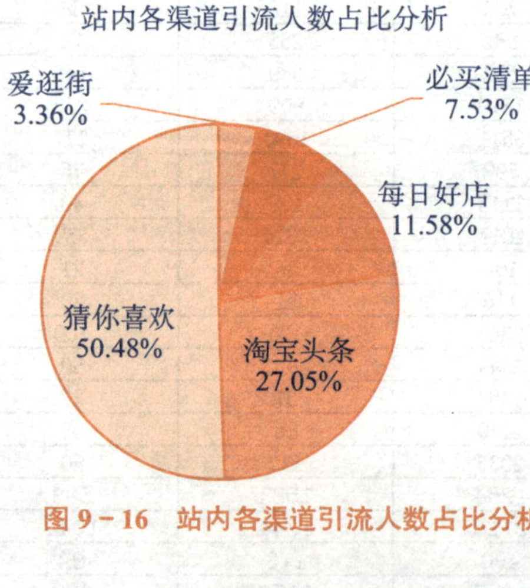

图 9－16 站内各渠道引流人数占比分析

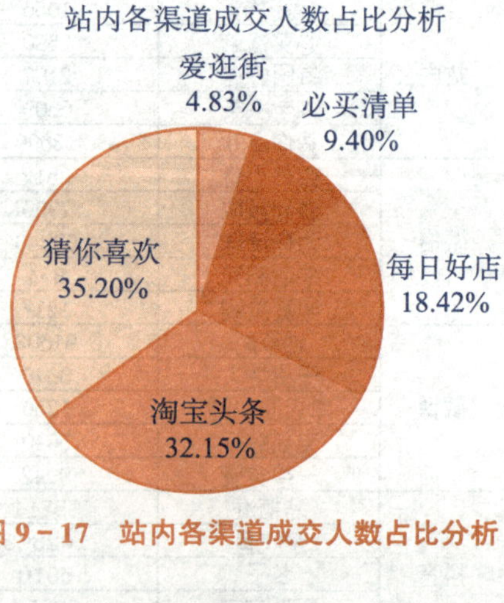

图 9－17 站内各渠道成交人数占比分析

步骤 3：站外各渠道内容运营效果分析。

分析站外各渠道阅读量和转发评论量。选中站外各渠道、阅读量和转发评论量的数据，点击“插入”→“图表”→“组合图”，设置阅读量为“簇状柱形图”，转发评论量为“折线图”“次坐标轴”，并更改图表标题，最终效果如图 9 - 18 所示。

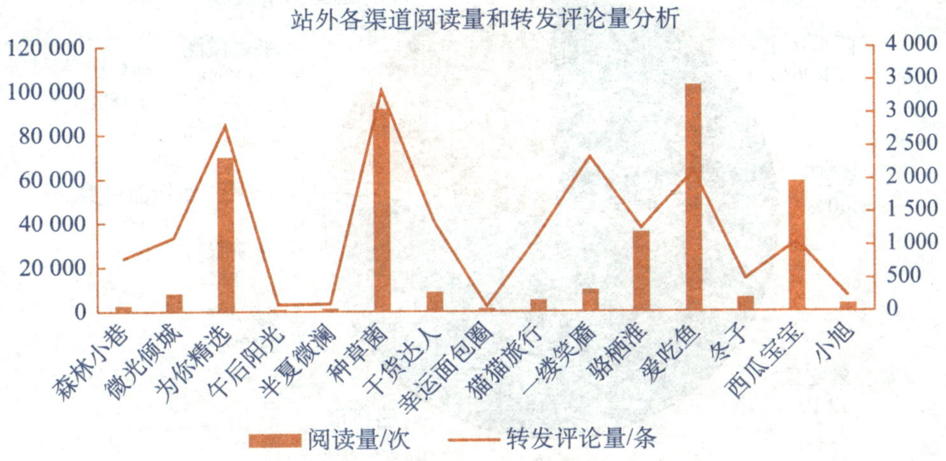

图 9 - 18　站外各渠道阅读量和转发评论量分析

分析站外各渠道店铺引流人数和成交人数。为了更直观地展示和比较各渠道引流人数占比和成交人数占比，可使用饼图作可视化分析。选择渠道、店铺引流人数数据，点击“插入”→“图表”→“二维饼图”，并设置参数、修改标题，效果如图 9 - 19 所示。选择渠道、成交人数数据，点击“插入”→“图表”→“二维饼图”，并设置参数、修改标题，效果如图 9 - 20 所示。

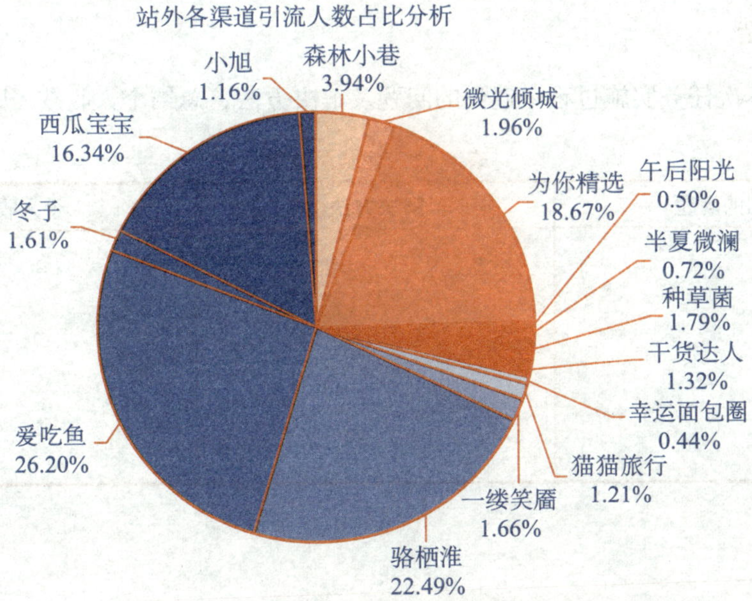

图 9 - 19　站外各渠道引流人数占比分析

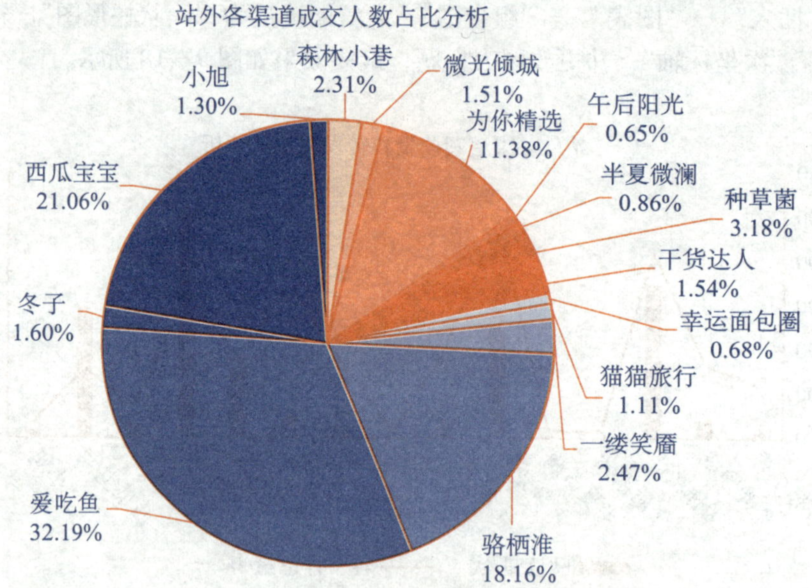

图 9-20　站外各渠道成交人数占比分析

步骤 4：结论分析。

小李根据站内站外各渠道内容运营分析结果，帮助企业选择合适的运营渠道。

自主训练

下载“学习情境二项目九任务三【自主训练】内容运营分析数据源”，参照以上步骤，帮助店铺选择合适的运营渠道。

任务总结

请记录本次任务实施过程中遇到的问题及解决方法，总结个人收获（见表 9-3）。

表 9-3　任务总结表

遇到的问题	解决方法	个人收获

学习情境三

数据监控与报告撰写

项目十 数据监控与报表制作

知识体系

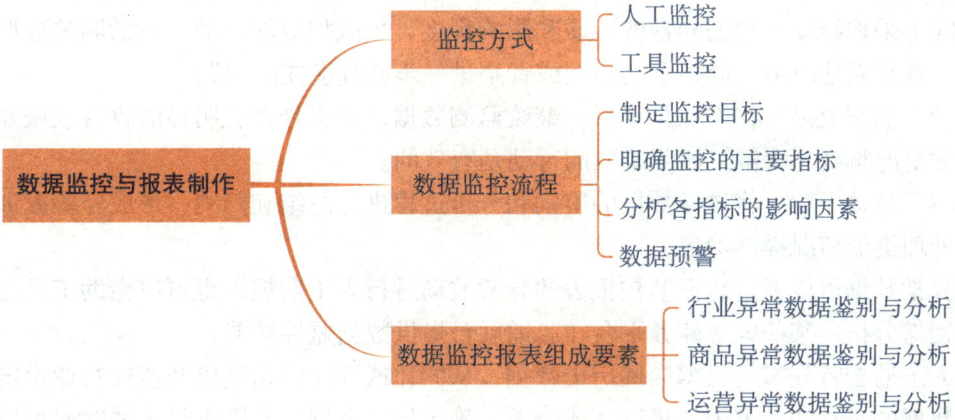

理论学习

对一个成功的企业来说，监控、分析数据是必不可少的。监控的数据指标包括市场数据、运营数据、产品数据等。数据监控是及时、有效反馈异常数据的一种手段。数据监控方式包括人工监控和工具监控。通过对数据的监控，观察数据是否异常，若有异常就进而分析数据，及时发现问题并解决。数据监控通常需要结合数据报表来完成，数据报表要根据不同目标用户、不同主题进行设计。数据监控的一般流程为：制定监控目标→明确监控的主要指标→分析各指标的影响因素→数据预警。

一、异常数据鉴别及分析

数据都有变化周期，每个周期内的数据变化应该是趋于稳定的，要是数据不再呈现周期性变化，就出现了所谓的数据异常。运营中难免会遇到数据异常的情况，例如遇到店铺流量突然下降、转化率突然降低、销售额大幅度下降等。数据异常暗示着潜在的问题、趋势或机会。监控店铺数据时，若出现异常数据的情况，运营人员首先需结合数据报表对异常数据进行鉴别与分析，其次明确造成数据异常的原因，最后制定有针对性的优化对策以改变数据结果。

异常数据鉴别与分析的一般步骤为：

（1）确定基准线：确定正常情况下的基准线或预期范围，它可以是历史数据的平均值、标准偏差，或者是预先设定的阈值。

（2）检查数据质量：对异常数据进行检查，确保数据的准确性和完整性。这包括查看数据是否缺失、异常值是否超出合理范围等。

（3）使用可视化工具：将数据可视化，例如，绘制线形图、柱状图、箱线图等，以便直观地观察数据的分布情况和变化趋势。

（4）识别异常点：通过观察数据的分布和变化趋势，识别出与基准线明显偏离的异常点或异常模式。这些可以是明显的峰值、谷值，或者是连续的不规则波动。

（5）分析异常原因：对识别出的异常进行进一步分析，尝试找出造成异常的根本原因。这可能涉及数据采集过程中的错误、系统故障、外部事件等多种因素。

（6）采取行动：根据异常的性质和影响程度，采取相应的行动。包括调整数据采集过程、修复系统故障、调整预测模型或者是进一步调查潜在的问题。

（7）监测效果：在采取行动后，继续监测数据，观察是否有明显的改善或恢复。如果异常情况得到了缓解，说明采取的行动是有效的。

（8）总结经验：将异常数据的鉴别和分析过程进行总结和归纳，形成经验教训，为将来处理类似情况提供参考。

异常数据可以通过数据监控报表的异常波动进行人工监控，也可以借助工具监控进行鉴别与分析。某些电子商务平台在店铺后台提供数据监控功能。

人工监控首先需要根据店铺历史数据，从同比或环比的角度以及所处行业设定各类关键数据的正常波动范围，进行对比分析，确定异常数据。在数据量小的时候可以进行人工监控，当数据量扩大到人工难以负荷的时候，就需要借助工具进行自动监控。

数据监控工具分为平台自有工具和第三方工具。平台自有工具如淘宝的生意参谋、京东的京东商智等，其中生意参谋的付费版还可以添加竞争店铺监控，有利于获取更全面的数据信息。第三方工具即借助第三方开发的数据监控工具或购买第三方的监控服务。市场上诸如此类的工具较多，如店侦探，它是一款能全面跟踪天猫、淘宝店铺的运营数据工具，可对店铺销量情况、营销活动等进行采集监控。

以下以生意参谋为例，讲解几类常见的异常数据的鉴别与分析。

（一）市场异常数据的鉴别与分析

通过行业 TOP 排行及实时监控市场可以了解行业和市场动态，与同周期各行业的对比分析发现异常数据，识别高潜力行业，鉴别市场红海和蓝海，帮助企业发现新的市场机会。通过对竞争对手数据的监控，帮助店铺发现经营中的问题并找出解决办法，提升市场竞争力。

（二）运营异常数据的鉴别与分析

1. 店铺动态评分异常

店铺动态评分是指客户对店铺的宝贝与描述相符、卖家服务态度、物流服务的质量这三项的评判打分（见图 10－1），这三项可以表达出客户在店铺的服务体验情况。当店铺动态评分下滑时，可以认为店铺运营出现异常，要及时发现问题并采取对策：如果是客户对店铺宝贝与描述相符程度评分降低，那就要优化宝贝主图、详情页，不做实现不了的承诺；如果是客户对服务态度评分降低，那就要做好客服人员的工作，通过培训保证客服人员有专业知识、及时的响应速度以及良好的回复态度；如果是客户对物流服务的评分降低，分析客户集中的物流差评原因和因物流引起的退货退款订单，多维度分析归纳背后的原因并及时进行解决和优化。

店铺动态评分			店铺动态评分		
描述相符 4.8	高于31.19%	↑	描述相符 4.7	低于1.83%	↓
服务态度 4.8	高于30.52%	↑	服务态度 4.7	低于1.53%	↓
物流服务 4.8	高于26.67%	↑	物流服务 4.7	低于1.53%	↓

图 10－1　店铺动态评分

2. 销售数据异常

销售额突然下降或上升、订单量异常波动、特定商品销售量异常等情况均属于销售数据异常。通过销售额、订单量、询单转化率等指标，可以对店铺销售情况进行直观分析。

销售数据异常的可能原因，包括但不限于以下几点：

（1）季节性因素：如节假日、季节变化等。

（2）市场竞争：竞争对手促销活动、新品上市等。

（3）产品品质问题：商品质量问题导致退货率增加或者口碑受损。

（4）营销策略变化：促销策略、广告投放等方面的调整。

针对异常原因制定相应的应对措施：

（1）调整营销策略：根据分析结果调整促销活动、广告投放等营销策略。

（2）优化产品质量：加强产品质量管控，提升产品质量和用户体验。

（3）加强库存管理：根据销售数据异常情况调整库存管理策略，避免库存积压或缺货现象。

（4）提高客户服务水平：加强客户服务，及时解决用户的投诉和问题，维护良好的用户口碑。

3. 推广数据异常

推广数据是店铺在推广过程中产生的数据，包括各推广渠道的展现、点击、转化等数据。当推广效果出现异常时，要及时对各推广渠道的数据进行分析，发现优质推广渠道，进而对各推广渠道的投入预算进行调整。

导致推广数据异常的原因，包括但不限于以下几点：

（1）推广策略调整：广告投放平台或推广策略的调整。

（2）竞争环境变化：竞争对手的促销活动、广告投放等。

（3）广告质量问题：广告内容质量、目标定位、关键词变动等。

针对异常原因制定相应的应对措施：

（1）调整推广策略：根据分析结果调整广告投放平台、推广内容、投放时间等推广策略。

（2）优化广告质量：对广告内容进行优化，提高广告的吸引力和点击率。

（3）与合作方沟通：如有合作方或广告平台，及时与其沟通，了解是否存在技术问题或其他异常情况。

（三）产品数据异常的鉴别与分析

产品数据异常是指店铺所有终端截至当日出现“支付转化率低”“支付下跌”“流量下跌”“高跳出率”“零支付”“低库存”数据的产品，当产品数据出现了异常，要及时采取对策。

运营人员将监控获取到的数据，结合监控情况对异常数据出现的原因进行初步分析与判断，并给出相应的处理措施。需要明确的是，不同的数据指标之间存在着密切的联系，如客服服务态度、物流发货速度等数据指标也会对销售额产生重要影响，在分析数据异常原因时，需要综合考虑、全面分析。

二、数据监控报表的制作

（一）数据监控报表

数据监控报表是对数据监控结果进行汇总和展示的文档或工具，旨在帮助用户更直观地了解数据的变化趋势、异常情况以及业务表现。每个数据监控报表都要有三个关键组成要素：报表主题、报表指标、分析维度。

制作数据监控报表的一般工作流程如下。

1. 确定报表主题

确定报表的主题或目的，例如销售业绩、市场活动效果、用户行为等；确定报表的时间范围，包括报表的频率（日报、周报、月报等）和时间跨度（近期、长期）。

2. 选择报表指标

根据报表主题确定需要监控的关键指标，如销售额、访问量、转化率、退货率等。确定每个指标的计算方法和数据来源，确保指标的准确性和可靠性。

3. 确定分析维度

确定需要对数据进行分析的维度，如时间维度（年、季度、月、周、日）、地域维度、渠道维度、产品维度、用户维度等。确定维度之间的关系和交叉分析的需求，以便更深入地了解数据背后的规律和趋势。

4. 设计报表格式和布局

设计报表的格式和布局，包括标题、副标题、指标汇总、图表展示、数据表格等。确定报表的可视化方式，选择合适的图表类型和颜色方案，以便直观形象地展示数据。

5. 收集和处理数据

收集报表所需的原始数据，可以来自企业内部系统、第三方数据服务提供商、数据导出文件等渠道。对数据进行清洗和处理，处理缺失值、异常值等，确保数据的完整性和准确性。

6. 制作报表内容

根据选定的指标和分析维度，填充报表内容，生成图片、表格等。根据需要添加说明文字、解读分析结果，提供业务见解和建议。

7. 审查和验证报表

对制作好的报表进行审查和验证，确保报表的准确性、完整性和可理解性。验证报表中的数据计算是否准确，图和表格是否清晰易懂，文字说明是否清晰明了。

8. 定期更新和分发报表

根据报表的更新频率和时间范围，定期更新数据并生成新的报表。将报表分发给相关人员或部门，确保及时传达数据监控结果和分析见解。

9. 持续优化和改进

定期评估报表的效果和使用情况，收集反馈意见，不断优化报表的内容和格式，提升报表的质量和价值。根据业务需求和数据变化，及时调整报表的指标、维度和展示方式，确保报表与业务目标保持一致。

（二）报表制作中的常见问题

1. 数据质量问题

数据源质量不高或数据采集错误会影响报表的准确性，需要对数据进行清洗和验证。

2. 指标选择不合理

选择不恰当的指标或指标定义不清晰会导致无法对报表进行有效分析，需要在制作报表前明确定义报表的目标和需要关注的指标。

3. 视觉呈现不清晰

报表的视觉呈现不清晰或排版混乱会影响用户的阅读和理解，需要注意布局和设计风格。

4. 缺乏上下文信息

报表缺乏足够的上下文信息或解释，用户无法理解数据的含义，需要在报表中提供足够的解释和背景信息。

5. 频率选择不当

报表更新频率选择不当，过于频繁可能会导致信息过载，过于稀疏可能会错失及时发现问题的机会，需要根据业务需求和数据变化情况选择合适的更新频率。

6. 缺乏数据安全保护

报表可能包含敏感信息，缺乏数据安全保护措施会导致数据泄露或被滥用，需要确保报表数据的安全性。

7. 缺乏交互性和可视化

缺乏交互性和可视化的报表会使用户难以深入分析数据或发现隐藏的关联性，需要考虑增加交互性和可视化的元素。

解决这些常见问题需要对报表制作过程进行全面的审查和改进，确保报表的准确性、可理解性和实用性。

（三）日常数据监控报表制作

日常数据监控报表制作需要围绕日常数据监控需求展开，明确需要达成的分析目标，如日常销售分析、日常员工绩效分析等，然后根据需求和目标选择监控的数据指标并搭建报表框架、采集数据，最后通过初步分析与美化形成日常数据监控报表。

接下来，以日常运营中员工的业绩监控为例，完成日常数据监控报表的制作与美化。

步骤 1：根据数据监控需求，构思监控报表的大纲，选择数据指标。

本例围绕员工的业绩监控，主要选择各员工负责的访客数、有效订单数、订单转化率、利润这四个数据指标，对目标数据进行采集并整理，如表 10－1 所示。

表 10－1　某店铺员工业绩监控数据报表

序号	日期	访客数	有效订单数	订单转化率	利润	负责人
1	2024/8/20	2 102	1 020	49%	5 406	小王
2	2024/8/21	3 200	2 321	73%	12 302	小王
3	2024/8/22	1 890	689	36%	3 652	小王
4	2024/8/23	2 561	1 240	48%	6 572	小王
5	2024/8/24	1 501	456	30%	2 417	小王
6	2024/8/25	2 598	1 245	48%	6 599	小王
7	2024/8/26	1 760	950	54%	5 035	小王
8	2024/8/27	2 631	1 045	40%	5 539	小王
9	2024/8/28	3 820	1 564	41%	8 289	小王
10	2024/8/29	4 521	3 547	78%	18 800	小王
11	2024/8/30	3 120	2 460	79%	13 038	小王
12	2024/8/31	2 971	1 890	64%	10 017	小王

步骤 2：调整报表框架。

通过增减字段完成报表框架的调整，结果如表 10－2 所示。

表 10－2　某店铺员工业绩监控数据报表（调整后）

日期	访客数	有效订单数	订单转化率	转化率变化	利润	利润变化	负责人
2024/8/20	2 102	1 020	49%		5 406		小王
2024/8/21	3 200	2321	73%		12 302		小王
2024/8/22	1 890	689	36%		3 652		小王
2024/8/23	2 561	1 240	48%		6 572		小王

续表

日期	访客数	有效订单数	订单转化率	转化率变化	利润	利润变化	负责人
2024/8/24	1 501	456	30%		2 417		小王
2024/8/25	2 598	1 245	48%		6 599		小王
2024/8/26	1 760	950	54%		5 035		小王
2024/8/27	2 631	1 045	40%		5 539		小王
2024/8/28	3 820	1 564	41%		8 289		小王
2024/8/29	4 521	3 547	78%		18 800		小王
2024/8/30	3 120	2 460	79%		13 038		小王
2024/8/31	2 971	1 890	64%		10 017		小王

步骤 3：报表调整与美化。

（1）采用“迷你图”反映数据的变化情况，“迷你图”并非对象，它实际上是在单元格背景中显示的微型图表。选中用于创建“迷你图”的数据单元格区域，切换到“插入”功能选项卡中，在“全部图表”选项中，选择一种图表类型，此处我们选择折线图，取消勾选“坐标轴”“图表标题”“网络线”，点击图形右侧最下面的按钮，选择“无填充”“无线条”，最后调整大小。操作过程如图 10－2、图 10－3 所示。

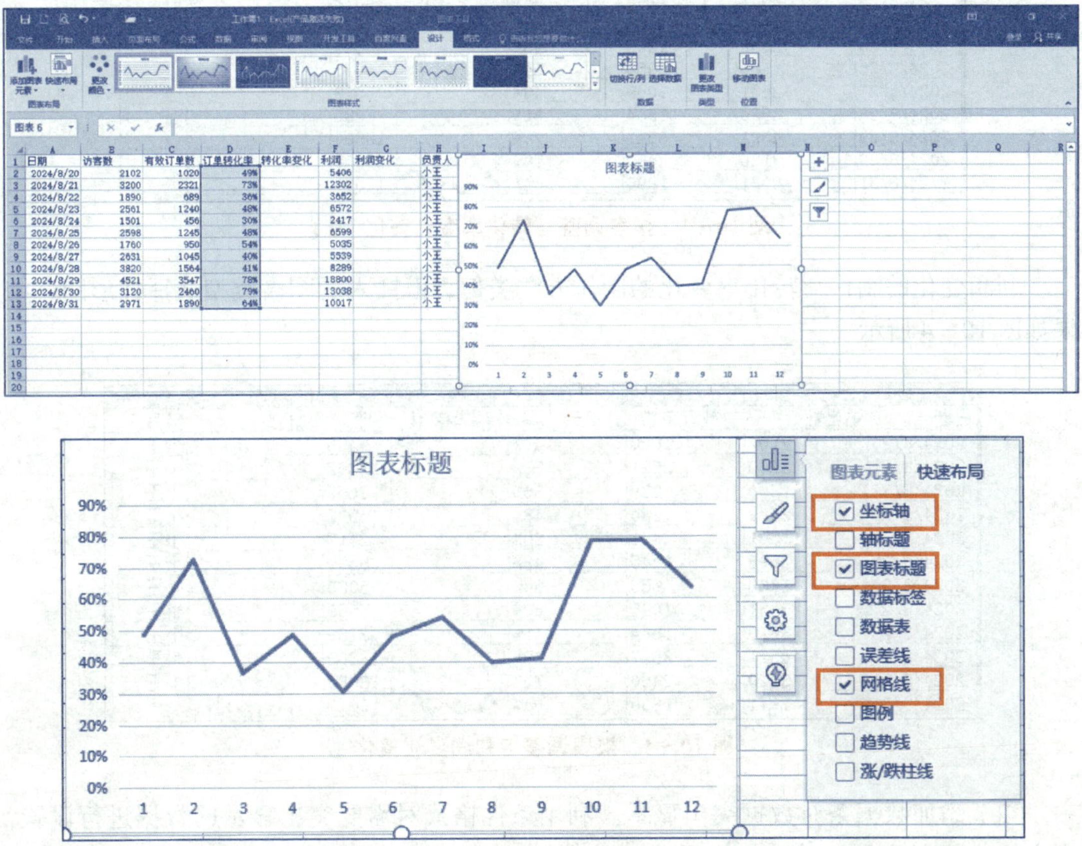

图 10－2　报表调整与转化率变化美化（1）

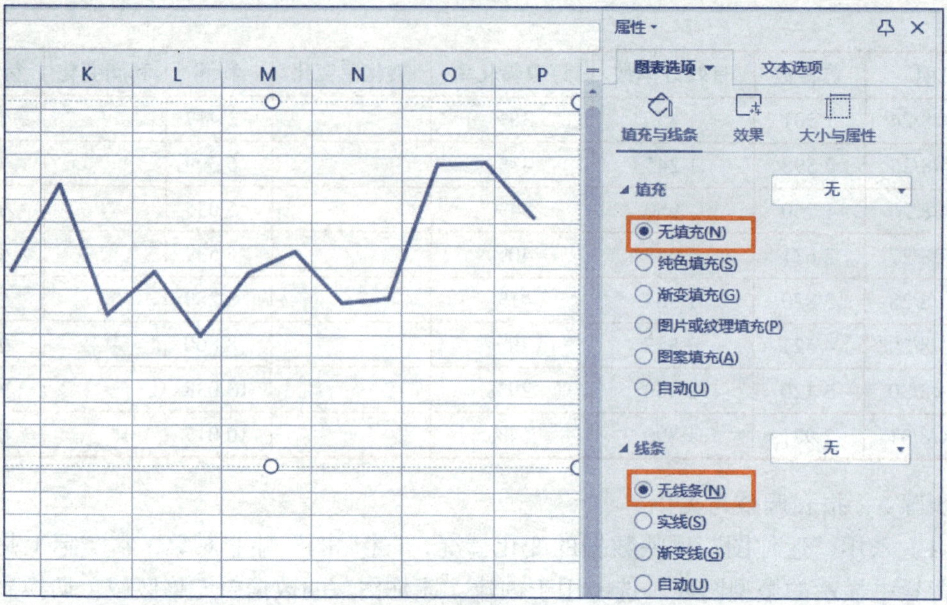

A	B	C	D	E	F	G	H
日期	访客数	有效订单数	订单转化率	转化率变化	利润	利润变化	负责人
2024/8/20	2102	1020	49%		5406		小王
2024/8/21	3200	2321	73%		12302		小王
2024/8/22	1890	689	36%		3652		小王
2024/8/23	2561	1240	48%		6572		小王
2024/8/24	1501	456	30%		2417		小王
2024/8/25	2598	1245	48%		6599		小王
2024/8/26	1760	950	54%		5035		小王
2024/8/27	2631	1045	40%		5539		小王
2024/8/28	3820	1564	41%		8289		小王
2024/8/29	4521	3547	78%		18800		小王
2024/8/30	3120	2460	79%		13038		小王
2024/8/31	2971	1890	64%		10017		小王

图 10-3　报表调整与转化率变化美化（2）

利润变化的制作与转化率变化的制作方法类似，但插入的图表类型选择柱形图，结果如图 10-4 所示。

A	B	C	D	E	F	G	H
日期	访客数	有效订单数	订单转化率	转化率变化	利润	利润变化	负责人
2024/8/20	2102	1020	49%		5406		小王
2024/8/21	3200	2321	73%		12302		小王
2024/8/22	1890	689	36%		3652		小王
2024/8/23	2561	1240	48%		6572		小王
2024/8/24	1501	456	30%		2417		小王
2024/8/25	2598	1245	48%		6599		小王
2024/8/26	1760	950	54%		5035		小王
2024/8/27	2631	1045	40%		5539		小王
2024/8/28	3820	1564	41%		8289		小王
2024/8/29	4521	3547	78%		18800		小王
2024/8/30	3120	2460	79%		13038		小王
2024/8/31	2971	1890	64%		10017		小王

图 10-4　报表调整与利润变化美化

（2）添加数据条对数据突出显示。利用条件格式对需要突出显示的数据进行设置，在本例中可对有效订单数突出显示。首先框选有效订单数的数据，然后单击“条件格式”按钮，在其下拉菜单中选择“数据条”选项，选定颜色突出显示，结果如图 10－5 所示。

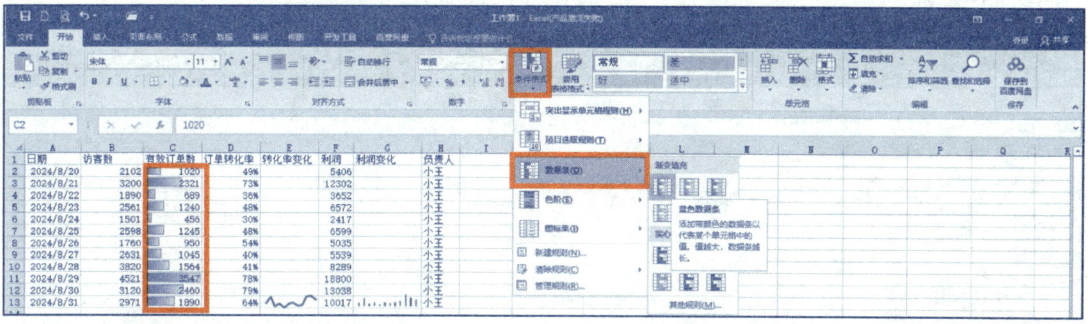

	A	B	C	D	E	F	G	H
1	日期	访客数	有效订单数	订单转化率	转化率变化	利润	利润变化	负责人
2	2024/8/20	2102	1020	49%		5406		小王
3	2024/8/21	3200	2321	73%		12302		小王
4	2024/8/22	1890	689	36%		3652		小王
5	2024/8/23	2561	1240	48%		6572		小王
6	2024/8/24	1501	456	30%		2417		小王
7	2024/8/25	2598	1245	48%		6599		小王
8	2024/8/26	1760	950	54%		5035		小王
9	2024/8/27	2631	1045	40%		5539		小王
10	2024/8/28	3820	1564	41%		8289		小王
11	2024/8/29	4521	3547	78%		18800		小王
12	2024/8/30	3120	2460	79%		13038		小王
13	2024/8/31	2971	1890	64%		10017		小王

图 10－5　添加数据条对数据突出显示

（3）利用数据透视表实现数据的多维度展现。选定数据源，插入数据透视表，在弹出的“创建数据透视表”对话框中完成数据区域的框选及数据透视表输出区域的选择，如图 10－6 所示。

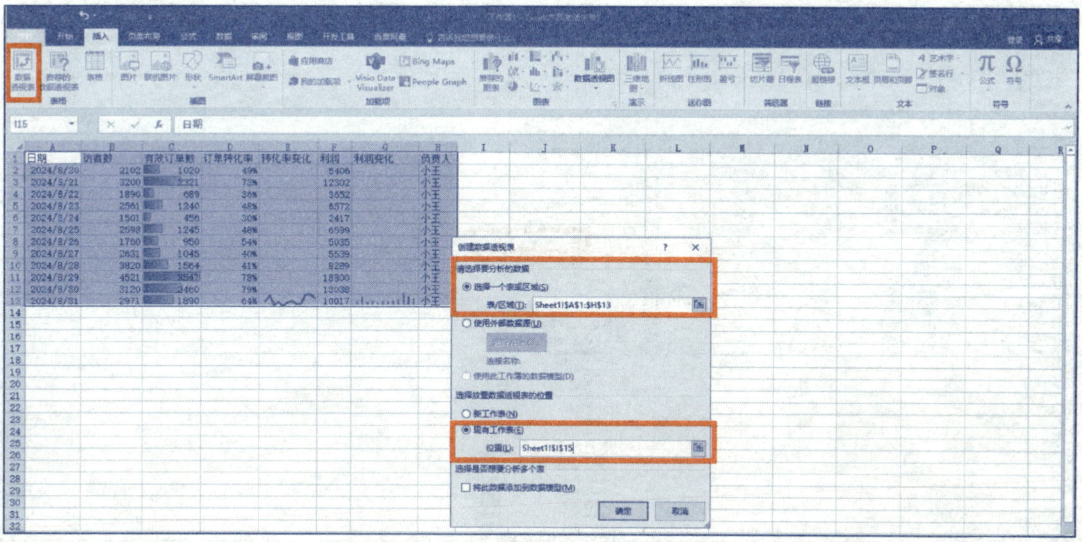

图 10－6　数据透视表相关区域选择

接着，在“数据透视表字段”区域选择数据分组与计算的字段，完成以上操作以后，对整个报表进行美化润色，并加入必要的文字标注，即可完成报表的制作，如图 10－7 所示。

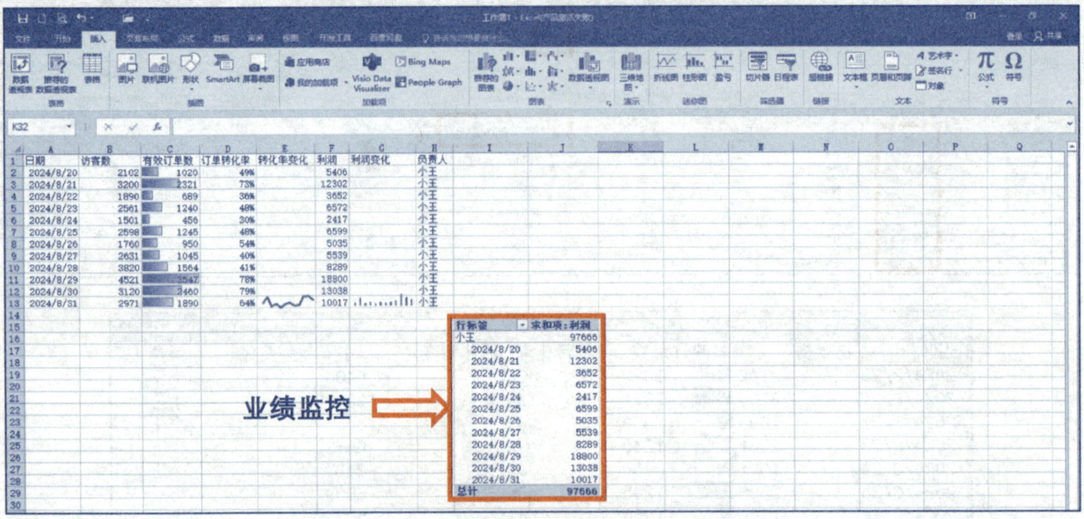

图 10－7　报表美化润色

基于以上报表，如每天有新的数据需要更新，只需要在原始数据里加一行，在数据透视表里右击鼠标刷新，即可完成此报表的内容更新。要注意的是，添加的数据的位置不能和数据透视表的位置有冲突。为了更加清晰地展示员工业绩，可以将日期按月份进行统计，选中数据透视表中日期列任意一数据，点击右键选择“组合”，在弹出的窗口中选择“月”，就能将员工业绩按月份进行统计了，结果如图 10－8 所示。同理，如果数据量比较大，也可以选择按照“季度”“年”进行统计（见图 10－9）。

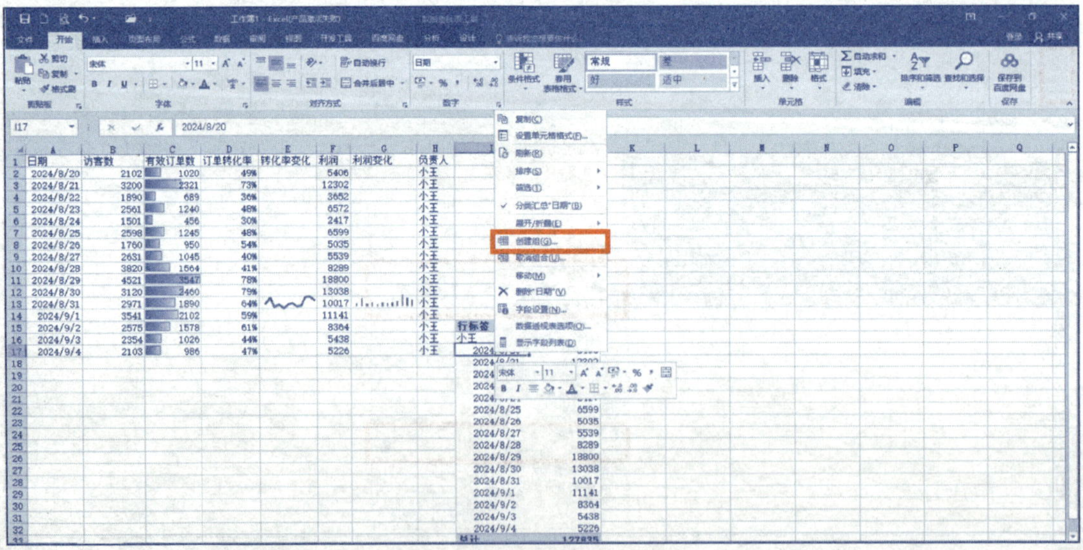

图 10－8　报表的内容更新

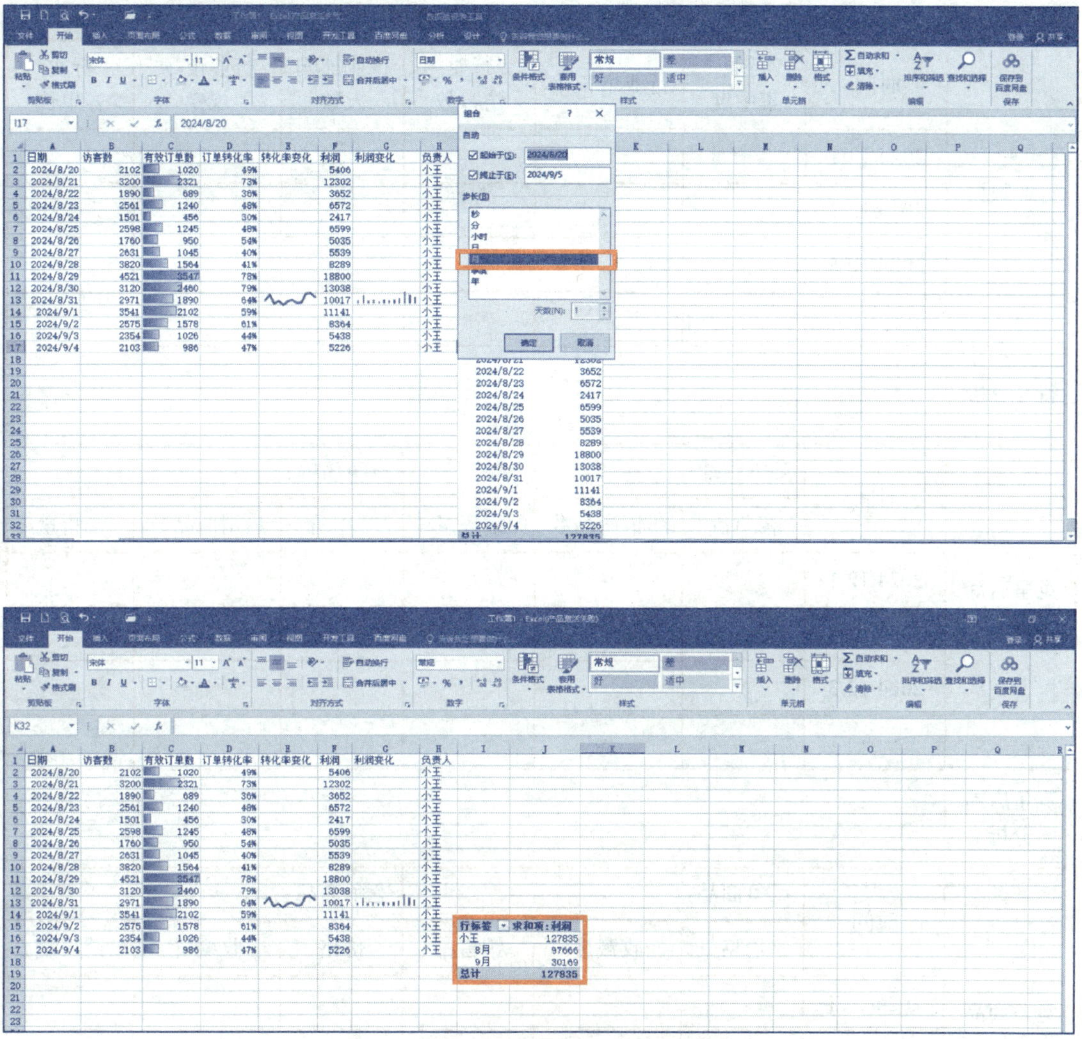

图 10－9　报表内容更新（按月统计）

三、专项数据监控报表制作

专项数据监控报表是对某个维度的数据进行监控的报表，主要围绕市场、运营、产品这三个维度的数据展开。专项数据监控报表的制作步骤和日常数据监控报表的制作步骤一致，明确数据监控报表的需求，将采集到的数据导入搭建好的报表框架后，根据展现的需要进行报表数据调整与美化，即可完成报表的制作。

（一）市场数据监控报表

市场数据监控报表首先要结合行业数据、竞争数据等相关数据展开，然后需要结合分析需求及监控需求，最后选中数据指标并搭建框架。表 10－3 是商家常用的市场数据监控报表。

表 10－3　市场数据监控报表

行业数据	时间	行业集中度	行业增长率	行业访客数	行业加购人数	行业市场规模	行业客单价
	2024/12/1						
	2024/12/2						
	2024/12/3						
	……						
行业分析							
竞争店铺数据	时间	竞争店铺：			竞争店铺：		
		客单价	热销商品数	销售量	客单价	热销商品数	销售量
	2024/12/1						
	2024/12/2						
	2024/12/3						
	……						
竞争店铺分析							
竞争商品数据	时间	竞争商品：			竞争商品：		
		价格	收藏量	销售量	价格	收藏量	销售量
	2024/12/1						
	2024/12/2						
	2024/12/3						
	……						
竞争商品分析							

（二）运营数据监控报表

运营数据监控报表需要综合客户数据、推广数据、销售数据、供应链数据等进行呈现。制作报表时，需要结合需求与目标有针对性地选择数据指标。如某淘宝店铺在2024 年 11 月 1 日—11 月 11 日参加了平台“双 11”的活动，在活动期间店铺需要对不同流量来源的各项数据进行监控，以便实时查看活动效果，及时调整运营策略。商家常用的流量数据监控报表如表 10－4 所示。

表 10－4　流量数据监控报表

流量来源	来源明细		访客数	下单买家数	下单转化率	支付买家数	支付转化率	支付金额	UV价值
付费流量	淘宝客								
	直通车								
	智钻								
免费流量	自主访问	购物车							
		我的淘宝							
		直接访问							
		宝贝收藏							
	淘内免费	手淘淘金币							
		猜你喜欢							
		天天特价							
		手淘搜索							
		手淘消息中心							
		淘内免费其他							

（三）产品数据监控报表

产品数据监控报表的制作围绕相关产品产生的相关数据选择监控的数据指标，包括产品行业数据和产品能力数据。表 10－5 是某店铺使用的产品数据监控报表。

表 10－5　产品数据监控报表

品类	时间	产品行业数据		产品能力数据							
		搜索指数	交易指数	访客数	加购件数	收藏人数	支付件数	支付买家数	支付金额	客单价	毛利率
毛衣	2024/12/1										
	2024/12/2										
	2024/12/3										
	……										
卫衣	2024/12/1										
	2024/12/2										
	2024/12/3										
	……										

拓展

每日监控看板与链接看板

电商怎么做数据分析才能既监控到整体的销售情况，又能了解每个业务员的运营情况，从而进行优化管理呢？让我们看以下案例。

1. 公司背景

A 公司成立于 2017 年，是一家以文具零售为主的企业。在线电商店铺 40 余家，分布在拼多多、淘宝、京东等各大电商平台，月成单量可达 300 多万单。

2. 项目背景

公司运营团队的成员按照商品链接做运营分工，而电商后台链接无法与对应的运营责任人相匹配。以前公司使用 Excel 进行分析，由于数据量太大，不仅 Excel 卡顿严重、分析困难，还导致无法及时监控到单链接的推广运营数据以及各项销售数据等。

鉴于此，公司搭建了统一的数据看板来监控销售数据及链接数据，通过看板监控单链接当前获客营销手段是否存在问题，及时做针对性调整，以支持运营部门进行更精细的链接运营。

3. 分析场景

（1）每日监控看板。

A 公司在多个平台设有多家店铺，其中拼多多有 25 家，淘宝有 10 余家。由于店铺数量众多，因此通过 Excel 整合所有店铺数据十分不便，分析展示更是难上加难。现在，将多家店铺的数据整合到一起，实现一张看板展示所有数据，监控整体的销售情况及走势。

通过展示每个运营人员链接的毛利和推广数据，做到用数据说话，精准定位问题。及时发现有问题的链接，对应的运营人员需要深入排查原因，并提供对应的解决策略。

（2）链接看板。

在电商平台后台，链接是无法与对应的运营责任人相匹配的。其实，只需维护一张映射表，就可以将 A 公司的运营人员与链接一一匹配，并将所有运营人员的链接经营情况合并到一张表格统一查看。

通过映射表记录商品、链接及对应运营人员，利用“左右合并”功能，将共有字段链接与后台下载的链接合并到一起，即可对应到商品 ID 及运营人员。

通过链接看板，可以及时定位不同链接毛利率偏低的问题，然后进一步查看链接经营的明细数据。结合后台的推广明细、投产比等，针对有问题的链接进行数据复盘，并做相应的业务调整。

A 公司的运营人员将毛利分为几个不同的阶段，时刻监控各个阶段的毛利率：

毛利率 = 支付金额 − 商品成本

毛利率（扣退）= 支付金额 − 商品成本 − 扣退

毛利率（扣退 - 推广费）= 支付金额 - 商品成本 - 扣退 - 推广费

毛利率（扣退 - 推广费 - 运费）= 支付金额 - 商品成本 - 扣退 - 推广费 - 运费

（3）单链接数据看板。

在本案例中，通过数据看板，运营人员还制作了整体转化率、收入、毛利率等趋势变化的图表，通过数据定位经营推广出现的问题，进而去查看对应平台的仪表板。

如果通过趋势图表发现淘宝平台近几天转化率整体偏低，则打开“淘系仪表板”去定位流量来源，进而有针对性地解决问题。

实践训练

任务一　异常数据的鉴别及分析

知识回顾

- 能够通过监控了解店铺数据的异常情况。
- 举例说明如何分析数据异常的原因，如何解决店铺数据异常问题。

训练目标

- 能够识别异常指标数据。
- 能够分析异常指标数据。
- 能够提出改进优化建议。

任务背景

某店铺在统计店铺季度销售额时发现，从 4 月份开始到 6 月初店铺的整体销售额有了一定程度的下降。经理安排小婷及时找到销售额下降的原因，并给出优化建议。

任务分解

获取店铺异常数据，分析后给出优化建议。

任务实施

步骤 1：获取并整理数据。

通过“学习情境三项目十任务一店铺销售数据源”，可以获取到店铺销售额、客单价、订单量、转化率、访客量等指标数据。

步骤 2：制作销售额趋势图。

制作销售额整体走势的折线图表，分析销售额变化情况，给出分析结果。

步骤 3：制作客单价趋势图。

请制作客单价走势的折线图表，分析客单价的变化情况，并给出客单价对销售额影响的分析结果。

步骤 4：制作订单量趋势图。

请制作订单量走势的折线图表，分析订单量的变化情况，并给出订单量对销售额影响的分析结果。

步骤 5：制作成交转化率趋势图。

请制作转化率走势的折线图表，分析转化率的变化情况，并给出转化率对销售额影响的分析结果。

步骤 6：制作访客量趋势图。

请制作访客量走势的折线图表，分析访客量的变化情况，并给出访客量对销售额影响的分析结果。

步骤 7：分析原因，提出优化建议。

说明销售额数据变动的主要原因，并给出优化建议。

自主训练

某淘宝店铺经营健身器械，计划在 9 月 1 日—9 月 7 日开展为期 7 天的满减促销活动。为了保证活动效果，店铺提前两周开展了预热活动，但预热期的销售情况并不理想。请帮助该店铺分析原因并进行策略优化，保证活动的顺利开展。下载“学习情境三项目十任务一【自主训练】店铺销售数据源”，可以获取店铺销售额、客单价、订单量、转化率、访客量等指标数据。

任务总结

请记录本次任务实施过程中遇到的问题及解决方法，总结个人收获（见表 10－6）。

表 10－6　任务总结表

遇到的问题	解决方法	个人收获

任务二　数据监控与报表制作

知识回顾

- 数据监控报表的设计流程。
- 常见的数据监控报表的类型。
- 制作数据监控报表的注意事项。

训练目标

- 能够明确活动的监控目标及监控指标。
- 能够完成数据监控报表的美化和制作。
- 能够读懂报表数据，并分析报表数据。

任务背景

某店铺连续两年在国庆假期开展了促销活动，并借助直通车推广为店铺进行引流。为了更好地记录和分析直通车推广效果，商家需要监控活动期间直通车推广的各项数据指标情况，并制作直通车推广数据监控报表。

任务分解

直通车推广效果监控报表制作步骤：

（1）明确监控目标。

（2）明确监控指标。

（3）确定监控方式及周期。

（4）监控结果分析、优化。

（5）设置监控条件。

（6）创建监控报表。

任务实施

注：本任务为开放性活动，故只写出步骤名。

步骤 1：确定监控目标。

监控目标：（略）

步骤 2：明确监控指标。

监控指标：（略）

步骤 3：确定监控方式及监控周期。

监控方式：（略）
监控周期：（略）

步骤 4：搭建数据监控表框架（见表 10－7）。

表 10－7　店铺直通车推广数据监控报表（×× 年 ×× 月）

日期	数据指标	数据指标	数据指标	监控指标 1	监控指标 2
直通车推广分析：					

步骤 5：监控报表数据整理。

依据数据（下载"学习情境三项目十任务二直通车推广数据源"），将指标数据对应填入监控报表中。

步骤 6：设置监控指标条件。

设置监控指标条件，并利用条件格式将不符合要求的数据突出显示。

步骤 7：直通车推广分析。

完成店铺直通车推广效果分析，并给出分析结论。

自主训练

为了迎接即将到来的"双 11"平台活动，某店铺计划提前四周开展预热活动。为了提升销量，小林开通了直通车付费推广，并计划每天监控推广数据。请帮助小林编制直通车推广数据监控报表，并进行效果分析。(相关数据请通过下载“学习情境三项目十任务二【自主训练】直通车推广数据源”获取)。

任务总结

请记录本次任务实施过程中遇到的问题及解决方法，总结个人收获（见表 10－8）。

表 10－8　任务总结表

遇到的问题	解决方法	个人收获

项目十一 数据分析报告撰写

知识体系

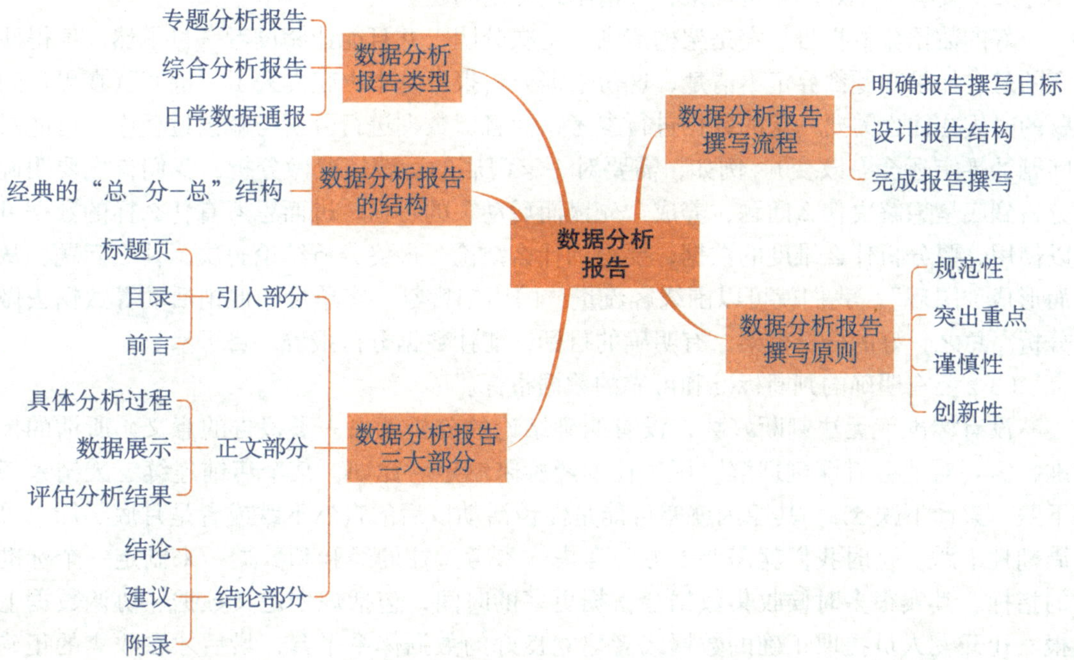

理论学习

数据分析报告是利用数据分析的原理和方法，对数据进行分析并得出结论，提出建议或解决办法的一种分析应用文体。数据分析报告的主要作用就是总结和呈现数据的主要发展趋势、关联性，并提出相应的建议和决策。

数据分析报告撰写流程可以总结为以下三个步骤：明确报告撰写目标→设计报告结构→完成报告撰写。

撰写数据分析报告时要遵循以下原则：规范性原则、突出重点原则、谨慎性原则、创新性原则。

撰写数据分析报告要注意以下事项：

（1）明确数据分析报告的受众对象，要有易读性。

从报告对象的角度组织内容、结构，以及报告里各个模块的侧重点。每个人都有自己的阅读习惯和思维方式，写东西总会按照自己的思维逻辑来写，别人不一定了解。阅读者往往只会花很少的时间来阅读，所以要考虑你的报告的阅读者是谁？他们最关心什么？必须站在读者的角度去写分析报告。比如，受众对象是公司领导层的决策者，报告侧重点应为关键指标是否达到预期目标，若未到达，则需要进一步地拆解、细化数据指标来简要说明问题出在哪里，未来如何改进；若已达到预期目标，则分析做了哪些努力，并总结团队下一步的改进计划。受众对象是团队的业务人员，报告侧重点应为挖掘问题点，并提出改进方案以及可执行建议，实现数据驱动业务。总之，不同的受众对象，数据分析报告的侧重点不同。

（2）要有一个好的分析框架，并清晰地界定问题。

好的数据分析报告一定是架构清晰、主次分明，并且能让阅读者一目了然。值得注意的是，如果问题都界定不清楚，这份数据分析报告基本也就失去了“价值”(在界定问题的时候往往也需要一定的数据进行参考，而且对数据进行分析与解读过程中，可能对问题的界定还会有改变)。例如，需要对一家门店的运营情况做分析，我们首先要明确分析到底是想解决什么问题，养成“先谋而后动”的习惯，进而思考有什么样的数据可以使用，要分析什么维度的数据，要得到什么结论，最终分析结论解决了什么问题，从而形成“闭环”。我们就可以围绕客流量、门店销售额、客单价、促销活动等数据去做分析。总之，好的分析框架，有明确的目标，能让数据分析报告一目了然。

（3）要有明确的判断标准和可靠的数据指标。

没有标准就无法判断好坏，没有明确结论的分析就失去了报告的意义。所谓的标准，需要对业务有深刻理解，用过往的经验来制定。比如，某个店铺连续三天销售额下跌，累计下跌5%，其原因就有可能是促销活动以后的自然下跌或者是月底、周末等周期性下跌。这时我们就需要多方位考虑，参考过往的经验和数据，来制定一个标准的指标。其实很多时候收集数据会占据更多的时间，包括规划定义数据、协调数据上报、让开发人员提取正确的数据或者建立良好的数据体系平台，最后才在收集的正确数据的基础上做分析，既然一切都是为了得出正确的结论，那么就要保证收集到的数据的可靠性。总之，“数据 + 判断标准”才能得出明确的结论，不要有猜测性、可能性的结论。

（4）数据分析报告尽量图表化，风格统一。

借助图表人们能更形象、更直观地看清楚问题和结论，当然，图表也不要太多，过多的图表一样会让人抓不到重点。一些重点的数据，用颜色、大小等来区分，可以让传达变得更加清晰。值得注意的是，要明确图表使用原则、场景。数据分析报告本身是严肃、严谨的，样式、风格要适宜。

常识性的配色：餐饮类宜用橘色、红色、黄色；国际贸易类宜用蓝色、灰色、雾蓝色、灰绿色等；社会人文类按照感情颜色进行配色，例如较严峻的社会问题，要用灰色、深蓝，较喜庆的，使用红色、绿色、黄色。具体可按需搭配对比色和互补色等。

图表类型的选择：饼图、环形图、百分比堆积柱形图等通常用来展现数据的分类和占比情况，而环形图的可读性更高；柱形图、条形图、雷达图通常用来比较类别间的大小、高低；折线图、面积图通常用来对比关系，表示随时间变化的情况、趋势情况；散点图、气泡图通常用来对比相关性。

（5）分析结论要明确、精简、有逻辑。

分析的核心在于得出明确的结论。若缺乏清晰的结论，分析便失去其应有的意义。分析的目标在于探索和验证结论，因此，在分析过程中应始终围绕这一目标展开，避免偏离本质。理想情况下，一个分析应聚焦于一个最重要的结论。在很多情况下，分析的主要任务是发现问题。如果能够通过分析揭示一个重大问题，那么分析的目标就已经达成。简洁明了的结论更容易被读者接受，尤其是对于时间有限的读者（如事务繁忙的领导）。如果问题或结论过于繁杂，可能导致读者无法有效吸收信息，即使结论数量再多，也无法发挥作用。此外，应避免提出基于猜测的结论，因为过于主观的内容往往缺乏说服力。如果一个结论连分析者自己都无法确信，那么将其呈现出来可能会误导他人。

（6）要有可行性的建议和解决方案，正视问题，干预指出，并随时跟进。

作为决策者，在制定决策时必须识别并聚焦于真正的问题。这不仅是决策的基础，也是确保决策有效性的关键。在报告撰写过程中，必须避免空洞无物、无法实际操作的内容。重要的是，报告完成后，必须与受众对象进行有效沟通，收集他们的反馈，并根据反馈迅速调整报告内容。在实际工作中，向上级汇报时，也需灵活应对。通过适当地优化数据展示，可以更好地争取后续资源支持。需要注意的是，这种优化并非伪造数据，而是一种基于事实的呈现技巧。数据分析报告的最终目的在于揭示问题，并为决策提供依据。因此，发现问题和正视问题，是数据分析报告的核心价值所在。

一、数据分析报告类型

由于数据分析报告的对象、目标、方法等情况不同，因而存在着不同形式的数据分析报告类型。常用的报告类型有三种：专题分析报告、综合分析报告、日常数据通报。

（一）专题分析报告

专题分析报告是指一般没有固定的时间周期，有大方向的目标，即对社会经济现象的某一方面或某一个问题进行专门研究的一种数据分析报告。专题分析报告主要是为决策者制定某项政策、解决某个问题提供决策参考和依据。专题分析报告具有单一性和深入性的特点，此类报告要求做数据分析的人员对业务有深入的认识和了解、有较强的数据思维能力、数据敏感度，通过专题分析、挖掘问题、突出重点，集中精力解决主要的问题，例如，店铺销量异常分析、活跃数据异常分析、用户流失分析、提升用户转化率分析等。

（二）综合分析报告

综合分析报告是指全面评价一个地区、单位、部门业务或其他方面发展情况的一种数据分析报告。综合分析报告主要是从宏观角度反映指标之间的关系，并站在全局高度反映总体特征，做出总体评价。综合分析报告具有全面性和关联性的特点，此类报告分析维度较为全面，在系统地分析指标体系的基础上，考察现象之间的内部联系和外部联系。例如，人口普查报告、某企业运营分析报告等。

（三）日常数据通报

日常数据通报一般以日报、周报、月报、季报、年报的形式，定期地对某一个业务场景进行数据分析，主要是反映日常业务计划执行情况，通过活动、拉新、渠道等不同维度的数据反映业务目前现状并分析某影响和原因的一种分析报告。日常数据通报的特点是具有时效性、规范性和进度性。此类报告要求贴合业务场景，搭建起符合业务场景、涵盖核心指标的指标体系，以实现对业务人员在从事业务活动中的数据支撑，反映业务情况，才能帮助决策者快速掌握业务线的最新动态。例如，公司的日常运营报告、店铺的日常销售报告、产品运营周报等。

二、数据分析报告结构

不管什么文体都是有结构的，数据分析报告也有特定的结构，但是这种结构并非一成不变，不同的数据分析师、不同的管理者、不同的客户、不同性质的数据分析及不同的需求，其最后得到的数据分析报告的结构也有不同。最经典的报告结构是“总－分－总”结构，主要包括引入、正文、结论三大部分：引入部分包括标题页、目录和前言；正文部分包括具体分析过程、数据展示、评估分析结果；结论部分包括结论、建议及附录。下面对这几个部分进行具体介绍。

（一）引入部分

1. 标题页

标题页需要写明报告的题目，题目要精简干练，根据版面的要求在一两行内完成。标题是一种语言艺术，好的标题不仅可以表现数据分析的主题，而且能够激发读者的阅读兴趣，因此需要重视标题的设计。

（1）常用的标题类型。

1）解释基本观点：往往用观点句来表示，点明数据分析报告的基本观点，如“不可忽视高价值客户的保有”“语音业务是公司发展的重要支柱”等。

2）概括主要内容：重在叙述数据反映的基本事实，概括分析报告的主要内容，让读者能抓住全文的中心，如“我公司销售额比去年增长 30%”“2024 年公司业务运营情况良好”等。

3）交代分析主题：反映分析的对象、范围、时间、内容等情况，并不点明作者的看法和主张，如“发展公司业务的途径”“2024 年运营分析”“2024 年部门业务对比分析”等。

4）提出问题：以设问的方式提出报告所要分析的问题，引起读者的注意和思考，如“客户流失到哪里去了”“公司收入下降的关键原因是什么”“1 500 万元的利润是怎样获得的”。

（2）标题的撰写要求。

标题的撰写要符合直接、确切、简洁三点基本要求，还应力求创新活泼、独具特色、艺术性强。要使标题具有艺术性，就要抓住对象的特征展开联想，适当运用修辞手法给予突出和强调，如“我的市场我做主”“我和客户有个约会”等。有时，报告的作者也要在题目下方出现，或者在报告中要给出所在部门的名称，为了将来方便参考，完成报告的日期也应当注明，这样能够体现出报告的时效性。

2. 目录

目录能体现数据分析报告整体架构，可以帮助读者快捷方便地找到所需的内容，因此，要在目录中列出报告主要章节的名称。但是目录也不要太过详细，因为这样阅读起来让人觉得冗长并且耗时。此外，报告中有大量图表时可以考虑将各章图表单独制作成目录，以便日后更有效地使用。

3. 前言

前言是数据分析报告的重要组成部分，要写出做这次分析报告的目的和背景，简略阐述现状或存在的问题，通过这次分析需要解决的问题，运用的分析思路、方法和模型，给出总结性的结论或效果，若有数据，则要给出数据来源。

（二）正文部分

正文是数据分析报告的核心部分，它能系统全面地表述数据分析的过程与结果，主要包括具体分析过程、数据展示、评估分析结果。撰写正文报告时，根据之前分析思路中确定的每项分析内容，利用各种数据分析方法，一步步地展开分析，通过图表及文字相结合的方式，形成报告正文，方便阅读者理解。正文具有以下几个特点：它是报告最长的部分；包含所有数据分析事实和观点；数据图表和相关文字结合；正文各部分具有逻辑关系。

（三）结论部分

1. 结论

结论是以数据分析为依据得出的结果，通常以综述性文字来说明。它不是分析结果的简单重复，而是结合公司实际业务，经过综合分析、逻辑推理形成的总体论点。结论是去粗取精、由表及里而抽象出的共同、本质的规律，它与正文紧密衔接，与前言相呼应，使分析报告首尾照应。结论应该措辞严谨、准确、鲜明。

2. 建议

建议是根据数据分析结论对企业或业务等所面临的问题提出的改进方法。建议主要关注保持优势及改进劣势等方面。由于分析人员所给出的建议主要是基于数据分析结果而得到的，会存在局限性，因此必须结合公司的具体业务才能得出切实可行的建议。

3. 附录

附录是数据分析报告的一个重要组成部分。一般来说，附录提供正文中涉及而未予阐述的有关资料，有时也含有正文中提及的资料，从而向读者提供一条深入数据分析报告的途径。附录主要包括报告中涉及的专业名词解释、计算方法、重要原始数据等内容。每个内容都需要编号，以备查询。当然并不是要求每篇报告都有附录，附录是数据分析报告的补充，并不是必需的，应该根据各自的情况再决定是否需要在报告结尾处添加附录。

拓展

某电商平台销售数据分析（简易版）

1. 引言

本报告旨在对电商平台销售数据进行深入分析，以揭示销售趋势、产品热度和用户行为，为企业制定营销策略和优化运营提供数据支持。

2. 数据概览

数据集时间范围：2024 年 1 月 1 日至 2024 年 12 月 31 日。

数据集包括销售额、订单数量、访客数量等指标。

数据质量良好，无重复值和缺失值。

3. 数据分析

销售额随时间呈现明显的季节性波动，但整体呈现增长趋势。

热门产品类别包括电子产品、家居用品和服装鞋帽。

主要的访客来源渠道为搜索引擎和社交媒体。

4. 数据解释和发现

发现 1：节假日促销活动对销售额有显著提升作用，需要加强节假日营销策划。

发现 2：电子产品销售额占比逐年增长，需进一步加大电子产品的推广和销售力度。

发现 3：搜索引擎渠道带来的访客具有较高的转化率，需要优化搜索引擎营销策略。

5. 数据分析结论

电商平台的销售额呈现稳定增长趋势，但存在季节性波动。

电子产品、家居用品和服装鞋帽是热门销售品类，需加强推广和库存管理。

搜索引擎是主要的访客来源渠道，具有较高的转化率，需要优化搜索引擎营销策略。

6. 建议和决策

加强节假日促销活动，提升销售额。

加大电子产品的推广和销售力度，以满足用户需求。

优化搜索引擎营销策略，提高访客转化率。

7. 结束语

本报告对 ×× 电商平台销售数据进行了综合分析，为企业制定营销策略和优化运营提供了重要的参考和指导。

实践训练

任务一 市场数据分析报告撰写

知识回顾

- 赫芬达尔指数的计算方法及步骤。
- 数据分析报告的主要类型。

训练目标

- 能够进行行业市场容量分析。
- 能够进行行业集中度计算分析。
- 能够设计数据分析报告框架，并完成数据分析报告撰写。

任务背景

某电商企业有意要开一个儿童玩具淘宝店，想选择市场容量大、销售前景好的子行业进入。领导安排小婷来做市场调研分析，明确公司要进入的子行业，并给出市场数据分析报告。

任务分解

数据分析可以从以下两个角度开展：市场容量分析、行业集中度分析。

任务实施

注：本任务为开放性活动，故只写出步骤及要点。

步骤 1：设计数据分析报告结构。数据分析报告结构为“总－分－总”。

步骤 2：数据分析报告各部分内容设计与撰写。

1. 引入部分

（1）标题页。小婷了解到标题页需要写明报告的名称、数据来源、呈现日期等内容，她依此完成了标题拟定（见表 11－1）。

表 11－1 标题页

报告名称：例如，儿童玩具类市场数据分析报告
数据来源：例如，生意参谋、百度指数、八爪鱼采集器等
呈报日期：2025 年 5 月 1 日

（2）目录。

目录是报告中各部分内容索引和附录的顺序提要，方便读者了解报告的内容名目。目录需要清晰地体现出报告的分析思路。小婷将报告中的主要章节的名称按要求填写，形成了报告目录（见图 11－1）。

前言 ... 1
数据收集与处理 ... 2
数据分析方法 ... 3
数据分析结果 ... 4
结论与建议 ... 5
参考文献 ... 6

图 11－1　目录页

（3）前言。

前言是分析报告的一个重要组成部分，主要包括分析背景、分析目的及分析思路三方面。其中，分析背景主要阐述分析的主要原因、分析的意义，以及其他相关信息，如行业发展现状等内容；分析目的主要说明开展此次分析能带来何种效果，可以解决什么问题；分析思路用来指导后期如何进行一个完整的数据分析，即确定需要分析的内容或指标。小婷拟定的前言页如表 11－2 所示。

表 11－2　前言页

分析背景：主要阐述分析的主要原因、分析的意义，以及其他相关信息，例如儿童玩具类行业发展现状等。
分析目的：主要说明数据分析报告能带来何种效果，可以解决什么问题，例如了解儿童玩具类发展前景，为进入该行业做好前期调研等。
分析思路：确定需要分析的内容或指标，例如行业赫芬达尔指数等。

2. 正文部分

（1）小婷依据行业数据（下载“学习情境三项目十一任务一（1）儿童玩具各子行业数据源”），通过创建数据透视图表、切片器插入等操作，选择查询并分析各子行业市场容量情况，之后选择市场容量大的子行业。

（2）小婷依据行业集中度数据（下载“学习情境三项目十一任务一（2）行业集中度数据源”），通过计算市场份额、市场份额平方值，最终计算该子行业的行业集中度（赫芬达尔指数），并依据行业集中度的计算数据，分析判断可否进入该子行业。

3. 结论部分

报告的结尾是对整个数据分析报告的综合与总结，是得出结论、提出建议、解决矛盾的关键所在，起着画龙点睛的作用。

（1）小婷根据数据处理、分析情况，明确可以进入的子行业，并给出结论和建议。

结论与建议：是否可以进入该行业，需要注意什么，做好什么前期准备，以及有何建议等内容。

（2）附录。

附录不是必备的，根据需要撰写，一般附录中可补充正文中应用到的分析方法、展示图、专业术语、重要原始数据等内容。

自主训练

某电商企业想要探索女装行业，从中选择市场容量大、销售前景好的子行业进入，并进一步分析子行业的集中度，明确是否还有进驻该行业的机会。请你根据相关资料（下载“学习情境三项目十一任务一【自主训练】女装各子行业数据源”“学习情境三项目十一任务一【自主训练】行业集中度数据源”）做市场调研分析，明确该企业要进入的子行业，并撰写市场数据分析报告，为企业决策提供支持。

任务总结

请记录本次任务实施过程中遇到的问题及解决方法，总结个人收获（见表 11－3）。

表 11－3 任务总结表

遇到的问题	解决方法	个人收获

任务二 店铺运营分析报告撰写

知识回顾

- 影响店铺销售额的因素。
- 数据分析报告的主要内容。

训练目标

- 能够分析影响店铺销售额变化的原因。
- 能够完成数据分析图表的制作。
- 能够对数据分析结果形成有效的分析结论。

任务背景

店铺经营销售过程中会产生大量的销售数据，这些销售数据会对店铺的运营策略产生很大影响。某网络零食店铺持续记录每日的销售数据，近日领导发现店铺的销售额有了明显下降，为了全面分析影响店铺销售额下降的原因，领导安排小婷撰写店铺运营分析报告。

任务分解

影响销售额下降的因素包括：客单价、订单量、访客量、成交转化率。

任务实施

注：本任务为开放性活动，故只写出步骤及要点。

步骤 1：明确报告撰写目标。根据任务背景分析本次数据报告的撰写目标，并对目标进行拆分，确定在报告中选择的数据指标。

步骤 2：设计数据分析报告结构。数据分析报告结构为“总－分－总”。

步骤 3：数据分析报告各部分内容的设计与撰写。

1. 引入部分

（1）标题页。小婷了解到标题页需要写明报告的名称、数据来源、呈现日期等内容，她依此完成了标题拟定（见表 11－4）。

表 11－4 标题页

报告名称：例如，×× 零食店铺运营分析报告
数据来源：例如，店铺后台、生意参谋、京东商智等
呈报日期：2025 年 5 月 1 日

（2）目录。

目录是报告中各部分内容索引和附录的顺序提要，方便读者了解报告的内容名目，目录需要清晰地体现出报告的分析思路。小婷将报告中的主要章节的名称按要求填写，形成了报告目录（见图 11－2）。

图 11－2 目录页

（3）前言。

前言是分析报告的一个重要组成部分，主要包括分析背景、分析目的及分析思路三方面。其中，分析背景主要阐述分析的主要原因、分析的意义，以及其他相关信息，如店铺历史销售情况等内容；分析目的主要说明开展此次分析能带来何种效果，可以解决什么问题；分析思路用来指导后期如何进行一个完整的数据分析，即确定需要分析的内容或指标。小婷拟定的前言页如表 11－5 所示。

表 11－5　前言页

分析背景：主要阐述分析的主要原因、分析的意义，以及其他相关信息，例如店铺历史销售情况、运营数据等。
分析目的：主要说明数据分析报告能带来何种效果，可以解决什么问题，例如解决店铺销售额下降的问题。
分析思路：确定需要分析的内容或指标，例如销售额等。

2. 正文部分

小婷依据销售数据（下载“学习情境三项目十一任务二店铺销售数据源”），通过创建图表等操作，分析选择的数据指标对店铺销售额的影响。

3. 结论部分

报告的结尾是对整个数据分析报告的综合与总结，是得出结论、提出建议、解决矛盾的关键所在，它起着画龙点睛的作用，是整篇分析报告的总结。

（1）根据数据处理、分析情况，明确店铺销售额下降的原因，并给出结论和建议。

结论与建议：影响销售额下降的因素可能是市场竞争加剧、消费需求变化、运营策略不当、产品质量或服务问题、外部环境变化等。建议从产品优化、营销推广、运营效率提升、行业趋势关注等方面入手，提升竞争力，从而实现销售额增长。

（2）附录。

附录不是必备的，根据需要撰写，一般附录中可补充正文中应用到的分析方法、展示图、专业术语、重要原始数据等内容。

自主训练

某网络女装店铺近期的销售额有明显下降，为了查明影响店铺销售额下降的原因，请你撰写店铺运营分析报告（下载“学习情境三项目十一任务二【自主训练】店铺销售数据源”）。

任务总结

请记录本次任务实施过程中遇到的难点及解决方法，总结个人收获（见表 11－6）。

表 11-6　任务总结表

本次实训遇到的问题	解决方法	个人收获

任务三　店铺推广效果分析报告撰写

知识回顾

- 活动推广效果分析的维度。
- 撰写数据分析报告时的注意事项。

训练目标

- 能够明确活动效果分析指标。
- 能够完成数据分析报告的撰写。
- 培养较强的系统化思维和文字表达能力。

任务背景

促销活动能吸引买家的注意，但是促销活动绝对不是仅靠随便打折、送赠品就能成功的。某电商企业为了迎接“双 11”大促开展了预热活动。为了评估活动效果，部门经理安排小婷对活动期间的店铺数据进行分析，评估活动效果，撰写店铺推广效果分析报告，为后期营销策略的制定提供参考。

任务分解

明确活动效果；明确活动拉新效果；明确各渠道流量占比；明确各渠道流量转化率。

任务实施

注：本任务为开放性活动，故只写出步骤及要点。

步骤 1：明确报告撰写目标。根据任务背景分析本次数据报告的撰写目标是什么，并对目标进行拆分，确定在报告中选择的数据指标。

步骤 2：设计数据分析报告结构。数据分析报告结构为“总－分－总”。

步骤 3：数据分析报告各部分内容的设计与撰写。

1. 引入部分

（1）标题页。小婷了解到标题页需要写明报告的名称、数据来源、呈现日期等内容，她依此完成了标题拟定（见表 11－7）。

表 11－7　标题页

报告名称：例如，×× 店铺效果分析报告
数据来源：例如，直通车数据、店铺活动效果数据等
呈报日期：例如，2025 年 10 月 20 日

（2）目录。

目录是报告中各部分内容索引和附录的顺序提要，方便读者了解报告的内容名目，目录需要清晰地体现出报告的分析思路。小婷将报告中的主要章节的名称按要求填写，形成了报告目录（见图 11－3）。

前言 ... 1
数据收集与处理 ... 2
数据分析 ... 3
洞察与建议 ... 4
附录 ... 5

图 11－3　目录页

（3）前言。

前言是分析报告的一个重要组成部分，主要包括分析背景、分析目的及分析思路三方面。其中，分析背景主要阐述分析的主要原因、分析的意义，以及其他相关信息，如行业发展现状等内容；分析目的主要说明开展此次分析能带来何种效果，可以解决什么问题；分析思路用来指导后期如何进行一个完整的数据分析，即确定需要分析的内容或指标。小婷拟定的前言页，如表 11－8 所示。

表 11－8　前言页

分析背景：主要阐述分析的主要原因、分析的意义，以及其他相关信息，例如店铺推广效果对比分析等。
分析目的：主要说明数据分析报告能带来何种效果，可以解决什么问题，例如选择适合店铺推广的活动等。
分析思路：确定需要分析的内容或指标，例如访客量、点击量等。

2. 正文部分

小婷依据店铺数据（下载“学习情境三项目十一任务三店铺活动流量数据源”），通过数据可视化操作，分析店铺推广活动的效果。

3. 结论部分

报告的结尾是对整个数据分析报告的综合与总结，是得出结论、提出建议、解决矛盾的关键所在，它起着画龙点睛的作用，是整篇分析报告的总结。

（1）小婷根据数据处理、分析情况，明确店铺推广活动的效果，并给出结论和建议。

结论：例如，推广目标达成情况、渠道表现分析、问题分析等。

建议：例如，提升社交媒体广告效果，加强线下活动线上引导，优化用户体验，调整推广策略、未来计划等。

（2）附录。

附录不是必备的，根据需要撰写，一般附录中可补充正文中应用到的分析方法、展示图、专业术语、重要原始数据等内容。

自主训练

某天猫女装店铺在第一季度参加了平台年货节、女王节，活动结束后，请你撰写店铺推广效果分析报告，对店铺参加的活动进行总结，分析活动效果（下载“学习情境三项目十一任务三【自主训练】店铺活动流量数据源”）。

任务总结

请记录本次任务实施过程中遇到的难点及解决方法，总结个人收获（见表 11－9）。

表 11－9　任务总结表

本次实训遇到的问题	解决方法	个人收获

参考文献

1. 张文霖，刘夏璐，狄松 . 谁说菜鸟不会数据分析 . 北京：电子工业出版社，2019.

2. 李渝方 . 数据分析之道 . 北京：电子工业出版社，2022.

3. 猴子 · 数字分析学院 . 数据分析思维 . 北京：清华大学出版社，2020.

4. 陈红波，刘顺祥 . 数据分析从入门到进阶 . 北京：电子工业出版社，2019.

5. 韦斯 · 麦金尼 . 利用 Python 进行数据分析 . 陈松，译 . 北京：机械工业出版社，2023.

6. 刘林，李朝成，饼干哥哥 . 数据分析师手记：数据分析 72 个核心问题精解 . 北京：清华大学出版社，2023.

7. 刘振华 . 电商数据分析与数据化运营 . 北京：机械工业出版社，2018.